John Holland

BRÜCKE
ZUM
JENSEITS

John Holland

BRÜCKE ZUM JENSEITS

WIE WIR MIT DER GEISTIGEN WELT
IN KONTAKT TRETEN UND BOTSCHAFTEN
VERSTORBENER SEELEN EMPFANGEN

mvgverlag

Bibliografische Information der Deutschen Nationalbibliothek
Die Deutsche Nationalbibliothek verzeichnet diese Publikation in der Deutschen Nationalbibliografie. Detaillierte bibliografische Daten sind im Internet über http://dnb.d-nb.de abrufbar.

Für Fragen und Anregungen:
info@mvg-verlag.de

1. Auflage 2018
© 2018 by mvg Verlag, ein Imprint der Münchner Verlagsgruppe GmbH
Nymphenburger Straße 86
D-80636 München
Tel.: 089 651285-0
Fax: 089 652096

Die Originalausgabe erschien 2018 bei Hay House Inc. USA unter dem Titel *BRIDGING TWO REALMS*. Copyright © 2018 John Holland. All rights reserved.

Redaktion: Anna Cavelius
Umschlaggestaltung: Pamela Machleidt
Umschlagabbildung: Shutterstock/Mr. Arakelian, Horizonman
Satz: Carsten Klein, Torgau
Druck: GGP Media GmbH, Pößneck
Printed in Germany

ISBN Print 978-3-86882-948-8
ISBN E-Book (PDF) 978-3-96121-246-0
ISBN E-Book (EPUB, Mobi) 978-3 -96121-247-7

Weitere Informationen zum Verlag finden Sie unter
www.mvg-verlag.de
Beachten Sie auch unsere weiteren Verlage unter www.m-vg.de

Dieses Buch widme ich der Geisterwelt,
allen lebenden und bereits verstorbenen Medien,
die mir den Weg bereitet haben,
und meinen Schülern.

Möget ihr stets darauf vertrauen,
dass eure Geistführer und -helfer
euch niemals im Stich lassen!

INHALT

Es gibt eine ganz besondere Sprache,
die die Grenzen von Zeit und Raum überwindet –
eine Sprache, die nicht einfach nur aus Worten,
sondern aus Zeichen, Symbolen, Energie und
Gedanken besteht. Diese Sprache kann man nur dann
hören und sehen, wenn man wirklich darauf achtet ...
Es ist die Sprache des GEISTES.

EINFÜHRUNG

Es mögen verschiedenste Gründe sein, warum Sie sich zu diesem Buch hingezogen fühlen. Vielleicht hatte auch einfach nur die Synchronizität der Ereignisse ihre Hand dabei im Spiel, dass es den Weg zu Ihnen gefunden hat!

Vielleicht trauern Sie um einen geliebten Menschen und suchen nach Worten des Trostes, der Hoffnung und Inspiration. Sie suchen nach Antworten und möchten genauer wissen, ob es so etwas wie eine Geisterwelt gibt. Sie möchten erfahren, ob dieser Mensch auch nach seinem Tod weiterlebt und im Jenseits sicher, glücklich und geborgen ist.

Und nicht zuletzt wollen Sie vielleicht auch wissen, ob es wirklich möglich ist, mit den Seelen Verstorbener zu sprechen. Vielleicht versuchen Sie auch, sich oder jemand anderem zu helfen, indem Sie Informationen darüber suchen, was mit uns geschieht, wenn wir diese Welt verlassen.

Möglicherweise hatten Sie aber auch selbst schon mal ein übersinnliches Erlebnis und suchen nach einer Erklärung dafür. Oder etwas regt sich in Ihrer Seele, und Sie würden gerne lernen, mit einer höheren Macht in Kontakt zu treten.

Egal, ob Sie sich aus persönlichem Interesse oder als Medium mit übersinnlichen Dingen beschäftigen, ob Sie Überzeugter oder Skeptiker, Trauernder oder einfach nur neugierig sind: Ich habe mich sehr bemüht, Ihnen in diesem Buch alles Wissenswerte zu diesem Thema zu vermitteln, und hoffe, dass es Ihnen wenigstens ein paar Antworten auf Fragen gibt, die Sie vielleicht schon länger beschäftigen.

Wer ich bin

Heute ist mir klar, dass ich schon von Kindheit an mit einem Fuß in dieser und mit dem anderen in der jenseitigen Welt stand. In meiner Jugend ahnte ich, dass ich irgendwie »anders« war! Ich war ein sensibler Junge mit mir angeborenen übersinnlichen Fähigkeiten, die sich bereits zu recht früh in meinem Leben manifestiert haben. Ich wusste einfach Dinge, von denen andere nichts ahnten. Zum Beispiel spürte ich es, wenn ein Verwandter krank war – auch wenn dieser in einem anderen Bundesstaat lebte. Stand unerwarteter Besuch ins Haus, konnte ich es meinen Eltern voraussagen. Manchmal wusste ich sogar genau, was meine Mitmenschen dachten. Und dann sah ich manchmal, wenn ich abends wach im Bett lag, »Geistwesen« durch mein Zimmer wandern: schattenhafte und doch erleuchtete Gestalten, umgeben von hellem Glanz und mit einem ausgesprochen gütigen Gesichtsausdruck. Schon von meiner ersten Begegnung an wusste ich, dass sie mich nicht ängstigen wollten – im Gegenteil: Immer warfen sie mir einen liebevollen Blick zu oder grüßten mich wenigstens mit einem kurzen Nicken. Wer diese Wesen waren, wusste ich nicht; aber ich fühlte mich in ihrer Gegenwart auf seltsame Weise getröstet und beschützt.

Für mich war das alles normal. Da ich schon immer so ungewöhnlich begabt war, machte sie mir auch keine Angst. Wie konnte ich mich vor etwas fürchten, das schon immer da gewesen war? Mit dem Heranwachsen faszinierte mich die Existenz von allem jenseits der Körperwelt mehr als meine eigene. Schon als junge Mensch war mir klar, dass es mehr gibt als dieses irdische Leben. Ich erkannte, dass es eine andere Welt gab – einen Ort, von dem die meisten nichts ahnten. Und ich fühlte mich zu den esoterischen Aspekten verschiedener Glaubensrichtungen hingezogen: Heiligen, Engeln, Geistwesen, Reinkarnation, Magie und Astralreisen. Als Kind lag ich immer zusammengerollt in irgendeinem Sessel und hatte meine Nase in einem Buch. Ich las alles, was ich dazu finden konnte.

Damals war mir noch nicht klar, dass ich mich darauf vorbereitete, später einmal ein Medium und spiritueller Lehrer zu werden, und dass ich damit irgendwann vielen Tausend Menschen helfen würde. Inzwischen widme ich einen großen Teil meiner Zeit und Energie der Aufklärung. In meinen Jenseitskontakt-Demonstrationen, privaten Readings und Workshops kann ich erklären, was ein Medium ist und was es mit der Geisterwelt auf sich hat. Doch auch wenn ich heute über die dazu notwendigen Kenntnisse und Erfahrungen verfüge, gehe ich nach wie vor mit Demut an diese Aufgabe heran.

Für mich ist es hilfreich und sinnvoll, zu Beginn meiner Demonstrationen immer erst kurz mit meinem Publikum zu plaudern. Die Zuhörer mögen diese Gespräche und finden sie auch stets sehr interessant. Dabei erkläre ich ihnen meine Arbeitsweise und berichte gelegentlich auch von Botschaften, die ich ins Jenseits übermittelt habe, um darauf einzustimmen, was gleich geschehen wird, und damit es niemandem unheimlich wird. Außerdem versuche ich, meinen Zuhörern einen Einblick in die spirituelle Philosophie zu verschaffen, die ich im Lauf der Entwicklung meiner medialen Fähigkeiten erlernt habe. Das tue ich aus mehreren Gründen: erstens, um zu erklären, was hinter Jenseitskontakten steckt, und zweitens, damit diejenigen, die keine Botschaft aus der Geisterwelt erhalten, wenigstens etwas Wissen und Inspiration für ihren Alltag mitnehmen, wo es ihnen vielleicht weiterhilft.

Außerdem versuche ich, meine Zuhörer oft zum Lachen zu bringen. Natürlich ist mir klar, dass es nicht lustig ist, einen geliebten Menschen zu verlieren; auch ich habe schon mehrere solcher schmerzlichen Verluste erlitten. Trotzdem versuche ich klarzumachen, dass unsere verstorbenen Angehörigen wollen, dass wir glücklich sind und unser Leben so lange weiterführen, bis wir ihnen eines Tages wiederbegegnen.

Außerdem wirkt Lachen entspannend, was hilfreich dabei ist, die Tür zur anderen Seite zu öffnen. Nichts freut mich mehr, als einen Trauernden zum Lächeln und vielleicht sogar ein wenig zum Lachen zu bringen; dabei sieht man förmlich, wie der Kummer allmählich aus den Gesichtern dieser Menschen verschwindet. Oft ist es das erste Mal seit Tagen, Wochen, vielleicht sogar Monaten, dass sie etwas Freude empfinden.

Manchmal stehen die Geistwesen gewissermaßen bei mir Schlange und können es kaum erwarten, mit ihren Angehörigen im Publikum sprechen zu dürfen. Sind alle für eine gelungene Jenseitskommunikation erforderlichen Voraussetzungen erfüllt, empfange ich oft wunderschöne und spannende Botschaften. Manchmal rühren sie sogar zu Tränen – vor allem, wenn es um Kinder geht: Solche Kontakte sind immer besonders herzbewegende, liebevolle, intime Augenblicke für alle Beteiligten.

In meinem ersten Buch *Born Knowing*, das 2003 – vor unglaublichen 15 Jahren – erschienen ist, geht es darum, wie ich meine medialen Fähigkeiten entdeckt, sie akzeptiert und weiterentwickelt habe. In den folgenden Jahren veröffentlichte ich einige weitere Bücher und Orakel-Kartendecks zu diesem Thema. Ich bin überaus dankbar, denn ich hatte das große Glück, die Welt bereisen, Vorträge halten und Menschen in den USA, England, Kanada und Australien meine Fähigkeiten demonstrieren zu können. Damit konnte ich vielen Tausend trauernder Hinterbliebener helfen, ihren Schmerz zu überwinden und in Ruhe und Frieden weiterzuleben. Mein Leben ist dem GEIST gewidmet (den man auch oft als Gott, Universum oder Ursprung allen Seins bezeichnet) und der Aufgabe, anderen bei der Weiterentwicklung ihrer medialen Anlagen zu helfen. Ich halte Vorträge über die verschiedensten Aspekte von Spiritualität und über die Macht der Seele, um meinen Zuhörern zu zeigen, dass es möglich ist, die in jedem von uns schlummernden medialen Gaben zu erwecken.

Eine innere und weltweite Transformation

Ich glaube, dass sich seit dem Erscheinen meines ersten Buchs viel verändert hat. Zum einen konnte ich eine Wandlung in den Herzen der Menschen beobachten – obwohl diese den meisten nicht bewusst ist. Übersinnliches und Esoterisches hat uns schon immer fasziniert; doch inzwischen ist das Interesse an solchen Themen noch ausgeprägter. Aber man interessiert sich nicht einfach nur mehr als bisher für Spiritualität, Medien und das Leben nach dem Tod, sondern scheint auch ein geschärftes Bewusstsein dafür zu entwickeln.

Bis vor Kurzem begnügten sich die meisten damit, einfach einen intuitiven Menschen oder Medium aufzusuchen, in der Hoffnung, hier Ratschläge für ihr Leben zu erhalten. Wieder andere nahmen Kontakt mit einem Medium auf, um sich Botschaften von verstorbenen Freunden oder Angehörigen überbringen zu lassen. Doch inzwischen wollen viele *mehr*. Sie zweifeln an früheren Vorstellungen und stellen sich tiefer gehende Fragen wie:

»Was tun meine Angehörigen eigentlich im Jenseits?«
»Spüren sie überhaupt, dass ich an sie denke und für sie bete?«
»Rückt die Geisterwelt zurzeit irgendwie näher an unsere irdische Welt heran?«
»Ich habe das Gefühl, mit Geistwesen im Jenseits in Kontakt zu stehen. Kann es sein, dass ich ein Medium bin?«
»Irgendwie scheine ich in letzter Zeit öfter Übersinnliches wahrzunehmen. Wie soll ich damit umgehen?«

Was spielt sich zurzeit in unserer Gesellschaft ab? Könnte es sein, dass wir uns immer noch nach dem Wesen unserer Existenz fragen und dass unsere Spiritualität jetzt stärker in den Vordergrund tritt? Entwickelt sich die spirituelle Energie in uns gerade besonders schnell?

Meiner Meinung nach ist aktuell tatsächlich eine drastische Bewusstseinsveränderung im Gang. Ich habe den Eindruck, dass wir eine gesteigerte Sensibilität für die Körperwelt um uns herum entwickeln, für spirituelle Dimensionen und natürlich auch füreinander. Wir stehen alle miteinander in Verbindung – und als Menschheit befinden wir uns gerade in einem Prozess des »spirituellen Erwachens«.

All das hat mich dazu inspiriert, dieses Buch zu schreiben. Ich wollte so viele Informationen wie möglich zwischen zwei Buchdeckel packen, um damit möglichst vielen zu helfen. Ich wollte Trauernden zeigen, dass es ein Leben nach dem Tod gibt. Ich wollte Beweise für die Existenz der Geisterwelt liefern und zeigen, was in diesen spirituellen Dimensionen vor sich geht. Und ich wollte Ihnen das tröstliche Wissen vermitteln, dass Ihre geliebten Verstorbenen nur einen Gedanken weit von Ihnen entfernt sind und Sie nach wie vor mit ihnen kommunizieren können. Sie sind immer noch in unserer Nähe, und oft versuchen sie, Kontakt mit uns aufzunehmen, um uns ihre Liebe und Hilfe zuteil werden zu lassen. Die Seelen Verstorbener sind dafür da, um Ihnen Ihre Angst zu nehmen, wenn entweder Ihnen selbst oder einem geliebten Angehörigen der Übergang auf die andere Seite bevorsteht.

Was Sie auf den nächsten Seiten erwartet

In *Brücke zum Jenseits* möchte ich Ihnen all mein Wissen zu diesem Thema vermitteln und stütze mich dabei nicht nur auf jahrzehntelange persönliche Erfahrungen, sondern auch auf viele aufschlussreiche Berichte und Geschichten von Menschen, die ich kennengelernt habe. Hier geht es um mir wichtige philosophische und spirituelle Ideen. Hierin verbinde ich alles von Geistwesen Gehörte und Gelernte mit dem, was ich während meiner Ausbildung zum Medium erfahren habe. Daraus ist eines der deutlichsten Bilder entstanden, die man von der Geisterwelt gewinnen kann. Ich hoffe, es hilft Ihnen dabei, Ihre eigenen spirituellen Fähigkeiten auf sichere und sinnvolle Art zu entfalten.

Mir ist klar, dass Sie vielleicht zum ersten Mal in Ihrem Leben ein Buch über dieses Thema in Händen halten; daher möchte ich Ihnen zunächst einmal erklären, was die Begriffe *GEIST*, *Geist* und *Seele* bedeuten, denn um diese drei wird es auf den folgenden Seiten immer wieder gehen.

- Unter *GEIST* – in Großbuchstaben – verstehe ich Gott, den göttlichen Ursprung allen Seins, das Universum. Uns allen wohnt ein Funke dieses GEISTES inne; es ist die Lebenskraft, die Lebensenergie, die alles durchdringt und belebt.
- *Geist*: Wenn ich dieses Wort in Kleinbuchstaben schreibe (außer dem großen G am Anfang natürlich), meine ich damit einen Menschen, der keinen physischen Körper mehr besitzt und sich in der Geisterwelt befindet. Oft nenne ich solche Verstorbene auch *Geistwesen*.
- *Seele*: Dieser Begriff bedeutet hier dasselbe wie *Geist*. Aber ich möchte damit auch ausdrücken, dass die Seele Ihr wahres Ich ist – reines Bewusstsein. Die Seele ist jener Teil von Ihnen, der sich reinkarniert und alle Inkarnationen und Erinnerungen an frühere Leben in sich bewahrt hat.

Ich greife in diesem Buch auch einige Aspekte aus früheren Publikationen auf, die meine Leser als besonders hilfreich empfunden haben. Ich denke, dass manche Themen (vor allem die Ausführungen über die Frage, wie man seine übersinnlichen und medialen Fähigkeiten entwickelt) besonders wichtig sind und dass sie daher hier noch einmal auftauchen dürfen – vor allem für diejenigen, die im Begriff sind, ihr eigenes Potenzial als Medium zu entdecken und zu erkunden. Wie gesagt: Ich weiß, dass einige von Ihnen vielleicht zum ersten Mal ein Buch von mir lesen; daher möchte ich Ihnen hier möglichst viel

Hilfreiches vermitteln und eine Zusammenfassung all meiner Lehren bieten.

Ich hoffe, dieses Buch bietet Ihnen genau das, wonach Sie zurzeit suchen – ob das nun eine neue Sichtweise oder Lebenseinstellung oder einfach nur der Beginn Ihres persönlichen spirituellen Erwachens ist. Schließlich möchte ich damit betonen, dass die Aufgabe eines Mediums nicht nur darin besteht, mit der Geisterwelt in Kontakt zu treten; es geht auch darum, den Lebenden zu helfen und ihren Schmerz zu heilen. Möge Ihnen dadurch bewusst werden, dass es möglich ist, spirituelle Brücken zu bauen, die Sie in Verbindung mit den Seelen geliebter Verstorbener bringen. Und natürlich können Sie auch die allerwichtigste Brücke bauen: die zu Ihrem eigenen Geist.

Teil 1:

DIE GEISTERWELT

Kapitel 1:

IHRE WAHRE HEIMAT

Es gibt einen besonderen Ort, über den viele von uns nachdenken oder den sie sich ausmalen. Die wenigsten sprechen darüber, und doch handelt es sich dabei um einen Ort, den wir alle eines Tages kennenlernen. *Himmel, Shangri-la, Paradies, Ewigkeit, Jenseits, höhere Dimension* ... Das sind nur ein paar der Begriffe, mit denen man die Geisterwelt häufig bezeichnet. Die meisten von uns sprechen nur selten über diesen geheimnisvollen Ort. Doch manchmal grübeln wir in unseren geheimen Gedanken darüber nach, wie es dort wohl sein mag, oder versuchen, uns das vielleicht sogar bildlich vorzustellen. In solchen Augenblicken steigt die Erkenntnis in uns auf, dass auch wir diesen Ort eines Tages entdecken – *wieder*entdecken – werden.

Als spirituelles Medium werde ich immer wieder gefragt: »Wo sind meine geliebten Angehörigen jetzt, wo sie diese Welt verlassen haben ... Geht es ihnen gut? Haben sie Frieden gefunden?« Das ist eine sehr tiefgehende Frage und die Antwort darauf nicht weniger komplex.

Bevor ich diese wichtige Frage beantworte, versuche ich zunächst einmal klarzumachen, dass jeder von uns eine Seele ist, die in einem Körper steckt, und nicht umgekehrt – also kein Körper, der als kleine

Zugabe auch noch eine Seele mit sich herumschleppt. Sie sind in erster Linie Seele. Diese Seele ist ewig; sie kann nicht sterben oder aufhören zu existieren. Die Seele ist Ihr *wahres* Ich und besteht aus reinem Bewusstsein. Es gab sie schon lange, bevor Sie auf diese irdische Existenzebene gelangten, und Sie werden auch dann noch eine Seele sein, wenn Sie diesen Körper verlassen, um nach Hause zurückzukehren – in die Geisterwelt.

Die Menschen haben die verschiedensten Vorstellungen von dieser Welt; das Spektrum der Eigenschaften reicht von »gespenstisch« bis hin zu »schön« und »ätherisch«. Und je nach ihrer religiösen Erziehung, ihrem Glauben und ihrer sozialen Prägung haben sie auch unterschiedliche Anschauungen und Erklärungen hinsichtlich der Geisterwelt. Leider stehen nur allzu viele von uns unter dem Einfluss von Darstellungen in Romanen, Fernsehsendungen und Filmen, die meist ein übermäßig dramatisches Bild vom Jenseits zeichnen. Doch wir wissen erst dann *wirklich*, wie es dort ist, wenn wir diese physische Ebene verlassen und selbst in die spirituelle Dimension eintreten.

Ich bin überzeugt davon, dass diese Geisterwelt unsere wahre Heimat darstellt und dass unsere geliebten Verstorbenen, die sich jetzt dort aufhalten, nicht mehr krank sind. Sie leiden nicht mehr, haben keine Schmerzen mehr. Und was noch wichtiger ist: Sie sind jetzt wieder ganz – mit Freunden und Angehörigen wiedervereint, die diese Welt vor ihnen verlassen haben. Nur diejenigen, die auf der Erde zurückbleiben, leiden unter dem körperlichen Verlust eines geliebten Menschen.

Als Menschen investieren wir ziemlich viel Zeit und Energie, um uns über unsere Vorstellungen vom Leben nach dem Tod klar zu werden. Es gibt so viele verschiedene Philosophien, Vorstellungen und Ansichten über dieses sensible Thema. Darüber nachzudenken kann schon eine ziemliche Herausforderung sein. Denn niemand kann einen hundertprozentig sicheren physischen Beweis für die Existenz einer Geisterwelt liefern – eben weil sie sich jenseits der Grenzen unseres physischen Lebens befindet.

Es gibt immer mehr Berichte von Menschen, die klinisch tot waren und wiederbelebt werden konnten. Sie kehren mit lebhaften, oft sehr anschaulichen Erinnerungen daran in unsere Welt zurück, was sie während ihres kurzen Aufenthalts im Jenseits gesehen und erlebt haben. Viele berichten von eigenartigen Empfindungen: zum Beispiel einem Gefühl des Losgelöstseins von ihrem physischen Körper, einer großen Gelassenheit, ja sogar Freiheit von den Schmerzen unheilbarer Krankheiten. Solche Erlebnisse bezeichnet man als Nahtod-Erfahrungen (NTEn). (In Kapitel 2 gehe ich näher darauf ein, was man daraus lernen kann.)

Bei meinen Beschreibungen der Geisterwelt orientiere ich mich nicht nur an meinen Beobachtungen und Erfahrungen, sondern auch an Informationen von Geistwesen, die mir von ihrem Leben im Jenseits berichten. Obwohl ich diese Arbeit schon lange mache, bin ich doch immer wieder aufs Neue fasziniert, wenn mir diese Wesen vom Leben in ihrer Heimat, der Geisterwelt, berichten. Es ist eine große Freude zu hören, mit wem sie dort zusammen sind, welche Schönheit sie umgibt und wie sie trotzdem immer noch wahrnehmen, was hier in der Körperwelt mit ihren Angehörigen und Freunden geschieht. Und ich empfinde es auch immer wieder als Ehre und Privileg, als Brücke zwischen dieser und der nächsten Welt zu dienen und den Menschen das Wissen übermitteln zu dürfen, dass wir niemals wirklich allein sind. Doch nun wollen wir uns diese andere Welt einmal genauer anschauen.

Wo liegt die Geisterwelt?

Haben Sie schon einmal jemanden beobachtet, der zu den Seelen Verstorbener gebetet oder diese angerufen hat? Meistens faltet man dabei die Hände zum Gebet und blickt nach oben. Oder man ruft diese Seelen einfach an und richtet seinen Blick zum Himmel. Ich persönlich glaube jedoch, dass die Geisterwelt nicht »dort oben« liegt, sondern da, wo wir sind – direkt um uns herum. Das Jenseits liegt nicht über den Wolken oder Tausende Kilometer weit weg, sondern ist uns näher, als wir glauben.

Die Geisterwelt ist nicht durch eine physische, in Kilometern messbare Entfernung von der Erde getrennt. Es ist keine Frage der Distanz, sondern der Definition: Ich definiere diesen spirituellen Ort namens Jenseits als eine andere Dimension oder Sphäre, eine andere Welt.

Alles besteht aus Energie und schwingt auf seiner Frequenz. Das gilt auch für die Geisterwelt: Diese Sphäre besitzt eine viel höhere Schwingung als unsere dreidimensionale Existenzebene hier auf der Erde. Und weil die Schwingungsfrequenz der Geisterwelt so hoch ist, können wir sie mit unseren körperlichen Augen nicht wahrnehmen. Doch die Tatsache, dass diese Welt für die meisten unsichtbar ist, macht sie nicht weniger wirklich. Manchen wurden bereits flüchtige Einblicke in diese jenseitige Welt vergönnt: zum Beispiel denen, die eine jahrelange Ausbildung zum Medium hinter sich haben, die zu Astralreisen fähig sind (oder so etwas schon einmal erlebt haben), Hochsensiblen und ehemals klinisch Toten, die wiederbelebt wurden.

Die spirituellen Existenzebenen

Die Geisterwelt besteht aus verschiedenen Bewusstseinsebenen und Schwingungsfrequenzen. Sie befindet sich nicht an einem bestimmten Ort, sondern liegt um uns herum. Ihre verschiedenen Bewusstseinszustände sind mit unserer irdischen Welt verwoben.

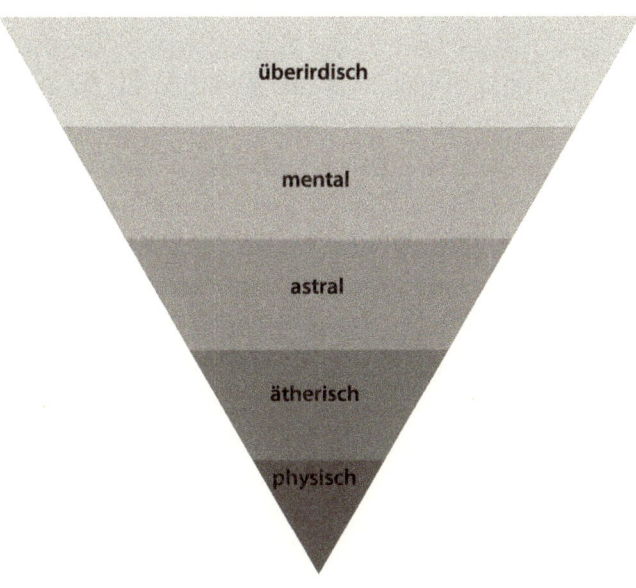

Sobald wir in die Geisterwelt übergehen, durchlaufen wir diese verschiedenen Ebenen. Jede Ebene hat eine höhere Schwingungsfrequenz als die vorige. Auch unsere Schwingung erhöht sich beim Aufstieg von einer Ebene zur anderen allmählich. Ich vergleiche das gern mit einem Aufzug, der einen Stockwerk für Stockwerk immer weiter nach oben befördert. Die Ebenen liegen übereinander und reichen von der physischen Ebene mit der dichtesten Schwingungsfrequenz bis zur himmlischen Ebene mit der am wenigsten dichten Schwingung.

Die *physische Ebene* ist die unterste Etage: unsere Existenz hier auf der Erde. Sie ist die dichteste aller Ebenen, aus fester Materie, auf der die molekulare Schwingung am langsamsten ist und alles in zeitlicher Reihenfolge abläuft.

Als Medium weiß ich, dass die Geistwesen im Jenseits ihre Energie ziemlich absenken müssen, um mit uns hier auf der Erde Kontakt aufnehmen und kommunizieren zu können. Ich wiederum muss meine Energie oder Schwingung erhöhen, um mit diesen Wesen zu kommunizieren. Dieser Prozess der *Beschleunigung* ist nicht nur ein Geisteszustand, sondern auch eine Disziplin, und ich habe viele Jahre gebraucht, um mich darin zu vervollkommnen.

Die Geistwesen im Jenseits senken also ihre Schwingungsfrequenz, während ich gleichzeitig meine Frequenz erhöhe, sodass wir uns in der Mitte treffen und unsere Energien miteinander verschmelzen. So können die Geistwesen mir Gedanken, Worte und Gefühle übermitteln, die ich dann an ihre Hinterbliebenen weitergebe. Manchmal fällt es mir schwer, diese Verbindung aufrechtzuerhalten, und ich muss mich intensiv darauf konzentrieren und alle ablenkenden Gedanken ausschalten; ich bin sicher, dass es für die Geistwesen genauso schwierig ist, ihre Energie für längere Zeit niedrig zu halten, um durch ein Medium wie mich kommunizieren zu können.

Es fühlt sich eigenartig an, wenn diese Verbindung allmählich unterbrochen wird: Dann treten die Geistwesen einen Schritt zurück, und ich spüre, wie sie langsam wieder auf ihre Ebene emporgezogen werden. Man kann es sich wie eine Art Radio vorstellen, das immer leiser wird, oder wie einen Fahrstuhl, den die Seelen der Verstorbenen wieder betreten, um in ihr Stockwerk zurückzukehren.

Die nächste, weniger dichte Ebene ist die *ätherische Ebene*. Dort lösen sich die Grenzen von Zeit und Raum allmählich auf; deshalb beginnen auf dieser Ebene auch die Nichtkörperwelt und das Universum. Aufgrund ihrer großen Nähe zur physischen Ebene werden Gegenstände dort noch als feste Materie wahrgenommen, und die Energie kann nicht schneller fließen als mit Lichtgeschwindigkeit. Wenn wir sterben, durchlaufen wir diese Ebene ziemlich schnell. Doch manche Seelen verweilen etwas länger in dieser Dimension – wie in einer Art Traumzustand –, bis sie sich ihrer neuen Existenz in ihrer ursprünglichen Heimat (den spirituellen Dimensionen) bewusster werden.

Als Nächstes kommt die *Astralebene* (auch bekannt als *Sommerland*). Dorthin werden wir nach dem Tod gezogen; früher oder später gelangen wir alle dorthin. Wenn ich bei meinen medialen Sitzungen mit dem GEIST eins werde, kommuniziere ich meiner Meinung nach mit Verstorbenen, die von der Astralebene aus mit uns Kontakt aufnehmen.

Diese wunderbare nichtkörperliche Ebene ist voller Liebe, Heilung und Mitgefühl. Auf der Astralebene setzen wir uns mit früheren Verletzungen und anderen Enttäuschungen auseinander, die in unserem irdischen Leben nicht aufgelöst werden konnten. Das ist eine Chance, unser Leben innerlich noch einmal an uns vorbeiziehen zu lassen und darüber nachzudenken, ob es sich positiv oder negativ auf andere Menschen ausgewirkt hat. Auf dieser Ebene soll bei Bedarf ein Heilungs- und Vergebungsprozess stattfinden. Hier sind Sie *niemals* allein: Es sind viele Angehörige, Freunde und Geistführer um Sie herum, um Ihnen bei diesem Prozess der spirituellen Weiterentwicklung zu helfen.

In einigen seltenen Fällen dauert es eine Weile, bis die Seele eines Verstorbenen diese Ebene erreicht; es ist so, als würde der Fahrstuhl zwischen zwei Stockwerken steck enbleiben. Der Übergang von der irdischen Existenz auf die nächste Ebene fällt manchen Seelen schwer; doch ich bin fest davon überzeugt, dass die Geistwesen im Jenseits uns beim Übergang zu anderen Existenzebenen helfen. Zwar gibt es Menschen, die andere Erfahrungen gemacht haben oder anderer Ansicht sind; doch ich habe in meiner über 20-jährigen Praxis als Medium noch nie erlebt, dass eine Seele irgendwo »stecken geblieben« oder »gefangen gewesen« und nicht weitergekommen wäre. Ich bin fest davon überzeugt, dass Gott – der Ursprung allen Seins, der GEIST – in all seiner Herrlichkeit und Liebe und seinem Mitgefühl so etwas nie zulassen würde.

Ich werde öfter nach meiner Meinung über Spukphänomene gefragt. Obwohl ich so etwas noch nie selbst erlebt oder gesehen habe, kann ich mir doch vorstellen, dass ein traumatisches Ereignis eine Art seelischen »Schnappschuss« oder eine emotionale Prägung in der Atmosphäre hinterlassen könnte und dass dieses seelische Geschehen dann immer wieder abgespielt wird wie eine Zeitschleife oder eine Schallplatte mit einem Sprung. Doch dahinter steckt kein Geist eines verstorbenen Menschen, sondern lediglich die betreffende Emotion, von der eben ein Eindruck in der Atmosphäre zurückgeblieben ist. Meiner Meinung nach kommen solche Phänomene selten vor. Wenn jemand glaubt, dass es bei ihm zu Hause spukt, könnte dahinter aber sehr wohl der Geist eines Verstorbenen stecken, der auf sich aufmerksam machen will. Meiner Ansicht nach ist das also kein Spuk, sondern ein Besuch von einem Geistwesen.

Die nächsthöheren Existenzebenen – die *Mentalebene* und die *himmlische Ebene* – sind am wenigsten dicht. Sie liegen jenseits der Astralebene und unterscheiden sich so sehr von unserer Welt, dass es für unser Gehirn schwierig ist, sie sich auch nur annähernd vorzustellen.

Verschiedenen Glaubenssystemen zufolge ist die *Mentalebene* ein Ort, an dem die Energie über das Konzept der Geschwindigkeit hinauswächst und an dem Gegenstände ihre Gestalt beliebig verändern können. Auf dieser Ebene erwerben wir die Fähigkeit, unser Bewusstsein so zu teilen, dass wir gleichzeitig an verschiedenen Orten sein können.

Ganz oben liegt die *himmlische Ebene*. Wenn wir bei unserem Vergleich mit dem Fahrstuhl bleiben, wäre das die Dachterrassenwohnung. Hier hat die Energie gar kein Muster mehr, und ihre Möglichkeiten sind grenzenlos. Auf dieser Ebene existieren Menschen und Dinge nicht mehr in der bekannten Form. Zeit und Raum sind ohne Bedeutung.

In manchen Glaubenssystemen und Überlieferungen ist diese höchste Existenzebene ein Zustand des Gottesbewusstseins, ein Ort, den manche als Himmel bezeichnen – der Aufenthaltsort von aufgestiegenen Meistern, Lehrern, Geistführern und himmlischen Wesen oder Geschöpfen, die man in manchen Religionen »Engel« nennt. Auch von manchen dieser Wesen können wir Botschaften empfangen, obwohl sie jenseits der Astralebene existieren. Sie halten sich auf einer sehr viel höheren Ebene auf, weil sie schon länger in der Geisterwelt weilen und sich dort weiterentwickelt haben. Doch meiner Meinung nach schreiten auch diese höheren Wesen auf spiritueller Ebene in ihrer Entwicklung immer weiter fort, so wie wir hier auf der Erde.

Begegnungen im Traum

Wussten Sie, dass viele von uns im Schlaf die Geisterwelt besuchen?

Unser physischer Körper braucht Zeit, um sich auszuruhen, zu erholen, zu heilen und wieder Kraft zu schöpfen. Dem Schlaf kommt in unserem Tagesablauf und für unser Wohlbefinden eine äußerst wichtige Funktion zu; und ich glaube, dass unsere Seele diese Ruhezeit zu ähnlichen Zwecken nutzt: Während wir schlafen (normalerweise im tiefsten Traumzustand), löst sie sich von ihrer physischen Hülle (dem Körper) und besucht die Geisterwelt, um sich zu regenerieren. Dabei bleibt sie aber immer noch durch eine sogenannte Silber- oder Astralschnur mit unserem physischen Körper verbunden.

Träume sind eine wunderbare Möglichkeit, Brücken zwischen dieser und der jenseitigen Welt zu schlagen. Viele Menschen haben mir schon von Träumen berichtet, in denen sie mit geliebten Verstorbenen kommunizierten. Wenn wir unseren Angehörigen in diesem Traumzustand begegnen, ist das normalerweise nur ein kurzer Besuch. Dabei sehen sie jünger, gesünder und kraftvoller aus, denn im Jenseits sind sie es auch!

Wenn wir dann aufwachen und die Seele in unseren Körper zurückkehrt, spüren wir, wie diese Verbindung allmählich nachlässt, als lösten wir uns aus einer Umarmung. Mir haben schon viele Menschen erzählt, dass sie oft mit Tränen in den Augen aufwachen, wenn das Gefühl, in den sie dieser besondere Besuch versetzt hat, allmählich abklingt; auch ich erinnere mich noch genau daran, wie mir das zum ersten Mal passiert ist.

Nach dem Tod meiner Mutter wartete ich ein Jahr lang darauf, dass sie sich bei mir meldete. Als es endlich so weit war, erwachte ich aus diesem wunderbaren Traum mit der lebhaften Erinnerung an eine mir sehr vertraute Umarmung. Ich spürte die Liebe meiner Mutter so deutlich, als sei sie bei mir gewesen. Dieses Gefühl trage ich bis heute in meinem Herzen.

Jeder, der schon einmal bei einem Vortrag oder einer Jenseitskontakt-Demonstration von mir mit dabei war, weiß, dass ich meine Zuhörer immer frage: »Wer von Ihnen hat schon mal von einem geliebten Verstorbenen oder von einer Umarmung geträumt?« Da schnellen normalerweise ganz viele Hände in die Höhe, und die Leute nicken lächelnd und bestätigen mir damit, dass auch sie im Traum schon einmal der Seele eines Verstorbenen begegnet sind. Das ist für mich immer wieder ein bestätigendes Erlebnis und ein weiterer Beweis für die Existenz der Geisterwelt.

Wenn Sie in Ihrem Traum tatsächlich von der Seele eines Verstorbenen besucht worden sind, war dieser wahrscheinlich besonders aufbauend und beglückend. Wenn Sie dagegen geträumt haben, dass ein Verstorbener von Kummer oder Ängsten gequält wurde, ist das keine echte Nachtodkommunikation, sondern höchstwahrscheinlich eher ein Zeichen dafür, dass Sie Ihren Verlust noch nicht überwunden haben. (In Kapitel 4 werde ich näher darauf eingehen, was Nachtodkommunikation ist und woran man sie erkennt.)

Glauben Sie mir: Wenn Sie tatsächlich Besuch von der Seele eines Verstorbenen erhalten, merken Sie das. Solche Besuche sind sehr kostbare Augenblicke mit starker Heilkraft. Eine solche Erfahrung kann Ihnen niemand ausreden oder behaupten, dass Ihnen dabei lediglich Ihre Fantasie (oder Ihr Wunschdenken) einen Streich gespielt hat. Echte Besuche von Verstorbenen erkennt man, denn man spürt sie im Herzen.

Und ich habe noch eine gute Nachricht für Sie: Man muss nicht unbedingt erst sterben, um Einblick in die Geisterwelt zu gewinnen. Wir können auch von dieser irdischen Welt aus Kontakt mit geliebten Menschen aufnehmen, die uns verlassen haben.

Dünne Orte

Waren Sie schon einmal an einem Ort, an dem Sie das Gefühl hatten, Gott, dem GEIST oder dem Himmel besonders nahe zu sein? Sie wissen einfach, dass dieser Platz etwas Besonderes an sich hat; es ist, als berühre er ihre Seele. Dort umgibt Sie ein Gefühl der Ruhe und des inneren Friedens, und aus unerfindlichen Gründen fühlen Sie sich immer wieder dort hingezogen. Wenn Sie dort sind, kommt es Ihnen fast so vor, als hebe sich der Schleier zwischen dieser und der jenseitigen Welt – wenn auch nur kurz.

In der keltischen Überlieferung nannte man solche Plätze, an denen sich ein Tor zu der wunderbaren Welt Gottes und des GEISTES öffnet, »dünne Orte«. Einer keltischen Weisheit zufolge sind Himmel und Erde nur knapp einen Meter (drei Fuß) weit von uns entfernt; doch an diesen dünnen Orten ist die Distanz noch geringer.

Die Priesterin und Dichterin Sharlande Sledge liefert uns eine sehr treffende Beschreibung solcher Orte:

»Dünne Orte« nennen die Kelten diesen Raum,
Sichtbar und unsichtbar zugleich,
Wo das Tor zwischen dieser Welt
Und der nächsten für einen Moment aufgeht.
Und das Licht ist nicht nur auf der anderen Seite.
Göttlicher Raum.
Heilig.

Dünne Orte schenken uns nicht nur ein Gefühl innerer Ruhe, sondern sie verändern uns auch; es ist, als würde uns dort die Maske vom Gesicht gezogen. An solchen Plätzen wird uns bewusst, dass wir viel mehr sind als nur körperliche Geschöpfe – wir *fühlen* uns als spirituelle Wesen und erkennen unsere wahre Natur: Körper, Geist und Seele. Solche dünnen Orte gibt es überall auf unserem Planeten, zum Beispiel in Form von Kirchen, Tempeln, schönen Landschaften und Ruinen. All diese Orte ziehen auch heute noch zahlreiche Pilger an – egal, ob sie in der Natur oder mitten in einer hektischen Großstadt liegen.

Ich habe nicht nur durch meine Arbeit als Medium diese dünnen Orte kennengelernt, sondern auch, weil ich mich selbst an einigen dieser Plätze in verschiedenen Teilen der Welt dem GEIST nahe fühlte. Ein Ort, der mich besonders berührt hat, war die Stadt New Orleans in Louisiana. Mit Mitte 20 reiste ich mit einem Freund quer durch die Vereinigten Staaten bis nach Kalifornien, und wir legten dabei Zwischenstopps ein. Für uns war es sehr aufregend, wie wir uns zum ersten Mal allein in die Welt hinauswagten. Damals ahnte ich noch nicht, was ein dünner Ort ist; doch wenn ich heute an damals zurückdenke, bin ich davon überzeugt, so einen Platz zum ersten Mal in New Orleans kennengelernt zu haben! Ich glaube, es war eine Kombination aus allem Möglichen – die Geschichte, die Architektur, die Menschen, die Landschaft, das Essen und die wunderbare Musik –, was mir damals das Gefühl gegeben hat, der Geisterwelt besonders nah zu sein.

Ein anderer Ort, an dem ich ähnlich empfand, ist der Grand Canyon. Wir fuhren mit dem Auto bis zum Rand der Schlucht, stiegen aus und nahmen die unglaubliche Schönheit und Herrlichkeit der Landschaft in uns auf. Da gab es keine Bauwerke, kein wuseliges Großstadtleben, keine Musik und auch keine raffinierten Gerichte – einfach nur reine, natürliche Schönheit, die mir den Atem raubte, denn ich hatte dabei tatsächlich das Gefühl, Gottes Gegenwart um mich herum zu spüren. Irgendwie war mir, als stünde die Zeit still – wenn auch nur für einen Augenblick.

An dieser Stelle möchte ich nicht versäumen, einen sehr besonderen Ort zu erwähnen, den ich immer im Herzen trage. Aus unerklärlichen Gründen zieht es mich immer wieder dorthin; hoffentlich kann ich ihn bis ans Ende meines Lebens regelmäßig besuchen. Es ist ein winzig kleines Dorf namens Trevone an der zerklüfteten Küste Cornwalls an der südwestlichsten Spitze von England. Ich kann mit gutem Gewissen sagen, dass es in den USA nichts gibt, was an die Schönheit dieses Dorfs heranreicht, obwohl ich einige der schönsten Fischerorte an der Küste Maines kenne.

Trevone besteht nur aus ein paar Häuschen und zwei hübschen Stränden. Dort sieht man Kinder im Wasser herumplanschen, Pärchen Hand in Hand spazieren gehen und ältere Menschen einfach nur in der Sonne sitzen. Es gibt geschützte Buchten und die höchsten, imposantesten Klippen, die ich je gesehen habe. Eingestürzte Höhlen bilden ein natürliches Blowhole, durch das die Wellen 30 Meter hohe Fontänen in den Himmel schießen! Ein Weg führt nach oben auf die Klippen, von wo aus man die rauen Atlantikwellen an die Küste heranrollen sieht, die einen feinen Salzfilm auf dem Gesicht hinterlassen. Ein überaus beglückendes, herzerfrischendes Erlebnis. Bei meinen Wanderungen über die Klippen hatte ich immer das Gefühl, dass die hiesige und die jenseitige Welt nur durch eine dünne Grenze voneinander getrennt sind – als könnte ich tatsächlich durch den Schleier hindurchschreiten. Dieses Dorf mit seiner spürbar spirituellen Energie ist außergewöhnlich. Für mich war es immer etwas Besonderes, dort herumzuschlendern. Das liegt nicht nur an der überwältigend schönen Landschaft; ich hatte dort auch immer das Gefühl, meiner Mutter besonders nah zu sein. Ihre Liebe, die ich spüre, wenn ich an die schönen Zeiten mit ihr zurückdenke, als sie bei mir in England zu Besuch war, rührt mich zu Tränen, die sich mit dem salzigen Sprühnebel der Ozeanwellen vermischen.

Dünne Orte bieten uns eine Chance für spirituelle Öffnung, im Hier und Jetzt präsent zu sein und auf die Schönheit zu achten, die wir um uns herum sehen und spüren. Es sind besondere Orte, an denen wir uns von allen Zwängen und Bürden lösen können, die uns von der Kommunikation mit Gott, dem GEIST und geliebten Verstorbenen trennen. Ich wollte Sie hier kurz an diesen Erinnerungen teilhaben lassen, um Sie dadurch zu inspirieren, zu ermutigen – und Ihnen einfach nur etwas Schönes nahezubringen, was für mich eine besondere persönliche Bedeutung hat.

Wenn Sie die Möglichkeit haben und für sich sind, empfehle ich Ihnen, einmal an die dünnen Orte zu denken, die Sie bislang kennengelernt haben. Gibt es vielleicht einen besonderen Platz, der Ihre Seele stärkt und belebt und Ihnen ein Tor zum Jenseits öffnet? Gibt es einen Platz auf der Welt, wo Sie sich Gott, dem GEIST und geliebten Verstorbenen sehr nahe fühlen?

An diesen besonderen Ort können Sie jederzeit zurückkehren – nicht nur körperlich, sondern auch in der Vorstellung oder durch Meditation. Dünne Orte kann man erleben und erfahren, sobald man lernt, einfach nur Augen und Ohren, Herz und Seele zu öffnen.

Was liegt auf der anderen Seite?

Die meisten von uns haben Angst davor, diese Welt zu verlassen; aber irgendwie sind sie auch neugierig darauf, was sie im Jenseits erwartet – und das möchten sie am liebsten schon wissen, *bevor* sie dorthin kommen. In letzter Zeit höre ich diese Frage immer häufiger. Normalerweise antworte ich darauf mit einer Gegenfrage: Handelt es sich hier nur um Neugier, oder bereiten sich die Fragenden auf spiritueller Ebene womöglich unbewusst auf diesen Übergang vor?

Da wir in der Körperwelt leben, fällt es uns schwer, zu verstehen oder uns vorzustellen, wie es im Jenseits aussieht oder was die Geistwesen jetzt dort tun ohne physischen Körper. Viele stellen sich vielleicht geisterhafte Gestalten, einen unheimlichen Nebel oder Harfenklänge vor, die den Himmel erfüllen. Dabei ist das Leben in der Geisterwelt unserem recht ähnlich – nur sehr viel farbiger, lebendiger und spannender. Es ist eine Welt wunderschöner Landschaften, herrlicher Gärten, Flüsse, Berge, Seen und Ozeane. Dort gibt es alle nur vorstellbaren Tierarten und Städte mit prächtigen Bauten. Alles ist getaucht in ein außergewöhnlich helles und zugleich mildes Licht.

Ich bin mir ganz sicher, dass mir vor einigen Jahren, als ich an einem meiner Bücher arbeitete, ein kurzer Blick in diese jenseitige Welt geschenkt worden ist. Während ich zu dem spannenden Thema früherer Existenzen recherchierte, hatte ich die Ehre, von meinem Kollegen Dr. Brian Weiss in einige meiner früheren Leben zurückgeführt zu werden.

Seltsamerweise schwebte ich dabei über meinem physischen Körper. Dr. Weiss führte mich in die *Zwischenwelt* – eine Welt, die weder zur jetzigen noch zu einer früheren Existenz gehört. Wenn man nicht mehr an seinen physischen Körper oder sein irdisches Leben gebunden ist, überkommt einen ein Gefühl unendlichen Friedens. Kurz fand ich mich in diesem schwerelosen Zustand in einer Welt des GEISTES, der reinen Energie wieder. Ich sah die herrlich leuchtenden Farben, von denen ich in den Botschaften, die ich von Menschen aus der Geisterwelt übermittle, schon so viel gehört hatte. Es stimmt tatsächlich: Diese Welt lässt sich kaum beschreiben. Was ich in diesem Augenblick fühlte oder sah, kann ich mit Worten unmöglich wiedergeben. Das ist ja auch logisch: Wie kann man sinnvolle, angemessene Worte für etwas Spirituelles – also Nichtkörperliches – finden?

Die Darstellung der jenseitigen Welt in dem Film *Hinter dem Horizont* kommt meiner Erfahrung am nächsten. Dieser im Jahr 1998 produzierte amerikanische Fantasy-Film, in dem der ungeheuer begabte, inzwischen leider verstorbene Robin Williams die Hauptrolle spielte, beruht auf dem gleichnamigen, 1978 erschienenen Roman von Richard Matheson. In dem Film schaffen sich die Verstorbenen kraft ihrer Fantasie und Gedankenwelt ihren eigenen Himmel: Alles, was sie in ihrer persönlichen Geisterwelt sehen oder erleben möchten, können sie manifestieren, indem sie es einfach durch ihre Gedanken erschaffen.

Was tun die Seelen im Jenseits?

Das Gleiche, was uns hier auf der Erde inspiriert oder motiviert, treibt uns auch in der Geisterwelt an. Alles, was wir auf der physischen Ebene gern getan haben, können wir auch im Jenseits weiterhin praktizieren, wenn wir es wollen.

Als Medium bin ich schon öfter mit den Seelen Verstorbener in der Geisterwelt in Kontakt getreten, die mir ein paar besonders berührende Botschaften für ihre trauernden Hinterbliebenen mitgaben, was ihre Aktivitäten im Jenseits anbelangte. Eine dieser Botschaften erhielt ich bei einer Gruppensitzung: Ein kleiner Junge bat mich, seiner Mutter zu sagen, dass er nicht mehr im Rollstuhl saß, sondern Baseball spielen konnte. Ich weiß noch, wie aufgeregt er war, als er mit mir in Kontakt trat und ihm klar wurde, dass er endlich wieder mit seiner Mutter sprechen konnte. Er verhaspelte sich fast vor lauter Aufregung, als er ihr erzählte, dass er jetzt all das tat, was er früher in seinem physischen Körper nicht konnte.

Da meldete sich seine Mutter zu Wort. Die Freude und Begeisterung war ihr deutlich anzuhören, als sie mir erzählte, dass ihr Sohn mit einer Spina bifida zur Welt gekommen war – eine Fehlbildung im Rückenmark, weshalb er sein Leben im Rollstuhl verbringen musste. »Er sah den Nachbarskindern immer von seinem Fenster aus zu, wie sie auf einem Feld auf der anderen Straßenseite Baseball spielten«, sagte sie. »Und er wäre so gerne auch da draußen gewesen und hätte wie all die anderen spielen und herumrennen können.«

Als sich die Seele des Jungen zurückzuziehen begann, spürte ich das Verblassen seiner Energie; doch vorher beteuerte er seiner Mutter noch ein letztes Mal, wie sehr er sie liebte und wie glücklich er war! Solche Botschaften machen meine Arbeit immer wieder so sehr lohnend und sinnvoll.

Bei einer anderen Jenseitskontakt-Demonstration kam eine verstorbene Großmutter mit einer Botschaft an ihre Enkelin durch. Sie schilderte genau, wie sie in ihrem Lieblingssessel auf der Veranda saß und die Sonne genoss, so, wie sie es zu ihren Lebzeiten auf der Erde immer gern getan hatte. Dieses Bild beschrieb sie mir so lebhaft, dass ich es mir genau vorstellen konnte. Es war ihre Art, ihre Identität zu bestätigen, damit ich den Kontakt zu ihrer Enkelin herstellen konnte.

Bei einer anderen Demonstration kam ein Sohn durch, um seinen Eltern zu berichten, dass er seine Schulausbildung in der Geisterwelt vollendete. Man sah deutlich, wie seine Eltern sich darüber freuten. Die Liebe zwischen Eltern und Kind ist eine der tiefsten, kostbarsten Verbindungen in unserer irdischen Lebenszeit. Botschaften von verstorbenen Kindern berühren mich immer sehr; es ist mir eine Ehre, sie zu überbringen, weil ich weiß, welchen Kummer ihre Eltern durchleiden.

Das Elternpaar stand kerzengerade im Zuschauersaal und bestätigte mir mit Tränen in den Augen alles, was ich von dem Sohn erzählte. Die beiden erklärten ihm, wie stolz sie darauf seien, dass er seine Ausbildung jetzt endlich beendete; denn dies war ihm in seinem Leben in der Körperwelt sehr wichtig gewesen.

Ein junges Mädchen kam durch, um seiner Familie mitzuteilen, dass sie jetzt in der Geisterwelt Kinder unterrichte. Das erschien den Eltern sehr plausibel, denn zum Zeitpunkt ihres Todes war sie kurz davor gewesen, ihr Lehramtsstudium abzuschließen und als Lehrerin an einer Grundschule anzutreten.

Ich halte es für Eltern und andere Menschen wichtig zu wissen, dass das Leben in der Geisterwelt weitergeht. Man kann die Tätigkeit fortsetzen, die einem auf der Erde Freude gemacht hat, oder auch etwas anderes ausprobieren. Halten Sie sich einfach vor Augen, dass Ihre Angehörigen weiterleben, auch wenn sie jetzt im Jenseits sind. Der Tod ist nicht das Ende.

Und machen Sie sich auch keine Sorgen um Ihre geliebten Verstorbenen, denn im Jenseits gibt es keine Krankheiten, keine Schmerzen, kein Leid und keine der Sorgen, die uns in der Körperwelt so oft zu schaffen machen, wie etwa Geldnot, Kreditabzahlungen, Hunger usw.

In meiner gesamten Zeit als Medium habe ich noch nie gehört, dass die Verstorbenen in der Geisterwelt ihr Zuhause oder ihre Besitztümer vermissen. Niemand ärgert sich darüber, wer Mutters Diamantring oder andere Besitztümer geerbt hat. Diese Seelen haben sich von allen Bindungen an ihr irdisches Leben und an materielle Dinge befreit. Sie führen ein Leben in innerem Frieden und genießen es, wieder mit den Menschen vereint zu sein, die sie lieben – in der Ungestörtheit ihres Himmels.

Und was ist mit Himmel und Hölle?

In vielen alten Kulturen spielt der Glaube an ein Leben nach dem Tod, das gut wie auch schlecht – Himmel oder Hölle – sein kann, eine wichtige Rolle. In diesen religiösen Vorstellungen geht man davon aus, dass sich unsere Seele einem göttlichen Gericht stellen muss, wenn wir sterben und unseren physischen Körper verlassen.

Diesem Glaubenssystem zufolge gibt es ein einfaches Gesetz: Wenn Sie hier auf der Erde ein gutes Leben geführt haben, stehen Ihnen die Tore zum Himmel offen. Wenn Sie dagegen ein schlechter Mensch gewesen sind, steigen Sie in die Hölle hinab. Wenn wir uns Himmel und Hölle mit unserem menschlichen Verstand oder Glauben vorzustellen versuchen, befindet sich der Himmel normalerweise weit über der Erde, während die Hölle eher düster ist und tief unter der Erde liegt.

Obwohl ich im katholischen Glauben erzogen worden bin, hat mich diese Idee noch *nie* wirklich überzeugt. Ich kann mit der Vorstellung eines Teufels, der in den tiefsten Abgründen der Erde sein Unwesen treibt, umgeben von Flammen – einer Hölle, in der Seelen Folterqualen leiden –, nichts anfangen. Doch meiner Meinung nach glauben die meisten Menschen im Grunde ihres Herzens daran, dass wir später einmal das ernten, was wir gesät haben. Daher rührt auch das Sprichwort: »Wie man in den Wald hineinruft, so schallt es heraus.«

Auch ich glaube, dass es von Ihrer Lebensführung – Ihrem Umgang mit Ihren Mitmenschen, dem Mitgefühl, mit dem Sie sich und andere behandeln – abhängt, auf welche Ebene Sie nach Ihrem Tod gelangen. Wenn Sie anderen Menschen Güte, Liebe und Mitgefühl entgegenbringen, hilft Ihnen das bei Ihrer eigenen spirituellen Weiterentwicklung und lässt Sie nicht nur hier auf der Erde, sondern auch im Jenseits zu einem besseren Menschen werden.

Alle Existenzebenen bestehen aus Gedanken; deshalb schaffen wir uns wohl gewissermaßen unseren eigenen Himmel oder unsere eigene Hölle. Wir erlegen uns unser Urteil oder Schicksal selbst auf. Letzten Endes sind wir selbst die Schöpfer unserer Welt – unsere eigenen Richter und Geschworenen. Auch das wird in dem bereits erwähnten Film *Hinter dem Horizont* beschrieben: Dort stecken die Menschen, die ein schlechtes Leben geführt, andere nicht gut behandelt oder ihr Leben vorzeitig beendet haben, in einer Art dickflüssigem Schlamm fest. Meiner Auffassung nach will der Film uns damit zeigen, dass die Seelen, die an diesem düsteren Ort gefangen waren, sich mit ihrem eigenen Urteil über sich selbst dorthin verbannt hatten. Mit anderen Worten: Sie hatten sich selbst in eine vorübergehende Hölle geschickt.

Doch meiner Meinung nach sind Himmel und Hölle einfach nur Geistes- oder Bewusstseinszustände, wobei der Himmel auf einer höheren Frequenz schwingt als die sogenannte Hölle. Auf jeder Existenzebene gibt es viele verschiedene Stufen, und jede Seele bewegt sich in ihrem Tempo von einer Stufe zur nächsten, sobald sie bereit dazu ist. Es gibt keine Strafe dafür, wenn man länger auf einer Ebene verharrt; diese Entscheidung bleibt jeder Seele selbst überlassen.

Aufgrund meiner vielen Gespräche mit Menschen mit einer Nahtoderfahrung glaube ich inzwischen wirklich daran, was sie mir erzählt haben: Jede Seele unternimmt, nachdem sie ihren physischen Körper verlassen hat, eine Art »Lebensrückschau«. Dabei bekommt man jede Freude, jeden Schmerz und jeden Kummer, den man anderen in seinem Leben zugefügt hat, selbst zu spüren. Schließlich müssen wir uns alle unseren früheren Fehlern stellen. Wenn jedem von uns klar wäre, dass ihm diese Lebensrückschau bevorsteht (bei der er sein eigener Richter und sein eigenes Gericht ist), würden wir uns in unserem Leben vielleicht anders verhalten und bessere Entscheidungen treffen – und dann wäre die Welt ein schönerer Ort. Heilung, Mitgefühl und Vergebung für unsere Mitmenschen (und auch für uns selbst) bringen unsere Seele in ihrer Entwicklung ein großes Stück weiter.

Lassen Sie mich noch kurz auf eine heikle und oft gestellte Frage eingehen: »Und was passiert mit den Leuten, die auf der Erde grauenvolle Taten verübt haben?« Selbst solche, die von den meisten für schlecht oder böse gehalten werden, erhalten nach ihrer Lebensrückschau eine Chance, vorwärtszukommen. Dadurch, dass sie alles, was sie anderen angetan haben, am eigenen Leib erfahren müssen, lernen sie wichtige Lektionen. Vielleicht müssen sie sich noch sehr oft auf der Erde inkarnieren, bevor sie zu einer höheren Schwingungsfrequenz und Existenzebene aufsteigen können.

Ihre spirituellen Körper

Genau wie es verschiedene Existenzebenen gibt, besitzen wir Menschen auch unterschiedliche spirituelle Körper. Auch wenn wir diese nicht sehen, sind sie doch alle miteinander verbunden und schwingen ständig auf ihrer eigenen Frequenz. Von unten nach oben (also von der dichtesten bis zur höchsten Schwingungsfrequenz) gesehen sind das: der physische Körper, der Ätherleib, der Astralleib, der Mentalleib und der Geistkörper.

Unser *physischer Körper* entspricht der physischen Ebene und ist der niedrigste, dichteste aller Körper.

Der *Ätherleib*, der dem physischen Körper sehr nahesteht, stellt das Bindeglied zwischen physischem und *Astralleib* dar. Man kann diesen

Ätherleib sogar mit seinen körperlichen Augen wahrnehmen. Stellen Sie sich vor, in einem Zuschauerraum zu sitzen und einem Redner zuzuhören. Sobald Ihre Augen sich entspannen, nehmen Sie vielleicht einen weißen Schimmer um seinen Körper wahr. Es liegt nicht daran, dass Ihre Augen ermüdet sind oder Ihnen einen Streich spielen, sie erkennen den Ätherleib des Redners. Vielleicht sehen Sie diesen weißen Schimmer rund um den physischen Körper eines anderen auch dann, wenn Sie versuchen, seine Aura zu erkennen: Das ist der Ätherleib.

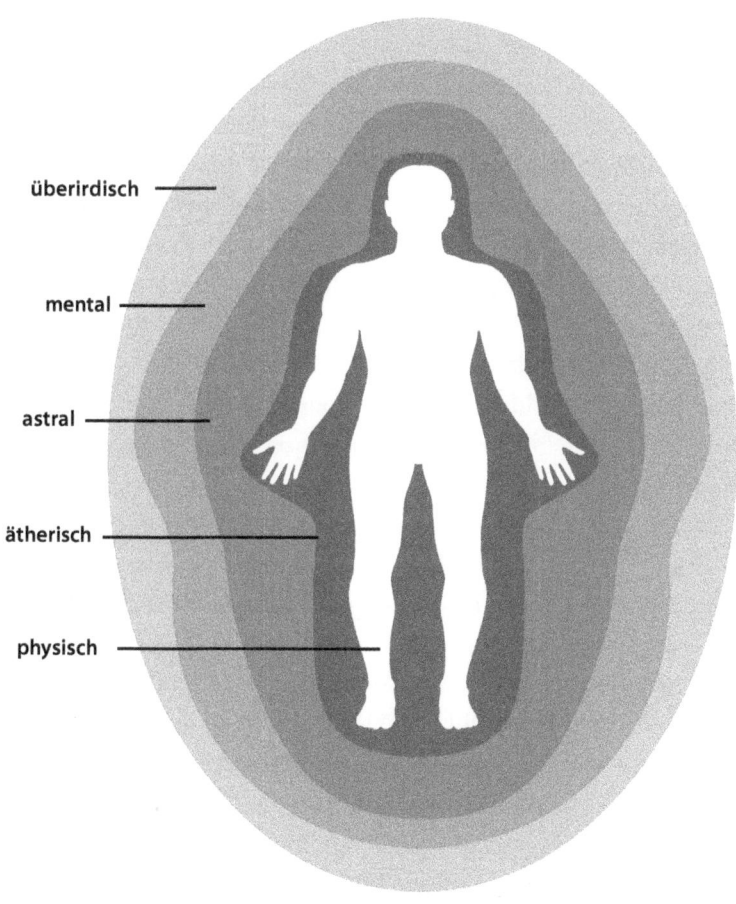

überirdisch

mental

astral

ätherisch

physisch

Dieser Ätherleib spielt eine sehr wichtige Rolle, denn durch ihn zieht die lebenspendende Energie in uns hinein, die unseren physischen Körper mit *Prana* nährt. Das ist jener Funke oder Teil des göttlichen Ursprungs, der in jedem Lebewesen steckt und ein eigenes Bewusstsein hat. Diese geistige Kraft wird im Chinesischen als *Chi*, im Sanskrit als *Prana* und auf Hawaiianisch als *Ti* oder *Ki* bezeichnet.

Sollten Sie schon einmal einem energetisch arbeitenden Therapeuten bei einer Sitzung zugeschaut haben, wissen Sie, dass er am Ätherleib seiner Patienten arbeitet. Natürlich braucht man manchmal auch einen schulmedizinisch ausgebildeten Arzt, um eine körperliche Erkrankung zu behandeln. Wenn Sie sich beispielsweise ein Bein brechen, legt der Arzt vielleicht einen Gips an, damit der Knochen wieder besser zusammenwachsen kann. Doch da Sie nicht nur ein körperliches, sondern zugleich auch ein spirituelles Wesen sind, ist auch Ihr Ätherleib von den energetischen Spuren des Knochenbruchs betroffen. Mit anderen Worten: Alles, was dem physischen Körper widerfährt, wirkt sich auch auf den Ätherleib aus, und umgekehrt. Ihr Ätherleib wird dadurch zwar nicht »gebrochen«, aber verändert, und ein Geistheiler kann dazu beitragen, die Spuren körperlicher Verletzungen und Erkrankungen in Ihrem ätherischen Feld zu beseitigen oder bereinigen und physischen Körper und Ätherleib wieder miteinander in Einklang zu bringen.

Als Nächstes kommt der *Astralleib*, den manche Hellsichtige als Aura in Form von leuchtenden Farbwirbeln wahrnehmen. Der Astralleib gehört zur Astralebene; nur Ihr physischer Körper lebt in der physischen Ebene. Der Astralleib ist der Körper, in dem wir nach unserem Tod wohnen. Viele haben schon von Astralreisen oder Out-of-body-Erfahrungen gehört oder vielleicht sogar selbst schon einmal so etwas erlebt: Das passiert, wenn der Astralleib sich vom physischen Körper löst, Sie quasi über sich selbst schweben und sogar auf Ihren physischen Körper hinunterschauen können. Vielleicht haben Sie auch schon einmal Fotos oder Zeichnungen von einem spirituellen Körper gesehen, der über dem physischen Körper eines Menschen schwebte und die gleiche Form hatte wie dieser. Das ist der Astralleib.

Weiter oben kommen der *Mentalleib* und der *Geistkörper*; beide stehen mit den höher entwickelten Existenzebenen in Verbindung. Geistwesen kommunizieren durch den Geistkörper eines Mediums. Dabei verschmelzen der Körper des Geistwesens und der des Mediums miteinander, und so entsteht eine Kommunikationsbrücke zwischen diesen beiden Welten, die übersinnliche Wahrnehmungen (Hellfühlen, Hellsehen oder Hellhören) ermöglicht.

Ihr wahres, spirituelles Ich

Wir Menschen bestehen aus zwei Teilen: dem körperlichen und dem spirituellen Ich. Ihr *wahres* Ich ist nicht das, was Sie beim Blick in den Spiegel sehen, sondern der spirituelle Teil Ihres Wesens. Dank Ihrem spirituellen Ich stehen Sie mit geliebten Verstorbenen im Jenseits in Kontakt. Das sind körperlose Geistwesen. Sie dagegen sind ein inkarnierter Geist oder eine inkarnierte Seele – das heißt, Ihre Seele befindet sich in einem Körper. Durch den Tod eines Ihnen nahestehenden Menschen wird das enge Band zwischen Ihnen beiden nicht zerstört; weder Zeit noch Raum – und erst recht nicht der Tod – können uns von denen trennen, die diese Welt vor uns verlassen haben.

Oft werde ich gefragt: »Wozu muss ich denn unbedingt wissen, dass es außer meinem körperlichen auch noch ein spirituelles Ich gibt?« Wie gesagt: Wir sind spirituelle Wesen, die einen physischen Körper nutzen, um menschliche Erfahrungen machen zu können. Wenn Sie eine dieser beiden Seiten verleugnen, entgeht Ihnen vieles von dem, was das Leben zu bieten hat. Erst wenn Sie Ihre körperliche und Ihre spirituelle Seite ineinander integrieren, können Sie ein Leben unbegrenzter Möglichkeiten führen und Ihr Bewusstsein erweitern.

Wir leben in einem materialistischen, technologischen Zeitalter; nur allzu oft konzentrieren wir uns so sehr auf die Außenwelt, dass wir unseren Geist, unsere Seele darüber vergessen. Viele Menschen, die sich mit Besitz umgeben, glauben irrtümlicherweise, dass ihnen dieser Glück, Erfüllung und ein Gefühl der Sinnhaftigkeit bringen wird. Doch selbst wenn es ihnen gelingt, diese Dinge zu erwerben, ertappen sie sich hinterher doch immer wieder bei dem Gedanken: »Warum fühle ich mich innerlich trotzdem so leer?«

Menschen, die ein spirituelleres Leben führen, wissen, dass hinter dieser irdischen Existenz sehr viel mehr steckt als das, was unsere materialistische Welt zu bieten hat. Ich mache immer wieder die Erfahrung, dass solche Menschen die größeren Zusammenhänge zu begreifen scheinen. Sie verfügen über einen weiteren Horizont und ein tieferes Verständnis dafür, wer sie sind, was sie tun und wie sie ihr Leben führen – und sie haben auch mehr Respekt vor diesem Leben. Daher pflegen sie auch sinnvollere Kontakte zu ihren Mitmenschen hier auf der Erde und zu den Seelen Verstorbener im Jenseits. Wenn Sie lernen, ein spirituelleres Leben zu führen, gewinnen Sie Zugang zu all den grenzenlosen Ressourcen, die jedem von uns offenstehen. Sobald Ihnen das klar wird, werden Sie eine Welt *spüren, sehen* und *erfahren* können, die Sie nie für möglich gehalten hätten.

Sobald wir uns unserer spirituellen Seite bewusster werden, kommen wir unserem größeren Ich – und was noch wichtiger ist: unserer wahren Bestimmung – näher. Dieses besondere oder *umfassendere* Bewusstsein führt uns dorthin, unseren spirituellen Daseinszweck – den Grund, warum wir gerade jetzt hier in dieser Körperwelt leben – zu erfüllen. Es versucht, uns richtiges Handeln und richtige Entscheidungen einzugeben und uns natürlich auch zu zeigen, wie wir unsere kostbare Zeit auf der Erde optimal nutzen können, indem wir einander lieben und unterstützen.

Ihr spirituelles Ich vermittelt Ihrem körperlichen Ich wichtige Erkenntnisse und den Zugang zu Ihrer Intuition. Das ist jener Teil Ihrer selbst, der Sie innerlich anschubst, wenn er spürt, dass Sie im Begriff sind, eine falsche Entscheidung zu treffen, und Sie dazu drängt, diese noch einmal zu überdenken. Aber Ihr spirituelles Ich spornt Sie auch dazu an, anderen Menschen oder Lebewesen zu helfen oder sich für eine gute Sache einzusetzen. Oft fühlt man sich zu etwas hingezogen, ohne zu wissen warum. Es könnte sogar etwas sein, wofür Sie sich noch nie zuvor interessiert haben. Das ist ein sehr gutes Beispiel dafür, wie Ihr spirituelles Ich Sie mithilfe intuitiver oder übersinnlicher Erkenntnisse zu leiten versucht.

Angenommen, eines Ihrer Kinder lebt in einem anderen Bundesstaat oder Land, und Sie haben plötzlich das Gefühl, dieses Kind unbedingt anrufen zu müssen; und sobald Sie seine Stimme am anderen Ende des Telefons hören, erfahren Sie, dass es dringend Ihre Hilfe braucht. Es war Ihr spirituelles Ich, das mit der Seele Ihres Kindes Kontakt aufgenommen hat! Dabei handelt es sich um eine Kommunikation in beiden Richtungen – von Geist zu Geist.

In meinem ersten Buch *Born Knowing* berichte ich darüber, wie ich als Kind einmal mit ein paar Nachbarskindern in einem Schulhof spielte. Plötzlich fühlte ich mich ohne ersichtlichen Grund in eine Ecke des Schulhofs gezogen, wo die Hausmeister mit ihren Transportern normalerweise eine Rampe hinunterfuhren, um sie in einer Tiefgarage unterhalb der Schule zu parken. Als ich dort hinunterschaute, sah ich einen jungen Mann, der gestürzt und offensichtlich schwer verletzt war. Ohne nachzudenken rannte ich sofort nach Hause und bat meine Eltern, einen Krankenwagen zu rufen.

Später am Abend, als wir gerade beim Abendessen saßen, klopfte es laut an unserer Tür. Ich sprang auf, öffnete, und vor mir stand ein untersetzter Polizist mit finsterem Gesicht. Er wollte meine Eltern sprechen, und ich befürchtete sofort, etwas falsch gemacht zu haben. Doch wie sich herausstellte, war er der Onkel des verunglückten jungen Mannes.

»Ihr Sohn ist ein Lokalheld!«, erklärte der Polizeibeamte meinen Eltern, die mich stolz und ungläubig anstarrten. »Leider waren die Verletzungen meines Neffen so schwer, dass er heute Abend daran gestorben ist. Aber wenigstens war er nicht allein – seine ganze Familie war bei ihm und konnte von ihm Abschied nehmen.« Mit Tränen in den Augen legte der Mann mir seine große Hand auf die Schulter. »Danke, mein Sohn.«

Das war zwar ein grausamer Schicksalsschlag; und doch hatte der Geist des verletzten jungen Mannes an jenem Tag Kontakt mit mir aufgenommen, und mein eigener Geist hatte richtig darauf reagiert.

Über dieses spirituelle Ich stehen auch Sie immer noch mit Ihren geliebten Verstorbenen im Jenseits in Verbindung. Diese Verstorbenen sind jetzt Geistwesen oder – anders ausgedrückt – körperlose Wesen, während Sie ein inkarnierter Geist (also ein Geist in einem Körper) sind. Nur weil diese Menschen gestorben sind, ist das enge Band zwischen Ihnen noch lange nicht zertrennt. Weder Zeit noch Raum – und erst recht nicht der Tod – kann uns von den Menschen trennen, die diese Welt vor uns verlassen haben.

Denken Sie daran: Wir sind viel mehr als nur körperliche Geschöpfe. Wir sind wunderbare spirituelle Wesen mit unbegrenzten Möglichkeiten!

Kapitel 2:

DER ENDGÜLTIGE ÜBERGANG

Unabhängig von unserer Religion, Hautfarbe, Nationalität oder geografischen Heimat gibt es zwei entscheidende Augenblicke in unserem körperlichen Leben: *Geburt* und *Tod*.

Obwohl es sich dabei naturgemäß um zwei sehr unterschiedliche Ereignisse handelt, ist auch der Tod in meinen Augen nichts anderes als eine Art Geburt: Er ist der Eingang zum Jenseits, unsere Wiedergeburt in die Geisterwelt.

Alles – auch Ihre Seele – ist ständig irgendwohin unterwegs. Wie schon der chinesische Philosoph Lao-tse sagte: »Leben und Tod sind nur ein einziger Faden – dieselbe Linie, nur von verschiedenen Seiten aus gesehen.«

Im Grunde sind Geburt und Tod ein und derselbe Prozess – es ist, als ginge man durch eine Tür aus einem Raum in einen anderen. Der einzige Unterschied besteht in der Richtung, in die man sich bewegt.

Vor einigen Jahren hörte ich einen schönen Spruch, der ungefähr so lautet: »Wenn eine Seele den Geburtsprozess durchläuft, weinen die Seelen auf der anderen Seite, während sich die auf der Erde freuen. Wenn eine Seele den Todesprozess durchläuft, trauert ihre irdische Familie auf der Erde, während sich die Angehörigen im Jenseits freuen.«

Während meiner langjährigen Tätigkeit als Medium – in ständigem Kontakt mit der Geisterwelt – habe ich von den Geistwesen noch nie gehört, dass sie traurig wären, wenn eine Seele in diese irdische Welt hineingeboren wird. Doch sicherlich ist mit diesem Spruch in Wirklichkeit auch nur die unendliche Reise der Seele gemeint. Vom Zeitpunkt unserer Geburt bis zu dem Moment, in dem wir unseren physischen Körper verlassen, lernen wir immer wieder Neues dazu, wachsen innerlich und entwickeln uns weiter.

Welchen Sinn hat die Reinkarnation?

Sie sollten wissen, dass Ihre Seele während Ihres ganzen Lebens alle Erinnerungen, Gefühle und Emotionen in sich aufnimmt und dass Ihre unverwechselbare irdische Persönlichkeit dieser Seele ihren Stempel aufdrückt. Nur unser physischer Körper (das Gefäß der Seele), der in Wirklichkeit lediglich eine Art Mantel ist, stirbt. Sobald wir ihn nicht mehr brauchen, wird er abgelegt wie eine alte Jacke, und nur die Seele (unser *wahres* Ich) lebt weiter.

Nach dem Tod Ihres physischen Körpers haben Sie die Möglichkeit, in einem anderen Körper wieder auf diese physische Ebene zurückzukehren, um als Seele weiter zu lernen und innerlich zu wachsen. Ein körperliches Dasein auf der Erde ist die beste Lernerfahrung für die Seele, denn dabei muss sie sich mit den Zwängen und Einschränkungen einer körperlichen Existenz auseinandersetzen. Alle Entscheidungen, die Sie in früheren Existenzen gefällt haben – vor allem aber diejenigen, die Sie in Ihrem jetzigen Leben treffen –, haben Einfluss auf den zukünftigen Weg Ihrer Seele.

Doch unser Leben ist nicht von vornherein genau festgelegt. Wir alle kommen mit einem freien Willen auf die Welt und können selbst entscheiden, ob wir unsere Bestimmung erfüllen oder uns von ihr entfernen möchten. Vielleicht hatten wir ursprünglich vor, in diesem Leben von Punkt A nach Punkt B zu gelangen; doch unterwegs gibt es viele Seitenstraßen und Umwege, die uns leicht von unserer eigentlichen Mission ablenken können, dabei aber ebenso wichtige Lernaufgaben für uns bereithalten.

Manchmal werde ich gefragt: »Warum entscheidet sich ein Geist dafür, auf diese Welt zu kommen und sich all dem Druck und den schwierigen Umständen eines irdischen Lebens – etwa Armut, Krankheit, Leid und Streit – auszusetzen? Das ist doch kaum nachvollziehbar.« Sobald Sie sich in der Geisterwelt befinden, werden Sie Teil eines Gottesbewusstseins und verstehen, *warum* Sie sich für eine Rückkehr auf die Erde entscheiden. Und dann wissen Sie auch, dass Ihre Zeit in der Körperwelt im Vergleich zu Ihrer gesamten Existenz nur ein winziger Tropfen im Ozean ist. Jemand, der glaubt, ein schweres Leben zu haben, lernt daraus auf spiritueller Ebene sehr vieles, was seine Seele in ihrer Entwicklung weiterbringt.

Ich sage oft, dass uns für unseren Aufenthalt hier auf der Erde eigentlich eine Medaille verliehen werden sollte, denn in einem Körper zu leben ist alles andere als einfach! Unser Lohn dafür ist die Weisheit, die wir bei unserem Aufenthalt in dieser Welt erwerben.

Der Übergang von der Geisterwelt auf die physische Ebene

Die Frage liegt nahe, was die Seele bei ihrer Rückkehr aus der Geisterwelt auf die physische Ebene erlebt, wenn sie sich in einem physischen Körper reinkarniert. Über das Thema des Todes und des Weiterlebens der Seele gibt es viele Bücher und weitere Informationen. Doch viele Leute stellen mir Fragen wie: »Was erlebt der Geist bei seinem Übergang von der Geisterwelt auf die physische Ebene? Freut er sich über diese Reise, genießt er sie? Darf er selbst entscheiden, in welches Leben er als Nächstes hineingeboren wird?«

Es gibt viel Wissen und viele verschiedene Vorstellungen darüber, was nach unserem Tod mit uns geschieht; doch über die Rückkehr der Seele auf die physische Ebene weiß man bisher kaum etwas. Ich will versuchen, Ihnen diese Fragen aufgrund meiner Erfahrungen und Überzeugungen so gut wie möglich zu beantworten.

Die Geburt: Inkarnation in einen neuen Körper

Beschließt eine Seele, wieder in eine irdische Existenz zurückzukehren, kann sie selbst darüber entscheiden, welches Leben sie in dieser neuen Inkarnation führen möchte. Zum Beispiel wählt sie die Familie, in die sie hineingeboren wird, selbst aus, obwohl diese äußeren Lebensumstände oft auch von den Lernaufgaben abhängen, die sie vor sich hat.

Wenn wir uns reinkarnieren, verblassen die Erinnerungen und Emotionen unseres früheren Lebens allmählich und werden durch neue Erfahrungen ersetzt, die wir sammeln, wenn wir wieder hier in der Körperwelt zu leben beginnen. Doch manchmal bleiben uns bestimmte Charaktereigenschaften, Fähigkeiten oder Eigenheiten aus früheren Inkarnationen erhalten. Ich zum Beispiel war als Kind aufgrund meiner übersinnlichen Fähigkeiten nicht nur sehr sensibel, sondern konnte auch unheimlich gut zeichnen. War das ein ererbtes Talent, oder stammte es aus einer früheren Existenz? Ich glaube eher Letzteres. Ich erinnere mich auch noch an einen Freund, der sich von einem Hellseher in frühere Leben zurückversetzen ließ. Dieser Mann hatte eine wunderschöne Handschrift und erfuhr bei seiner Sitzung, dass er früher einmal Schreiber in einem französischen Kloster war. Das fand ich sehr spannend, denn dieser Mann kann auch den französischen Akzent sehr gut nachahmen!

Viele Kinder können sich noch an ihre vorherige irdische Existenz erinnern. Das war schon immer so; doch heutzutage ist es nicht mehr so verpönt, über solche Themen zu sprechen. Einige dieser Geschichten wurden aufgezeichnet und sogar verfilmt.

Einer der überzeugendsten Beweise für die Reinkarnation, die ich je gelesen habe, ist die Geschichte von Bruce und Andrea Leininger. Ihr Buch *Soul Survivor: Ein Junge erinnert sich an ein Leben vor seiner Geburt* bietet faszinierende Einblicke in die Erlebnisse ihres kleinen Sohnes James. Im Alter von nur zwei Jahren wachte er nachts immer wieder laut schreiend auf und stammelte etwas von einem Flugzeugabsturz im Jahr 1945. Er erinnerte sich sogar noch an seinen Namen in jenem früheren Leben: James Huston. (Ich finde es erstaunlich, dass er in beiden Existenzen denselben Vornamen hatte.) Obwohl Bruce Christ war, glaubte er allmählich, dass sein Sohn James die Reinkarnation eines Kampfpiloten aus dem Zweiten Weltkrieg war – eines Mannes, dessen Flugzeug über Japan abgeschossen worden war und der verzweifelt versucht hatte, sich aus der brennenden Maschine zu befreien.

Durch sorgfältige Recherchen (wie etwa Interviews mit James Hustons Freunden und Familienangehörigen und mit Veteranen aus dem Zweiten Weltkrieg) konnten James' Eltern diese Information bestätigen. Als James acht Jahre alt war, ließen seine Albträume allmählich nach; und James Hustons Familie konnte nach all den Jahren endlich mit dem Tod ihres Sohns abschließen. Diese Geschichte hat übrigens noch ein sehr schönes Nachspiel: Zu Ehren von James Huston begaben sich die Leiningers auf die weite Reise nach Japan, um Blumen an seinem Ozeangrab abzulegen.

Manche Kinder konnten sogar Eindrücke von ihrem Aufenthalt im Jenseits wiedergeben: Sie berichteten, wie sie sich ihre Eltern aussuchten, und beschrieben die Umstände vor ihrer Geburt, beispielsweise das Leben ihrer Eltern. Solche Erlebnisse bezeichnet man als vorgeburtliche Erfahrungen (VGEn).

Loslassen lernen

Bis zu einem gewissen Grad ist der Wunsch, die eigene Sterblichkeit zu ignorieren, etwas Natürliches. Viele Menschen weigern sich jedoch rundweg, an ihren Tod zu denken, dafür vorauszuplanen oder ihn auch nur zu akzeptieren. Manche Leute haben das Gefühl, ihren Tod schon durch den bloßen Gedanken daran irgendwie herbeizurufen. Doch wir alle müssen eines Tages dem Tod (oder dem Übergang in eine andere Welt, oder vielleicht verwenden Sie auch einen anderen Begriff dafür) ins Auge sehen – sei es, dass wir mit dem Verlust eines geliebten Menschen fertigwerden oder uns auf unser Sterben vorbereiten müssen.

Abschiede sind niemals einfach. Sich von einem geliebten Menschen trennen zu müssen, der im Sterben liegt, kann eine der bittersten Erfahrungen in Ihrem irdischen Leben sein. Auch wenn Sie glauben, darauf vorbereitet zu sein – wenn der Zeitpunkt kommt, ist das niemals leicht. Sollten Sie momentan mit einem so schweren Verlust zu kämpfen haben, fühle ich von Herzen mit Ihnen.

Ich habe meine Mutter im Frühjahr 2011 verloren und habe in den letzten Jahren versucht, auch einige Freunde über den Verlust geliebter Menschen hinwegzutrösten. Obwohl ich als Medium weiß, dass wir alle eines Tages in eine andere Welt gehen und dass unsere Seelen unsterblich sind, bereitet mir der Tod eines geliebten Menschen doch genauso viel Kummer wie jedem anderen Hinterbliebenen. Ich weiß und verstehe, was andere in dieser Situation durchmachen, und tue mein Bestes, um ihnen in dieser schwierigen Situation zu helfen.

Als meine Mutter in der Langzeit-Palliativpflege aufgenommen wurde, erhielt ich ein kleines Buch von Hank Dunn mit dem Titel *Hard Choices for Loving People*. Dieses Büchlein hat mir mehr geholfen, als ich mir hätte vorstellen können. Es bereitete mich darauf vor, eine der schwersten, emotionsgeladensten Phasen meines Lebens zu bewältigen! In der Hoffnung, dass auch Sie in diesen Worten jetzt oder in Zukunft ein bisschen Trost finden, möchte ich folgenden Abschnitt daraus zitieren:

»Es ist eine natürliche Reaktion auf die Möglichkeit des Verlusts eines Menschen, sich nur noch fester an ihn zu klammern oder mehr Kontrolle über ihn gewinnen zu wollen. Doch paradoxerweise führt das nicht zu dem freien, glücklichen Leben, nach dem wir streben. Die meisten von uns lernen irgendwann, loszulassen. Wir lösen uns von unserer Kindheit und akzeptieren die Verantwortungen des Erwachsenendaseins. Wir lassen unsere Kinder los, wenn sie ins Teenageralter kommen, und geben unsere Versuche auf, sie unter Kontrolle zu halten. Wir lösen uns von dem Traum, in Besitztümern oder einer beruflichen Karriere unser Glück zu finden. Und wir lernen sogar, andere Menschen loszulassen und unser Glück nicht von ihnen abhängig zu machen. Um diese Lektionen zu lernen, müssen wir zunächst einmal die Tatsache akzeptieren, dass diese Dinge oder Menschen Geschenke waren.

Es gibt zwei Möglichkeiten, etwas festzuhalten. Wir können es fest umklammern wie eine Münze in unserer Faust: Da wir Angst davor haben, sie zu verlieren, halten wir sie fest an uns gedrückt. Denn sobald wir die Faust öffnen und unsere Handfläche nach unten richten, fällt die Münze herunter, gehört uns nicht mehr, und wir fühlen uns betrogen. Die andere Möglichkeit des Festhaltens besteht darin, seine Hand zu öffnen, und zwar so, dass die Handfläche nach oben zeigt. Dann bleibt die Münze vielleicht darauf liegen – oder sie wird vom Wind wegweht oder fällt herunter, sobald wir uns bewegen. Doch solange sie da ist, haben wir das Privileg, sie zu besitzen. Wir halten sie in der offenen Hand. Unsere Hand ist entspannt, und wir empfinden ein Gefühl der Freiheit.«

Dieser kurze Text hat mich getröstet, sodass ich diese letzten Lebensmonate meiner Mutter besser aushalten konnte. Ich hatte das Glück, viel Zeit mit ihr verbringen zu dürfen. Wenn ich an ihrem Bett saß, lachten und weinten wir, erzählten uns Geschichten und schwelgten in kostbaren Erinnerungen. Um ihr meine Liebe und Wertschätzung zu zeigen, sorgte ich dafür, dass sie jede Woche frische Blumen am Bett hatte, dass ihr das Haar gemacht und sie regelmäßig massiert wurde.

Mit einem Gefühl innerer Offenheit und Akzeptanz unterhielten wir uns über das Ende ihres Lebens, das Jenseits und alles, was sie dort wohl erwartete. Ich erklärte ihr, dass die Seelen derjenigen, die vor ihr verstorben waren, da sein und sie dort willkommen heißen würden; sie würde auf dieser Reise also nicht allein sein. Wir vereinbarten auch, welche Zeichen sie mir aus der jenseitigen Welt senden sollte; und tatsächlich sind bis zum heutigen Tag schöne und zutiefst berührende Zeichen von ihr bei mir eingetroffen. Ich lasse Sie an dieser Stelle an einem der persönlichsten Momente meines Lebens teilhaben, um Ihnen eine meiner Meinung nach wichtige Botschaft zu vermitteln: Man kann auch den bevorstehenden Tod eines Menschen in Liebe hinnehmen und akzeptieren. Ich konnte meine letzten Wochen mit meiner Mutter genießen, solange sie noch da war, statt mich an sie zu klammern und sie nicht gehen lassen zu wollen.

Damit will ich nicht sagen, dass mir das leichtgefallen wäre; doch meine Mutter hat die letzten Wochen ihres Lebens in Frieden, Würde und Anmut verbracht. Sie hat mich auf die Welt gebracht und mich liebevoll im Arm gehalten; als Dank dafür hielt ich sie in meinen Armen, als sie diese Welt verließ. Ich bereue nichts, denn wir haben alles gesagt und getan, was gesagt und getan werden musste.

Bitte sagen Sie den Menschen in Ihrem Leben das, was Sie Ihnen sagen sollten, lieber jetzt gleich, damit Sie später nichts bereuen müssen: »Ach, hätte ich doch …«, »Wäre ich doch …« oder »Wenn ich mich doch nur anders verhalten hätte …« Versuchen Sie, mit einer offenen Handfläche zu leben und jeden Augenblick, den Sie mit Ihren Angehörigen, Freunden und Haustieren verbringen dürfen, zu genießen und dankbar dafür zu sein – denn sie sind alle ein Teil Ihrer Familie.

Das Begrüßungskomitee

Wenn ein Ihnen nahestehender Mensch bald sterben wird oder vor Kurzem verstorben ist – egal, ob es sich dabei um einen natürlichen Tod am Ende eines langen Lebens oder um ein plötzliches, unerwartetes Dahinscheiden gehandelt hat –, finden Sie hoffentlich Trost in dem Wissen, dass *niemand* allein auf die andere Seite zurückkehrt. Die verstorbenen Seelen wissen vom bevorstehenden Tod eines Menschen und versammeln sich, um Familienangehörige oder Freunde, ja, sogar Haustiere, im Jenseits willkommen zu heißen.

Wenn ein Mensch am natürlichen Ende seines Lebens angelangt ist, überkommt ihn oft ein Gefühl inneren Friedens, als wisse er, dass sich die Seelen seiner Freunde und Angehörigen auf der anderen Seite jetzt versammeln, um ihn zu empfangen. Wenn sich ein Mensch den letzten physischen Stadien jenes Prozesses nähert, den wir *Tod* nenne, erlebt er oft ein Abnehmen oder Abstumpfen seiner körperlichen Sinneswahrnehmungen. Sein Sehvermögen, sein Gehör, ja sogar sein Körpergefühl scheinen immer schwächer zu werden. Es ist fast so, als beginne sein Licht zu flackern oder zu erlöschen.

Steht ein Mensch kurz vor dem Tod, ist es, als befände er sich an der Grenze zwischen dieser und der jenseitigen Welt. Während seine körperlichen Sinneswahrnehmungen nachlassen, werden seine übersinnlichen Wahrnehmungen immer deutlicher und schärfer. Manchmal scheint der Sterbende sogar zu wissen oder zu spüren, was woanders geschieht – sei es in einem anderen Zimmer oder gar an einem weit entfernten Ort. Vor dem Tod werden unsere übersinnlichen Wahrnehmungen – Hellsehen, Hellfühlen oder Hellhören – oft stärker als vorher.

Seelenverbindungen

Es ist nachweislich schon vorgekommen, dass ein Mensch, der im Sterben lag, seine Seele – bewusst oder unbewusst – zu Angehörigen und Freunden hinüberschicken konnte, die nicht an seinem Sterbebett anwesend waren. Diese Menschen konnten den Sterbenden spüren und manchmal sogar sehen! Andere Menschen sind ihren Angehörigen kurz vor dem Tod im Traum erschienen. Vielleicht haben Sie das bei einem Ihnen nahestehenden Menschen, der krank oder dem Tode nah war, auch schon einmal erlebt: Es war, als *wüssten* Sie einfach, dass Sie die betreffende Person unbedingt sofort besuchen müssen – auch wenn sie bald nach Ihrer Ankunft verstorben ist. Es ist fast so, als trete die Seele solcher Menschen in einer Art Gedankenübertragung mit uns in Kontakt. Das Bewusstsein des Sterbenden prägt sich der Seele des Freundes oder Angehörigen ein, obwohl sich sein Geist immer noch in seinem Körper befindet. Dieses Phänomen nenne ich Seelenverbindung.

Genau das hat meine Cousine vor vielen Jahren erlebt, als eine meiner Tanten an Krebs starb. Meine Mutter hatte drei Geschwister, und einer ihrer Schwestern – meine Tante Shirley – wurde vom Arzt eröffnet, dass sie unheilbar an Krebs erkrankt sei und bald sterben würde. Alle liebten meine Tante. Ihre Nichte Dolly (meine Cousine) hatte eine besonders enge Beziehung zu ihr. Eines Abends, als Dolly zu Hause bei ihrer Familie war und nichts Böses ahnte, überkam sie plötzlich wie aus heiterem Himmel das überwältigende Gefühl, sofort zu Tante Shirley ins Krankenhaus fahren zu müssen; also ließ sie alles stehen und liegen und sprang ins Auto. Als Dolly im Krankenhaus ankam, war Shirley bereits nicht mehr bei Bewusstsein und verstarb in Ruhe und Frieden, Hand in Hand mit Dolly. Es war, als hätte sie mit dem Sterben auf die Ankunft ihrer Nichte gewartet.

Bei einer solchen Verbindung von Seele zu Seele nimmt der Geist des Sterbenden liebevoll Kontakt zu einem Menschen auf, der beim

Sterbeprozess bei ihm sein soll – oder vielleicht auch einfach nur, um ihm ein letztes Mal Lebewohl zu sagen. Oft berichten die Betroffenen hinterher: »Ich hatte das Gefühl, dass seine Seele kurz vor seinem Tod zu mir gekommen ist.« Häufig besitzen Menschen, die solche Signale empfangen, sehr ausgeprägte übersinnliche Fähigkeiten. Ich bekomme aber auch oft das Gegenteil zu hören: wie traurig jemand war, weil er nicht beim Tod eines geliebten Menschen dabei sein konnte. Manche einander nahestehende Menschen erzählen mir sogar, sie hätten sich darauf geeinigt, dass sie zum Zeitpunkt des Todes zusammen sein würden; doch leider habe dieser Wunsch sich dann doch nicht erfüllt.

Wenn Sie eine solche Abmachung mit jemandem getroffen haben und diese nicht einhalten konnten, machen Sie sich deshalb keine Vorwürfe! Vielleicht saßen Sie eine Woche lang Tag und Nacht am Sterbebett dieses Menschen; und als Sie einmal kurz fortgegangen sind, um eine Tasse Kaffee zu trinken, ist er gestorben. Das hat er nicht getan, um gegen Ihre Abmachung zu verstoßen. Ganz im Gegenteil: Seine Seele hat beschlossen, auf diese Weise fortzugehen, weil sie Ihnen den Schmerz ersparen wollte, seinen Tod mitzuerleben. Er hat das also nur aus einem einzigen Grund getan: weil er Sie liebt. Die Seele weiß immer genau, ob es besser ist zu gehen oder dazubleiben und zu warten.

Ich selbst habe keine spirituelle Botschaft vom bevorstehenden Tod meiner Mutter erhalten, obwohl ich ein Medium bin. Stattdessen bekam ich plötzlich aus heiterem Himmel einen Anruf von meinem Bruder: »Johnny, du musst so schnell wie möglich zurückkommen!«, schrie er in den Telefonhörer und legte gleich wieder auf.

Damals war ich gerade bei einer Verlagsveranstaltung in Toronto. Es war reines Glück – oder vielleicht steckte auch göttliche Fügung dahinter –, dass ich noch am selben Tag wieder zurückfliegen konnte und genau 90 Minuten vor dem Tod meiner Mutter im Krankenhaus eintraf. In diesen letzten Augenblicken spürte ich, wie sich einige meiner verstorbenen Verwandten näherten; ich fühlte mich sanft und behutsam von ihrer Liebe umgeben. Es war mir ein großer Trost, zu wissen, dass ihre Seelen im Jenseits darauf warteten, meine Mutter willkommen zu heißen. Obwohl sie bei meiner Ankunft schon bewusstlos war, hat ihre Seele, glaube ich, doch gespürt, dass wir bei ihr waren.

»Deine ganze Familie ist gekommen, um dich nach Hause zu holen, Mama«, flüsterte ich ihr ins Ohr. »Es ist okay, dass du jetzt hinübergehst … Wir kommen schon zurecht. Denk daran: Ich werde dich immer lieben.«

Bis zum heutigen Tag bin ich fest davon überzeugt, dass meine Mutter *wusste*, dass sie nicht allein war. Auf ihrem Gesicht hatte sich ein Ausdruck von Ruhe und Frieden ausgebreitet; die Anspannung des Todeskampfs war daraus verschwunden. Als ich an ihrem Bett saß und ihre Hand hielt, fühlte ich, wie ihre Mutter näher kam; es war fast so, wie wenn man spürt, dass in einer Schlange bei der Bank oder Post jemand hinter einem steht. Als Nächstes nahm ich ihren Vater, ihre und meine Schwester wahr, die alle aus der Geisterwelt zu uns herüberkamen und sich dem Sterbebett näherten.

»Joe, Danny, legt eure Hände auf Mutters Herz – sie verlässt uns jetzt!«, forderte ich meine Brüder mit Tränen in den Augen auf.

Mein Bruder Joe – ein sehr praktisch denkender Mann und von Beruf Krankenpfleger – begriff nicht, was ich damit meinte. »Was soll denn das heißen?«, fragte er.

»Ihre Familie ist hier, Joe«, flüsterte ich. »Sie holen sie jetzt ab!«

Liebevoll legten wir unsere Hände auf ihr Herz. In diesem Augenblick schien die Zeit stillzustehen; doch binnen einer Minute spürten wir, wie ihr Brustkorb sich hob: Meine Mutter tat ihren letzten Atemzug und verließ diese Welt. Ich bin sicher, dass unsere Berührung, die Stärke unserer Liebe und das sanfte Ziehen aus dem Jenseits ihr bei der Befreiung aus ihrem physischen Körper geholfen haben. Das ist eine besondere Erinnerung, die ich nie wieder vergessen werde; ich trage sie für den Rest meines Lebens in meinem Herzen. Meine Mutter ist nicht allein in die Geisterwelt gegangen, sondern Hand in Hand mit ihrer Familie.

Visionen am Sterbebett

Haben Sie schon einmal beobachtet, wie ein Mensch, der voraussicht-
lich nicht mehr lange zu leben hatte, seine Augen zum Himmel auf-
schlug, als sehe er dort etwas, das auf physischer Ebene nicht vor-
handen war? Haben Sie schon einmal erlebt, wie ein Sterbender seine
Arme nach oben reckte, als würden unsichtbare Hände sich nach ihm
ausstrecken? Oder wie jemand auf dem Sterbebett ein Gespräch mit
jemandem führte, der gar nicht da war? Wenn man dann nachfragt, mit
wem er gesprochen hat, erfährt man zu seinem Erstaunen vielleicht,
dass der Gesprächspartner gar nicht mehr auf der Erde weilt!

Dieses Phänomen, das manche Menschen kurz vor dem Tod erleben, bezeichnet man als Sterbebettvisionen (SBVn). Meistens passiert
so etwas nicht bei einem plötzlichen Versterben, sondern eher bei einem natürlichen Tod in höherem Alter oder nach längerer schwerer
Krankheit.

Sogar meine Mutter hatte gegen Ende ihres Lebens eine Sterbebettvision. Eines Tages setzte sie sich in ihrem Krankenbett auf, war
geistig völlig klar und rief aufgeregt: »Johnny! Rate mal, wer mich
heute besucht hat.«

Ich begann, die Namen verschiedener Leute aufzuzählen, die in ihrem Leben eine Rolle spielten. Doch sie sagte immer wieder: »Nein,
nein … Nein!«

Und schließlich platzte sie mit der Wahrheit heraus: »Wayne ist zu
Besuch gekommen!«

Wayne war ihre erste Liebe gewesen. Er war vor 25 Jahren verstorben.

»Was wollte er denn?«, fragte ich ruhig und setzte mich an ihre
Bettkante, um ihre Hand zu halten. Daraufhin schilderte meine Mutter
mir, wie er in seiner Marineuniform am Bettende gesessen habe – jung
und gut aussehend, so, wie sie ihn in Erinnerung hatte. Er sagte, er
habe nur nach ihr sehen wollen, um festzustellen, wie es ihr gehe und
ob alles in Ordnung sei.

Berichte über SBVn gibt es aus verschiedenen Kulturen und Religionen auf der ganzen Welt. Über dieses Phänomen wurde auch viel geschrieben – in Sachbüchern wie auch in Romanform. Im Jahr 1926 verfasste der Arzt William Barrett das Buch *Deathbed Visions*, in dem er Geschichten von Menschen erzählt mit Visionen von Verstorbenen, Freunden und Angehörigen: Einige hatten schöne Musik gehört, andere waren von Lichtwesen und Engeln besucht worden. Für Barrett waren diese Besuche Beweise für eine Kommunikation mit der Geisterwelt.

Inzwischen nimmt man auch wissenschaftliche Untersuchungen zu diesem Thema ernster. Einer zwischen 1959 und 1973 von den Parapsychologen Karlis Osis und Erlendur Haraldsson durchgeführten Studie zufolge haben 50 Prozent von Zehntausenden Befragten in den USA und Indien schon Visionen von Menschen auf dem Sterbebett miterlebt.

Viele Wissenschaftler und Mediziner, die das Gefühl haben, eine logische, rationale Erklärung für solche Phänomene liefern zu müssen, glauben, dass es sich bei diesen außergewöhnlichen Erlebnissen um Folgeerscheinungen halluzinogener Drogen oder eines Sauerstoffmangels im Gehirn handelt. Ich kann verstehen, dass solche Meinungen auf einem eher rationalen Denken beruhen, so, wie es ihnen im Rahmen ihrer wissenschaftlichen Ausbildung vermittelt worden ist. Trotzdem möchte ich die Frage in den Raum stellen: Warum sieht man bei solchen Sterbebettvisionen dann so oft Verstorbene und keine Personen, die noch am Leben sind und dem Sterbenden nahestehen?

Auch Ärzte und Pflegekräfte in Kliniken und Hospizen berichten häufiger über trostreiche Visionen oder Besuche geliebter verstorbener Menschen, von denen sterbende Patienten ihnen erzählen. Natürlich werden solche Erlebnisse häufig verschwiegen, weil ihnen auch heute immer noch ein Stigma anhaftet: Den Leuten ist es peinlich, so etwas zu berichten; sie fürchten, dass man ihnen nicht glauben oder sich über sie lustig machen könnte.

Nach dem Tod meiner Mutter wollte ich mich bei allen Mitarbeitern des Krankenhauses bedanken, die sie so eifrig und gewissenhaft versorgt hatten. Bei meinen Gesprächen mit Krankenpflegern und Hilfspersonal fiel mir auf, wie viele von ihnen schon Sterbebettvisionen bei ihren Patienten miterlebt hatten. Da sie von meinem Beruf wussten, hatten sie wahrscheinlich keine Scheu, offen mit mir über dieses Thema zu reden. Meiner Erfahrung nach stehen Angestellte in der Palliativpflege der Vorstellung, dass Sterbende von einem bereits toten Freund oder Angehörigen besucht werden könnten, oft sehr einfühlsam und verständnisvoll gegenüber.

Mein Kollege David Kessler ist Trauerexperte. Er war in der Palliativversorgung tätig und hat bei Dr. Elisabeth Kübler-Ross studiert – jener bekannten Psychiaterin und Pionierin der Nahtodforschung, die die Theorie von den fünf verschiedenen Phasen des Trauerns und Sterbens aufgestellt hat. In seinem spannenden Buch *Am Ende ist da nur Freude* beschreibt er, was Menschen sehen, bevor sie sterben. Darin räumt er mit vielen falschen Vorstellungen und Zweifeln rund um das Thema Sterbebettvisionen auf. Das Buch enthält aufschlussreiche Geschichten aus verschiedenen Quellen.

Am meisten hat mich die folgende Geschichte begeistert. David hat mir freundlicherweise erlaubt, diesen Ausschnitt aus seinem Buch zu zitieren, weil er damit die Zweifel mancher Leser an diesem Phänomen beheben möchte. Was geschieht also, wenn ein Mensch in der letzten Phase seines Lebens von jemandem besucht wird, der nach Überzeugung seiner Angehörigen noch am Leben ist?

Reine Familiensache

*Von Heather**

Ich habe jahrelang als Krankenschwester in Kliniken gearbeitet. Ich glaube, ich kenne mich im Gesundheitswesen gut aus, aber nichts fordert einen so sehr heraus, wie wenn jemand aus der eigenen Familie krank wird.

An einem Samstagnachmittag waren meine Mutter Mabel und ich in der Stadt. Bis wir unsere Besorgungen erledigt hatten und wieder zu meinen Eltern nach Hause gefahren waren, war die Nacht hereingebrochen. Wir waren beide überrascht, wie plötzlich es dunkel geworden war, bis uns einfiel, dass ja die Nacht zuvor die Uhren wieder eine Stunde zurückgestellt worden waren. Ich trug eine Einkaufstasche herein und rief meinen Vater, er möge bitte die Tür aufhalten, bekam aber keine Antwort. Meine Mutter und ich schauten uns an und fragten uns, was wohl sei. Ich fing an, die Lebensmittel einzuräumen, und Mam suchte Dad. Sie war sicher, dass er vor dem Fernseher eingeschlafen war. Tatsächlich lief der Fernseher, aber Joseph saß nicht davor. Mam suchte in allen Zimmern, auch im Vorgarten und hinter dem Haus, aber er war nirgendwo zu finden.

Dann rief sie ein paar Nachbarn an, aber auch die hatten ihn nicht gesehen. Nach einer Stunde machten wir uns beide größte Sorgen. Mit 85 Jahren hatte mein Vater aufgrund seines schlechten Sehvermögens das Autofahren aufgegeben, und jetzt hatten wir Angst, dass er doch versucht haben könnte zu fahren. Zwar stellten wir erleichtert fest, dass der Wagen noch in der Garage stand, aber wir konnten uns einfach nicht vorstellen, wo er

---

* Auszug aus Kessler, David: *Am Ende ist da nur Freude.* Goldmann, 2011.

hingegangen sein könnte und warum. Unsere Besorgnis wuchs noch, als wir seinen Geldbeutel auf der Kommode liegen sahen. Mutter rief bei der Polizei an, und ich fuhr die Gegend ab und suchte ihn. Vier bange Stunden später erhielten wir einen Anruf. Ein Polizeibeamter hatte meinen Vater am anderen Ende der Stadt gefunden. Er wirkte verwirrt und schien nicht zu wissen, wo er war. In den folgenden Tagen gingen wir von einem Arzt zum anderen, nur um bestätigt zu finden, was wir vermuteten: Dad hatte Alzheimer.

Meine Mutter hatte natürlich bemerkt, dass ihr Mann älter wurde, aber wenn ihr auffiel, dass er hin und wieder etwas Seltsames tat, dann dachte sie sich nur: »Mit über 80 ist keiner mehr ein Genie.« Dennoch hätte sie nicht erwartet, dass er einfach weggehen und vergessen würde, wo er wohnt. Nach der Diagnose richteten wir es so sein, dass er nie allein war, und tauschten sogar die Schlösser aus. Nun konnte man nur noch mit einem Schlüssel ins Haus hinein und heraus. Tagsüber sprangen Angehörige und Freunde ein, wenn meine Mutter wegmusste und ich Dienst hatte.

Als wäre das nicht schon schwer genug gewesen, bekam meine Mutter auch noch Magenprobleme und fühlte sich sehr erschöpft. Jetzt hatte ich es mit zwei alternden Eltern mit nachlassender Gesundheit zu tun. Zusätzlich zur Alzheimererkrankung meines Vaters wurde bei meiner Mutter Bauchspeicheldrüsenkrebs diagnostiziert. Bald musste ich feststellen, dass das Jonglieren mit meiner Arbeit, mit meinen Kindern und meinen kranken Eltern meine Kräfte überstieg. Meine Arbeit konnte ich nicht aufgeben. Meine Kolleginnen und Kollegen hatten immer wieder mal durchblicken lassen, dass es vielleicht an der Zeit war, meinen Vater in ein Pflegeheim zu geben. Dagegen hatte ich mich zwar zunächst gewehrt, aber jetzt sah es so aus, als bliebe mir gar nichts anderes übrig.

Deshalb sahen meine Eltern und ich uns nun Pflegeheime an und entschieden uns dann für SunsetGardens, wo es wirklich schön war. Dad war zufrieden, denn dieses Haus bot eine perfekte Mischung aus Komfort und Sicherheit. Schließlich war er immer noch ein starker Mann bei ansonsten bester Gesundheit. Es war ein Segen, dass der Umzug überraschend reibungslos verlief. Mam fiel es sehr schwer, von ihrem Mann getrennt zu leben. Wenn sie also nicht selbst Arzttermine hatte, dann war sie bei ihm in SunstGardens.

Mit ihren 81 Jahren beschloss meine Mutter, sich keiner Chemotherapie oder anderen aggressiven Behandlung zu unterziehen, sondern lieber der Natur ihren Lauf zu lassen. Der Arzt sagte, sie hätte noch etwa ein Jahr zu leben, aber keiner hatte erwartet, dass sie eines Tages auf dem Weg ins Badezimmer stürzen und sich die Hüfte brechen würde. Nach einem langen Krankenhausaufenthalt war *sie* nun diejenige, die rund um die Uhr Pflege brauchte. Da ihre Bedürfnisse jedoch andere waren als die meines Vaters, kam sie in ein anderes Pflegeheim. Jetzt pendelte ich zwischen der Schule meiner Kinder, meiner Arbeit und zwei Pflegeheimen hin und her.

Der Zustand meiner Mutter verschlechterte sich rasch. Auf die gebrochene Hüfte folgte eine Harnwegsinfektion, darauf eine Lungenentzündung. Mit Fortschreiten ihrer Krankheit schaffte ich es immer weniger, meinen Vater zu besuchen. Andere Familienmitglieder sorgten dafür, dass er mindestens zwei bis drei Mal in der Woche Besuch hatte, auch wenn er damals seine Lieben bereits nicht mehr erkannte.

Mams Ärzte riefen die übrige Familie zusammen und erklärten, im Körper meiner Mutter liefe einfach zu vieles auf einmal schief, aber es habe keinen Sinn, sie zu weiteren Tests ins Krankenhaus zu verlegen. Wir waren einverstanden, wollten die endgültige Entscheidung aber Mam überlassen. Sie sagte: »Ich habe nun über acht Jahrzehnte gelebt. Da kann ich mich nicht sonderlich beklagen – meine Zeit ist einfach um.«

Ich suchte nach einer Möglichkeit, dass meine Eltern zusammen sein könnten, aber das Heim meiner Mutter nahm keine Alzheimerpatienten auf, und das meines Vaters akzeptierte nur Menschen mir Alzheimer und anderen Formen der Demenz. Wir waren noch nicht einmal sicher, ob wir ihm überhaupt sagen sollten, wie schlecht es um Mam stand, denn er konnte ja nichts mehr tun. Wir hofften auf eine Möglichkeit, ihn ein paar Stunden mitnehmen zu können – da kam der Anruf, dass sich der Zustand meiner Mutter verschlechtert hatte. Ihr Blutdruck war abgefallen, und ihr Herzschlag hatte sich beschleunigt.

An jenem Abend saßen meine ganze Familie und ich bei Mam. Sie war immer noch hellwach, atmete aber hörbar schwerer als sonst. Plötzlich sah sie auf und sagte: »Joseph ist gestorben. Warum hat mir das keiner gesagt?« Ich fiel ihr beinahe ins Wort und korrigierte sie schnell: »Mam, Daddy ist nicht tot. Er ist immer noch in dem Pflegeheim.«

Was sie sagte, erschütterte mich, und plötzlich wurde mir klar, dass ich Dad am besten sofort herbringen musste. Wir hatten Angst, dass bei meiner Mutter nun nach und nach die Körperfunktionen ausfallen könnten, und wollten deshalb, dass sie ihren Mann noch sehen konnte, solange sie noch in der Lage war, mit ihm zu sprechen.

»Mam«, sagte ich, »wir wollen mal versuchen, ob das Pflegeheim uns erlaubt, Dad mitzunehmen, damit er dich besuchen kann.« Damit nickte ich meinem Cousin Jackie zu, er solle anrufen und mit dem Pflegeheim absprechen, dass einer von uns ihn abholen würde.

»Joseph ist schon gekommen, um sich zu verabschieden«, beharrte Mam, »und er hat mir gesagt, dass ich bald bei ihm sein werde.«

Wir schauten einander nur an, in dem stillen Einvernehmen, dass meine Mutter halluzinierte. Sanft erwiderte ich: »Mam, Dad ist im Pflegeheim, wir holen ihn ab und bringen ihn her.«

Noch einmal wiederholte sie: »Nein, er ist tot.« Und dieses Mal setzte sie sich dabei auf. »Schau, da ist er doch!« Sie sah anscheinend durch uns alle hindurch und sagte: »Joseph, du bist zurückgekommen, um mich abzuholen.« Ihre Augen füllten sich mit Tränen, und sie ließ sich wieder ins Bett sinken.

In diesem Augenblick winkten mir eine Krankenschwester und mein Cousin, ich solle kommen und im Schwesternzimmer mit ihnen sprechen. Kaum standen sie vor der Tür, sagte Jackie: »Heather, ich weiß gar nicht, wie ich es dir sagen soll. Ich habe im Pflegeheim angerufen, und Joseph ist tatsächlich vor einer Viertelstunde gestorben. Er hatte einen Herzinfarkt.«

Mam starb zwei Tage danach. Zwar habe ich meinen Vater nicht gesehen, als er erschien, aber dass er zu meiner Mutter kam und sie jetzt wieder beisammen sind, war mir ein großer Trost. Da meine Eltern nicht mehr da sind, erzähle ich diese Geschichte kaum einmal jemandem, aber für mich war es, als habe nach einem medizinischen Albtraum das Universum eingegriffen und zugelassen, dass Mam und Dad friedlich und gemeinsam gehen konnten. Ich gebe zu, dass das mein Verständnis übersteigt, aber ich glaube, dass mir damit ein kurzer Einblick in eine Welt gestattet wurde, die man kaum einmal zu sehen bekommt.

Ich sage immer wieder, dass niemand allein heimkehrt, und meiner Meinung nach sind solche Sterbebettvisionen ein hinreichender Beweis dafür. Egal, ob wir langsam oder plötzlich, überraschend oder erwartungsgemäß sterben – es gibt immer einen geliebten Menschen auf der anderen Seite, der uns die Hand reicht und nach Hause zurückgeleitet. Oft tragen solche Erlebnisse dazu bei, Sterbenden die Angst vor dem Tod zu nehmen und sie zu beruhigen. Außerdem können sie für Angehörige und Freunde sehr heilsam sein, die mit dem Tod eines geliebten Menschen fertigwerden müssen.

Wenn Sie wissen, dass eine Ihnen nahestehende Person im Sterben liegt, und dieser Mensch plötzlich erwähnt, dass er von jemandem Besuch bekommen hat, kann ich Ihnen nur empfehlen, ihm Fragen über den Besucher zu stellen – und dann in einer Haltung innerer Offenheit zuzuhören. Vielleicht werden Sie darüber staunen, wer am Sterbebett Ihres Freundes oder Angehörigen aufgetaucht ist!

Sobald mehr über das Phänomen der SBVn geschrieben und dieses in weiteren Kreisen akzeptiert wird, verhilft es uns hoffentlich auch zu der Erkenntnis, dass man vor dem Tod keine Angst zu haben braucht. Und was noch viel wichtiger ist: Ich hoffe, dass diese Berichte und dieses Buch für Sie eine Bestätigung dafür sein mögen, was ich immer wieder betone – dass man sein Leben im Jetzt und Hier in vollen Zügen auskosten soll. Schließlich ist dieses Leben wichtig. Außerdem ist es vergänglich, und die Augenblicke, die wir sinnlos vergeuden, kehren nie wieder.

Nahtoderfahrungen

Den Philosophen, Arzt und Buchautor Dr. Raymond Moody bezeichnete die *New York Times* als Vater der Nahtodstudien. Er hat in seinem 1975 erschienenen bahnbrechenden Buch zu diesem Thema, *Leben nach dem Tod*, den Begriff Nahtoderfahrung (NTE) geprägt. Seine faszinierenden, intensiven Recherchen haben die Frage, was nach dem Tod mit uns geschieht, ins Bewusstsein der Öffentlichkeit gehoben.

Raymond ist einer der größten Geister, mit denen ich in meinem Leben zusammenarbeiten durfte. Sein Humor, seine Bildung und sein Wissen – ja sogar seine Skepsis und sein wissenschaftliches Denken – machen ihn zu einem spannenden Autor. Bei seinen gut recherchierten Fallgeschichten geht es um Interviews mit ehemals klinisch tote Menschen, die in diese Welt zurückgekehrt sind und über ihre Nahtoderfahrungen berichtet haben. Aufgrund dieser aus dem wahren Leben stammenden Berichte haben mit Gewissheit viele Leute ihre Einstellung zum Leben und zum Tod geändert.

Zahlreiche ehemals klinisch tote Menschen, die wiederbelebt worden sind, haben ihre Erfahrungen in dieser Phase beschrieben: wie sie ihren physischen Körper verließen und spürten, dass ihr Geist über ihrem Körper schwebte. Sie konnten genau erkennen, was dort unten passierte – zum Beispiel wie Ärzte und Krankenschwestern sie behandelten –, und manchmal sahen sie sogar, was in einem anderen Zimmer oder an einem anderen Ort geschah. In ihren Berichten erzählen sie von einem Gefühl der Schwerelosigkeit und der Erlösung von ihren Schmerzen. Im Augenblick ihres Todes hätten sie ein Gefühl der Befreiung verspürt. Wenn solche Seelen auf ihren physischen Körper herunterschauen, wissen sie zwar, dass das ihr Körper ist, fühlen sich aber seltsamerweise nicht mehr emotional oder bewusst mit ihm verbunden.

Solche Menschen sprechen nur selten davon, wie es sich angefühlt hat, tot zu sein. Ganz im Gegenteil: Sie beschreiben, dass sie sich in jenem Augenblick lebendiger fühlten als je zuvor! Die sinnliche Wahrnehmung erweitert sich, Gehör und Sehsinn sind schärfer als vorher. Ihnen wird bewusst, dass sie einen Körper besitzen, der ihrem physischen Leib ähnelt, aber irgendwie aus feinerem, transparenterem Material besteht. Was sie da sehen, ist ihr Geistkörper – ein Körper, der keine Schmerzen mehr hat und auch nicht den Grenzen von Zeit und Raum unterworfen ist, sondern sich in völliger Freiheit dorthin bewegen kann, wo er hinmöchte.

In vielen Berichten über Nahtoderfahrungen wird erwähnt, dass man dabei in einen Tunnel aus Licht eintritt, in dem verstorbene Angehörige, Freunde und sogar Haustiere auf einen warten. Andere Menschen berichten darüber, von Lichtwesen empfangen und willkommen geheißen worden zu sein. Sie beschreiben einen Ort von einer Schönheit, die sie sich selbst in ihren ausgefallensten Fantasien niemals hätten vorstellen können, und ein Gefühl von Frieden und bedingungsloser Liebe. Doch so gerne sie auch dortgeblieben wären – bei manchen Nahtoderfahrungen wird den Betroffenen ausdrücklich mitgeteilt, dass sie wieder zurückkehren müssen, weil ihre Zeit noch nicht gekommen ist. Andere hatten Nahtoderlebnisse, bei denen sie selbst entscheiden durften, ob sie im Jenseits bleiben oder in die körperliche Dimension zurückkehren wollten.

Solche NTEn gibt es schon seit Beginn der Menschheitsgeschichte; doch inzwischen wagen immer mehr Leute, von diesen Erlebnissen zu berichten. Und sie geben auch offen zu, wie überrascht und erschrocken sie hinterher darüber waren, sich in ihrem physischen Körper wiederzufinden. Doch jetzt sehen sie das Leben mit anderen Augen und scheinen ihren Mitmenschen und sich selbst mehr Liebe und Mitgefühl entgegenzubringen. Die meisten Leute, die eine solche Erfahrung gemacht haben, sagen auch, dass sie keine Angst mehr vor dem Tod haben und einen Weg gefunden haben, ihr Leben von Grund auf zu ändern.

Wie gesagt: Manche Wissenschaftler behaupten, dass dieses Phänomen auf Reaktionen des Gehirns auf Sauerstoffmangel, Medikamente oder andere biochemische Veränderungen während des Sterbeprozesses zurückzuführen sei. Doch das ist keine plausible Erklärung für NTEn, bei denen Menschen sehen konnten, was in einem anderen Zimmer passierte. In einigen seiner Fallgeschichten beschreibt Dr. Moody, dass Menschen bei solchen Nahtoderlebnissen ihre Angehörigen im Wartezimmer oder in der Krankenhauskapelle sehen oder hören konnten. Wenn sie dann nach der Wiederbelebung in ihren Körper zurückkehren, können sie genau beschreiben, was sie gesehen oder gehört haben, und diese Berichte werden von ihren Angehörigen als wahr bestätigt.

Gemeinsame Nahtoderfahrungen

Dr. Moody war auch der Erste, der in seinem Buch *Zusammen im Licht* aus dem Jahr 2010 über gemeinsame Nahtoderfahrungen berichtet hat. Bei diesem erschütternden Phänomen erlebt ein Angehöriger, Freund oder Beobachter – oder eine nicht mit dem Sterbenden verwandte Pflegekraft – seinen Übergang aus dieser Welt ins Jenseits mit. Interessanterweise lässt sich auf solche Erfahrungen keine der »rationalen« Erklärungen für NTEn anwenden, da diese unbeteiligten Personen weder unter dem Einfluss von Medikamenten stehen noch im Sterben liegen und höchstwahrscheinlich auch keine Halluzinationen haben. Nach Meinung von Dr. Moody sind solche gemeinsamen Nahtoderfahrungen der bisher überzeugendste Beweis für die Existenz eines Lebens nach dem Tod.

Im Jahr 1994, als er und seine Geschwister am Sterbebett seiner Mutter saßen, hat der Autor sogar selbst einmal so etwas erlebt: Zum Zeitpunkt ihres Todes machten er und seine Geschwister außergewöhnliche individuelle und gemeinsame Erfahrungen. Sie fühlten sich von einer starken Kraft nach oben gezogen, und das Licht im Krankenzimmer wurde matt und dunstig. Er nahm wahr, wie der Raum seine Form veränderte. Seine Schwester sah, wie der Vater die Mutter abholen kam. Statt Traurigkeit herrschte in dem Krankenzimmer eher ein Gefühl der Freude.

In bestimmten Details sind sich Nahtoderfahrungen, gemeinsame Nahtoderlebnisse und Sterbebettvisionen erstaunlich ähnlich, obwohl sie doch alle irgendwie unterschiedlich sind und jeder dabei etwas anderes erlebt.

Dokumentierte gemeinsame Nahtoderfahrungen zeichnen sich normalerweise durch eines oder mehrere der folgenden Elemente aus:

- Man nimmt Veränderungen in der Form des Zimmers wahr.
- Man hört schöne oder himmlische Musik.

- Man sieht den Geist oder einen Nebel vom Körper des Sterbenden aufsteigen.
- Man durchlebt eine gemeinsame außerkörperliche Erfahrung.
- Man fühlt, wie der eigene Körper stark nach oben gezogen wird.
- Man ist von einem strahlenden, liebevollen Licht umgeben.
- Man nimmt an der Lebensrückschau des sterbenden Menschen teil.
- Man begleitet ihn ein Stück weit durch den Tunnel.
- Man wird von verstorbenen Angehörigen und Freunden begrüßt.
- Man betritt himmlische Welten und Dimensionen.
- Man hat das Gefühl, wieder in die normale Gegenwart zurückgezogen zu werden.

Auch Menschen, die eine gemeinsame Nahtoderfahrung durchmachen, wissen ihr Leben hinterher mehr zu schätzen, haben aber andererseits auch keine Angst mehr vor dem Tod. Oft verändert diese Erfahrung ihre Vorstellungen vom Leben nach dem Tod. Wer gemeinsame Nahtoderfahrungen durchläuft, trauert hinterher vielleicht längst nicht mehr so sehr um den geliebten Menschen wie vorher. Natürlich leidet er immer noch unter dem Verlust; doch er findet Trost in dem Wissen, dass es dem geliebten Menschen in der Geisterwelt gut geht – und dass er ihn mit hundertprozentiger Sicherheit wiedersehen wird.

Kapitel 3:

DER WEG VON DER TRAUER
ZUM GLAUBEN

In einer idealen Welt würde es uns nicht das Herz schwer machen, uns keinen Schmerz und keine Traurigkeit verursachen, jemanden zu lieben. Doch in *unserer* Welt ist das leider eine unbestreitbare Realität. Wir alle erleben irgendwann einmal den schwersten Verlust, den es gibt: den Tod eines geliebten Menschen.

Der Trauerprozess

Ganz gleich, wen Sie verloren haben – ob es nun ein Großvater, eine Mutter, ein Ehemann, eine Lebenspartnerin, ein Kind, Freund, Kollege oder vielleicht sogar ein Haustier war: Man kommt nicht darum herum, sich durch den mit diesem Verlust einhergehenden Schmerz und den Trauerprozess hindurchzuarbeiten. Seelischer Schmerz kann uns auf körperlicher, emotionaler, geistiger und spiritueller Ebene beeinflussen. Der Trauerprozess ist ein sehr persönliches Erlebnis, das bei jedem etwas anders abläuft. Daher gibt es auch keine festen Regeln dafür, wie man damit umgehen soll. Es gibt viele verschiedene Faktoren, die sich auf Ihr persönliches Erleben eines seelischen Schmerzes auswirken können: zum Beispiel Ihr Charakter, Ihre bisherige Lebenserfahrung, Ihre Bewältigungsstrategien und Ihr Glaube.

Außerdem hängt es auch oft von den Todesumständen des geliebten Menschen ab, wie man mit seinem Verlust fertigwird. Stirbt plötzlich ein Mensch, der Ihnen nahestand oder den Sie geliebt haben, fühlt sich das vielleicht so an, als hätte sich in Ihrem Leben ein gähnendes Loch aufgetan; es ist bitter, wenn man nicht mehr genügend Zeit hatte, sich zu verabschieden. Ist ein Freund oder Angehöriger vor seinem Tod dagegen lange krank, muss man ihn zwar leiden sehen; doch oft hat man dann wenigstens noch Zeit, mit ihm zu reden und ihm all die kleinen Dinge zu sagen, die so wichtig sind. Und scheidet er schließlich dahin, löst das bei Ihnen vielleicht gemischte Gefühle aus: Einerseits sind Sie erleichtert, weil er jetzt von seinem Leiden erlöst ist; andererseits haben Sie deshalb aber auch ein schlechtes Gewissen. Bitte machen Sie sich klar, dass solche Gefühle völlig normal sind: Niemand möchte einen Menschen, den er liebt, leiden sehen, zumal sich das auch negativ auf seine Würde, sein Unabhängigkeitsstreben und seine Identität auswirkt.

Bei meiner Arbeit als Medium werde ich mit beiden Situationen – plötzlichen wie auch vorhersehbaren Todesfällen – immer wieder konfrontiert. Nur allzu oft kommen die Hinterbliebenen dann mit der üblichen Liste unbeantworteter Fragen auf mich zu:

»Habe ich auch wirklich genug gesagt und getan?«
»Hat er gewusst, wie sehr ich ihn liebte?«
»Kann ich unsere gemeinsamen Träume jetzt allein verwirklichen?«
»Wie konnte Gott das zulassen?«
»Bin ich stark genug, um das alles zu verkraften?«

Die Trauernden berichten mir von ihrer Einsamkeit und ihrem Kummer – dass alles zu viel für sie ist und sie es nicht ertragen können.

Während ihnen allmählich klar wird, dass es jetzt kein »Wir« mehr gibt, sondern nur noch ein »Ich«, müssen sie sich sofort allen möglichen praktischen Problemen stellen, zum Beispiel finanziellen Problemen und der Versorgung von Kindern oder Enkelkindern. Zusätzlich zu diesem Stress sind sie auch oft wütend auf das Universum oder haben den Glauben an eine höhere Macht verloren. Auch das sind natürliche Reaktionen auf seelischen Schmerz. Egal, wie alt Sie sind oder wie lange Sie Ihr Leben mit dem geliebten Menschen geteilt haben – es ist völlig normal, in dieser Situation so starke, tiefe Emotionen zu haben.

Wahrscheinlich werden nach dem Verlust eines Menschen die verschiedensten Gefühle in Ihnen aufsteigen: zum Beispiel Schock, Wut, Schuldgefühle und Traurigkeit. Wenn Sie sich von Ihren Emotionen überwältigt fühlen und befürchten, dass sie vielleicht nie wieder nachlassen werden, versuchen Sie sich bitte vor Augen zu halten, dass das völlig normal ist. Sie müssen lernen, diese Gefühle zu akzeptieren und zuzulassen. Das ist ein wichtiger Teil des Heilungsprozesses.

Da jeder anders trauert, können die Symptome, unter denen Sie jetzt leiden, sehr unterschiedlich sein: Vielleicht fühlen Sie sich körperlich erschöpft und ausgelaugt, können nicht mehr schlafen, werden plötzlich vergesslich, sind appetitlos, essen und trinken zu viel oder stürzen sich Hals über Kopf in die Arbeit, um Ihren Kummer zu betäuben. Manche Menschen ziehen sich in ihr Schneckenhaus zurück, müssen oft weinen oder laufen in einem traumähnlichen Trancezustand durch die Welt.

Wie lange es dauert, bis dieser seelische Schmerz abklingt, dafür gibt es keinen genau festgelegten Zeitrahmen; jeder Mensch durchläuft den Trauerprozess in seinem eigenen Tempo. Er lässt sich nicht beschleunigen, steuern oder auch nur erzwingen. Manche Menschen erholen sich vielleicht schon innerhalb von ein paar Wochen von so einem schmerzlichen Verlust, während andere Monate oder gar Jahre dazu brauchen. Manche Leute haben das Gefühl, den geliebten Verstorbenen im Stich zu lassen, wenn sie ihr Gefühl des Verlusts überwinden. Bitte machen Sie sich klar, dass das nicht stimmt! Seelischer Schmerz über den Tod eines Menschen ist etwas, woran wir *auf gar keinen Fall* festhalten sollten.

Wenn Ihr Kummer nach einem halben Jahr immer noch so schlimm ist, dass Sie keine vernünftige Lebensqualität haben und andere wichtige Bereiche Ihres Lebens darüber vernachlässigen, empfehle ich Ihnen, einen professionellen Trauerbegleiter oder Psychotherapeuten aufzusuchen. Es ist völlig in Ordnung, sich in solchen Situationen Hilfe zu suchen. Manchmal können unsere Angehörigen oder besten Freunde uns nämlich nicht die Ratschläge geben, die wir brauchen, um einen solchen Kummer zu überwinden.

Manchmal versetzt das Schicksal uns einen so schweren Schlag, dass wir das Gefühl haben, nie darüber hinwegkommen zu können. Man kann dem Schmerz über den Verlust eines geliebten Menschen nicht entgehen; aber man kann einen sinnvollen Weg durch diesen Trauerprozess finden. Gehen Sie liebevoll und nachsichtig mit sich um. Haben Sie Geduld und versuchen Sie, die Lösung zu finden, die Ihnen persönlich am meisten hilft. Lassen Sie sich genügend Zeit für die Bewältigung Ihres Verlusts. Nach einer gewissen Trauerphase lässt der Schmerz allmählich nach, und man beginnt sich mit dem Geschehen abzufinden. Und irgendwann keimen langsam und allmählich – jeden Tag ein bisschen mehr – auch wieder Freude und Hoffnung in Ihnen auf. Sie werden feststellen, dass Sie jetzt über den Verstorbenen sprechen können, statt sich so sehr von Ihren Erinnerungen überwältigen zu lassen, dass Sie an nichts anderes mehr denken können. Sie werden lernen, allein zurechtzukommen, und sich wieder lebendig fühlen – und der geliebte Mensch, der auf die andere Seite hinübergegangen ist, wird dabei an Ihrer Seite stehen.

Glaube an ein Leben nach dem Tod

Der Glaube an ein Weiterleben nach dem Tod ist keine Selbstverständlichkeit. Eine der tiefgehendsten Fragen, die sich Menschen an einem bestimmten Punkt ihres Lebens stellen, lautet: »Werde ich nach meinem Tod weiterexistieren?«

Überall auf der Welt fragen sich Millionen von Menschen, denen ein geliebter Angehöriger genommen wurde:

»Gibt es wirklich ein Leben nach dem Tod?«

»Ich habe das Gefühl, dass dieser Mensch immer noch bei mir ist. Bilde ich mir das nur ein?«

»Sind die Verstorbenen im Jenseits immer noch genau so, wie sie hier auf der Erde waren?«

»Weiß meine Frau eigentlich, wie sehr ich sie vermisse?«

Solche und andere Fragen erklären, warum Medien trauernden Hinterbliebenen mit ihrer Arbeit so großen Trost spenden: weil sie ihnen einen unbestreitbaren Beweis dafür liefern, dass das Leben auch nach dem Ende unserer physischen Existenz weitergeht.

Viele Menschen erhalten Botschaften von den Seelen Verstorbener, auch wenn diese oft kaum wahrnehmbar sind. Anfangs spüren sie vielleicht gar nichts davon, vor allem, wenn sie immer noch über den Verlust des geliebten Menschen trauern. Vielleicht reden sie sich sogar ein, dass das unmöglich eine Botschaft von ihm gewesen sein kann, und halten es für bloßen Zufall.

Denken Sie daran, dass die Seelen der Verstorbenen Ihnen helfen und Ihren Schmerz lindern möchten! Sie wollen Ihnen mitteilen, dass sie immer noch an Ihrem Leben teilhaben – in guten wie in schlechten Zeiten. Sobald Ihnen Ihre Verbindung zur Seele eines Verstorbenen bewusst wird, kann es Ihnen großen Trost bringen zu wissen, dass dieser geliebte Mensch bei Geburtstagen, Grillpartys, Jubilars- und Familienfeiern stets bei Ihnen ist. Die Seelen der Verstorbenen haben große Freude daran, solchen Anlässen beizuwohnen; sie genießen das Gefühl, von ihren Angehörigen hier auf der Erde immer noch geliebt zu werden. Liebe ist eine starke Kraft; sie zieht die Seelen verstorbener Menschen zu Ihnen und trägt dazu bei, eine Brücke zwischen zwei Welten zu bauen.

Wenn Sie anfangen, daran zu glauben – oder sich der Tatsache bewusst werden –, dass Ihre Seele niemals stirbt, sondern immer weiterlebt, wird Ihnen das Kraft geben und Sie beruhigen. Denn dann werden Sie wissen, dass die Ihnen nahestehenden Seelen aus dem Jenseits Sie immer wieder besuchen kommen – vor allem, wenn Sie dringend Hilfe brauchen. Dass diese Menschen körperlich nicht mehr existieren, bedeutet noch lange nicht, dass sie auf spiritueller Ebene nicht doch bei Ihnen sind.

Bei meinen Jenseitskontakt-Demonstrationen erkläre ich meinen Zuhörern stets, dass ich die Existenz eines Lebens nach dem Tod nicht *beweisen* kann! Erst wenn wir dorthin kommen, werden wir erfahren, dass dieses Jenseits tatsächlich existiert. Dabei denkt man unwillkürlich an die Redensart: »Ich glaube es erst, wenn ich es sehe.« Ein kluger Mensch hat diesen Satz umgedreht und ihm eine neue Bedeutung gegeben: »Sie werden es sehen, wenn Sie daran glauben.« (Ich habe den Eindruck, dass der Satz in der Reihenfolge sehr viel mehr Sinn ergibt!)

Als Medium weiß ich, dass ich den Menschen nur möglichst überzeugende Hinweise geben kann, die ich aus dem Jenseits erhalte, um ihnen zu bestätigen, dass ihre geliebten Verstorbenen immer noch am Leben sind und dass es ihnen in der Geisterwelt gut geht. Wenn auch nur ein einziger Zuhörer sich nach einer meiner Jenseitskontakt-Demonstrationen sagt: »Wie konnte dieser Mann so intime Details wissen, die nur mir selbst und meinem Mann beziehungsweise meiner Frau bekannt waren?« – oder wenn wenigstens einer sich dazu inspiriert fühlt, selbst Nachforschungen zu diesem Thema anzustellen –, habe ich mein Ziel erreicht. Wenn nur ein einziger der Anwesenden sich in seinem Schmerz getröstet fühlt, weniger leidet als vorher oder ich ihm eine Tür zu der Möglichkeit geöffnet habe, dass es tatsächlich so etwas wie ein Leben nach dem Tod gibt ... dann habe ich das Gefühl, meine Aufgabe erfüllt zu haben.

Im Lauf der Jahre habe ich Tausende von Botschaften aus dem Jenseits empfangen und überbracht; doch die folgende Begebenheit werde ich wahrscheinlich nie vergessen. Dabei geht es um einen Jungen, der unter tragischen Umständen verstorben war, und eine Mutter, die ihn schon sehr lange schmerzlich vermisste. Manchmal geben sich die Geistwesen im Jenseits besonders große Mühe, einem bei der Bewältigung eines Todesfalls zu helfen und ihn davon zu überzeugen, dass es tatsächlich ein Leben nach dem Tod gibt.

Sonnenblumen für Mama

Es heißt, jede Blume sei ein Lächeln vom Himmel; und an diesem Tag sollte jemand einen besonders großen Blumenstrauß erhalten! Vor ein paar Jahren hielt ich bei einer »I Can Do It«-Konferenz des Hey House Verlags in Seattle (Washington) eine Jenseitskontakt-Demonstration ab. Vor der Veranstaltung schlenderte ich an einem der berühmtesten Wahrzeichen von Seattle – dem Pike Place Market – entlang. Alle Anwesenden genossen das herrliche Wetter, und die Luft war vom Stimmengewirr unzähliger Leute, von Musik und verlockenden Gerüchen erfüllt. Es wimmelte nur so von Händlern mit bunten Ständen, Künstlern, Geschäften und brechend vollen Restaurants.

Als ich die verschiedenen Blumengestecke bewunderte, die dort zum Verkauf auslagen, zog ein Sonnenblumenstrauß meine besondere Aufmerksamkeit auf sich. Ich konnte den Blick gar nicht mehr davon abwenden. Ein paar Sekunden lang stand ich einfach nur da und fragte mich, warum ich mich mit so magischer Kraft zu diesen Blumen hingezogen fühlte. Natürlich liebte ich die majestätischen, leuchtend gelben Sonnenblumenblüten; aber ich wusste ja, dass ich sie mir nicht kaufen konnte, weil ich am nächsten Tag wieder nach Hause zurückfliegen musste! Trotzdem überkam mich der überwältigende Drang, einen Strauß dieser Blumen zu erwerben. Es war ein eindeutiges Signal, ein leiser Fingerzeig vom Himmel.

Im Lauf der Jahre habe ich gelernt, dass es in solchen Situationen am besten ist, meinem Bauchgefühl zu folgen. Offensichtlich wollte irgendjemand auf der anderen Seite unbedingt, dass ich Sonnenblumen kaufte. Ich habe schon oft solche Zeichen erhalten, obwohl es statt einer Blume natürlich auch manchmal ein Kristall, ein Bild oder irgendein anderes besonderes Andenken an einen Verstorbenen war, was meine Aufmerksamkeit auf sich zog; und jedes Mal erfuhr ich hinterher, dass dieses Geschenk für die Person, die es erhielt, eine besondere Bedeutung hatte. Eigentlich sind diese Geschenke nämlich nicht von mir; ich bekomme lediglich die Eingebung, sie zu kaufen, und vertraue darauf, dass sie schon ihren Weg zum richtigen Adressaten finden werden.

Natürlich habe ich die Sonnenblumen sofort gekauft. Eine innere Stimme sagte mir, dass ich sie zu der »I Can Do It«-Veranstaltung mitbringen sollte. Im Konferenzzentrum angelangt, bat ich den Organisator, sie zu mir aufs Podium stellen zu lassen.

Als ich die Bühne betrat, begann ich zunächst mit meinem üblichen Einführungsvortrag: Ich erklärte meinen Zuhörern, was es bedeutet, ein Medium zu sein, und stimmte sie darauf ein, was bei dieser Veranstaltung passieren würde. Dabei war ich mir die ganze Zeit über des riesigen Sonnenblumenstraußs hinter mir auf dem Tisch bewusst. Kaum hatte ich meinen Vortrag beendet, spürte ich auch schon, wie einige Geistwesen aus dem Jenseits sich näherten. Heute standen sie so ungeduldig bei mir Schlange, als warteten sie auf einen Sommerschlussverkauf! Ich ahnte schon: An diesem Nachmittag würde ich viel zu tun haben.

Da die Zeit bei solchen Veranstaltungen immer knapp ist, ließ ich die Geistwesen sofort zu Wort kommen. Sie überschütteten mich förmlich mit Botschaften für Mütter, Väter, Kinder, Ehemänner, Ehefrauen und Freunde. Das war für uns alle ein wunderschönes und sehr berührendes Erlebnis.

Als die Veranstaltung sich dem Ende zuneigte, warf ich meinem Sonnenblumenstrauß noch einen letzten Blick zu. Ich spürte, dass derjenige, der mich zum Kauf dieser Blumen gedrängt hatte, sich jetzt endlich zu erkennen gab. Es war, als hätte er alle anderen Geistwesen »vorgelassen«, um sich meiner ungeteilten Aufmerksamkeit sicher zu sein.

An dieser Stelle sollte ich vielleicht erwähnen, dass ich, wenn ich solche Zeichen empfange, nicht einfach mit der Frage herausplatze: »Wer von Ihnen mag Sonnenblumen?« Denn dann würden bestimmt sofort Hunderte von Händen in die Höhe schnellen! Ich muss darauf bauen, dass die Botschaft, die ich überbringen soll, von der Geisterwelt mit genügend anderen Informationen angereichert wird, damit der Angehörige weiß, dass sie nur für ihn bestimmt sein kann.

Ich spürte die Energie eines aufgeregten kleinen Jungen, der unbedingt mit seiner Mutter sprechen wollte. Sie trauerte schon lange um ihn, weil sein Tod sehr plötzlich gekommen war und sie keine Zeit mehr gehabt hatte, sich von ihm zu verabschieden. Ich konnte rasch abklären, dass er ihr einziges Kind gewesen war. Ich wusste nur allzu gut, wie grausam es für eine Mutter ist, ein so kleines Kind zu verlieren.

Als der Junge mit mir Kontakt aufnahm, gab er mir genügend Hinweise, um diese Frau aus einem Publikum von über 1000 Leuten herauszufinden. Er lieferte mir klare Informationen über seinen Tod und erwähnte auch, wo und wann er gestorben war. Er erzählte mir, was seine Mutter jetzt tat – und dass sie sich immer noch nicht hundertprozentig sicher war, ob sie an ein Leben nach dem Tod glauben sollte oder nicht. Schließlich hörte ich ihn mit seiner sehr sanften und liebevollen Stimme klar und deutlich sagen: »Bitte geben Sie ihr jetzt die Sonnenblumen.«

Aha, also du *warst derjenige, der mich dazu gebracht hat, diese Blumen zu kaufen. Clevere Idee, mein Junge!,* sagte ich in Gedanken zu ihm.

»Bevor wir zum Ende kommen, möchte Ihr Sohn ganz sichergehen, dass Sie wissen, dass diese Botschaft auch wirklich von ihm stammt und dass es ihm gut geht. Dass es ein Leben nach dem Tod gibt und Sie ihn eines Tages wiedersehen werden«, sagte ich zu der Frau. Von ihrem Sitzplatz aus konnte sie die Blumen auf dem Tisch hinter mir nicht sehen. Ich drehte mich um, nahm den Blumenstrauß, ging zu ihr hinüber und legte ihn ihr in die Arme. »Ihr Sohn hat mich gebeten, Ihnen diese Sonnenblumen zu überreichen! Anscheinend haben die Blumen für Sie beide eine ganz besondere Bedeutung.«

Mit strahlendem Lächeln und Freudentränen im Gesicht umfasste die Frau den Strauß mit beiden Armen. Dann wandte sie sich langsam dem Publikum zu und erklärte, dass das ihre Lieblingsblumen seien. Zu besonderen Anlässen, wenn ihr Sohn ihr sagen wollte: »Ich liebe dich, Mama!«, hatte er ihr immer diese Blumen geschenkt. Niemals Rosen, Gänseblümchen oder irgendetwas anderes – immer nur Sonnenblumen! Die Frau erklärte uns, dass diese Blumen nicht nur wegen ihrer Schönheit und leuchtenden Farbe etwas Besonderes für sie seien, sondern auch, weil ihr Sohn sie ihr so oft geschenkt hatte. Früher hatten sie sie deshalb statt Sonnenblumen immer scherzhaft »Sohn-Blumen« genannt. Sie erwähnte auch, dass sie immer noch Sonnenblumen aufs Grab ihres Sohnes lege. Ich beendete meine Jenseitskontakt-Demonstration, indem ich die Frau umarmte und ihr erklärte: »Er liebt Sie und hat Ihnen deshalb heute noch einmal einen Strauß *Sohn-Blumen* mitgebracht!«

Den Glauben an ein Leben nach dem Tod kann niemand erzwingen – weder ich noch sonst jemand. Diesen Glauben können Sie nur entwickeln, indem Sie Ihr Herz und Ihren Geist öffnen. Dann kann auch die Tür zum Jenseits aufgehen. Weder Zeit noch Entfernung noch der Tod kann Sie von Ihren geliebten Verstorbenen trennen – denn die Liebe endet nie!

Nur einen Gedanken weit von uns entfernt

Das folgende Szenario kennen Sie sicherlich: Sie müssen aus heiterem Himmel an jemanden denken, also greifen Sie zum Telefon und wählen die Nummer dieses Menschen. Er scheint etwas erstaunt darüber zu sein, Ihre Stimme zu hören, und sagt:»Ich habe auch gerade an dich gedacht!«

Vielleicht kennen Sie auch Paare, von denen einer immer wieder den Satz des anderen zu Ende führt oder die beide zur gleichen Zeit dasselbe sagen – ob das nun Ehepaare, langjährige Lebenspartner, Elternteil und Kind, Geschwister oder gute Freunde sind. Wenn so etwas passiert, lachen wir oft einfach nur, tun es mit einem Achselzucken ab und bezeichnen es als reinen Zufall – aber ist es das wirklich? Wie ist es zu erklären, dass wir es so oft spüren, wenn mit einem unserer Angehörigen etwas nicht stimmt? Oder wie kommt es, dass man manchmal an jemanden denkt, den man schon lange nicht mehr gesehen hat – und kurze Zeit später läuft einem diese Person plötzlich über den Weg?

Ich glaube nicht, dass das einfach nur»Glück« oder Zufall ist. Meiner Meinung nach ist dabei ein Phänomen im Gange, das ich»Seelenverbindung« nenne. Viele Menschen halten es für eine Art Telepathie, also die Fähigkeit, anderen durch Gedanken Botschaften und Informationen zu senden. Der Begriff *Telepathie* setzt sich aus den griechischstämmigen Worten *tele* und *pathie* zusammen, und das bedeutet sinngemäß nichts anderes als»Fernfühlen«. Dabei handelt es sich um eine Art Gedankenübertragung, wobei ein Energieaustausch als Bindeglied zwischen dem Bewusstsein zweier Menschen dient, ohne dass dafür körperliche Sinnesorgane erforderlich sind. Genau dieser Prozess läuft auch ab, wenn Geistwesen aus dem Jenseits mit uns hier in der körperlichen Dimension kommunizieren. Die Gedankenenergie ist eine spirituelle Fähigkeit – und ich glaube, dass dahinter die Macht der Liebe steht.

Die Macht der Liebe und die Macht der Gedanken ist die Kraft, durch die wir weiterhin miteinander in Verbindung stehen. Wie oft haben Sie schon an jemanden gedacht, der verstorben ist? Es ist, als sei Ihnen dieser plötzlich wie aus heiterem Himmel eingefallen. Aber vielleicht hat er auch einfach nur gerade in diesem Augenblick voller Liebe an sie gedacht. Die Verstorbenen, die Sie geliebt haben, sind *wirklich* nur einen Gedanken weit von Ihnen entfernt.

Um das zu veranschaulichen, möchte ich Ihnen diese schöne Geschichte vom Glauben eines Kindes an die Macht der Gedanken erzählen. Ein kleines Mädchen namens Daisy ging schon mit zehn Jahren in die Geisterwelt hinüber. Während ihrer letzten Tage schaute Daisy immer wieder zu ihrer Mutter empor und erklärte ihr, sie kommuniziere mit ihrem kleinen Bruder, der schon vor Jahren gestorben war. Der kleine Junge stehe sogar direkt neben ihr, erzählte sie, und die beiden führten ein ziemlich lebhaftes Gespräch miteinander.

»Wie redest du denn mit deinem kleinen Bruder? Ich höre gar nichts und sehe auch nicht, dass du deine Lippen bewegst«, fragte die verblüffte Mutter.

»Wir reden einfach nur mit unserem Denk, Mami«, antwortete das kleine Mädchen und grinste.

Jedes Mal, wenn ich eine Jenseitskontakt-Demonstration oder private Sitzung abhalte, bin ich wieder aufs Neue gerührt von der Liebe der Geisterwelt zu uns Menschen, die noch hier auf der Erde leben. Denken Sie daran: Wenn Sie sterben, bewahrt Ihr Seelenbewusstsein all Ihre Erinnerungen und Erfahrungen aus diesem Leben in sich. Die ganze Geschichte Ihrer Seele während dieser Existenz geht mit Ihnen ins Jenseits hinüber – und auch Ihre Liebe zu Freunden und Angehörigen. Oft spüren die Hinterbliebenen die liebevolle Fürsorge, die die Verstorbenen ihnen aus der Geisterwelt senden, weil sie ihr Herz und ihre Seele berührt.

Und das ist keine Einbahnstraße, sondern eine zweigleisige Verbindung: Auch Sie können Ihren Angehörigen in der Geisterwelt Ihre Gedanken und Ihre Liebe senden.

Seid ihr wirklich da?

Stirbt jemand und verlässt diese Welt, wird unsere übliche, vertraute Art der Kommunikation eine Zeit lang unterbrochen, bis eine neue Gesprächsform entsteht. Diese neue Kommunikation läuft über unsere Gedanken ab.

Bei einem Reading tritt die Seele des Verstorbenen in einer telepathischen Verbindung – von Geist zu Geist – mit dem Medium in Kontakt. Sobald die Verbindung steht, empfängt das Medium durch Hellsehen, Hellfühlen oder Hellhören Informationen von dem Geistwesen. Die Worte, Bilder oder Gefühle, die ihm der Geist übermittelt, dienen der Bestätigung seiner Identität.

Doch man muss nicht unbedingt ein Medium aufsuchen, um mit einem geliebten Verstorbenen zu sprechen oder sich ihm nahe zu fühlen. Viele Leute, die zu mir kommen, sehnen sich nach einem Kontakt mit dem Jenseits; doch in Wirklichkeit erhalten sie diese Informationen von mir lediglich aus zweiter Hand. Egal, ob Sie erst vor Kurzem einen geliebten Menschen verloren haben oder ob das schon länger her ist – Sie sollten wissen, dass es möglich ist, selbst mit der Seele dieses Verstorbenen in Kontakt zu treten. Die Geistwesen empfangen Ihre Gedanken tatsächlich und tun, was sie können, um Ihnen zu helfen.

Viele Menschen glauben, dass ihre Angehörigen sich nach dem Tod sofort in allwissende Seelen verwandeln. Doch obwohl es eine natürliche Weiterentwicklung der Seele gibt, was ich bereits erwähnt habe, sind die Verstorbenen im Jenseits doch immer noch die gleichen Menschen wie vorher auf der Erde. Sie lernen etwas Neues, während sie sich wieder mit ihrer wahren Heimat – der Geisterwelt – vertraut machen. Sie tun, was sie können, um uns anzuleiten und zu führen; vielleicht geben sie uns ab und zu einen Fingerzeig, um uns in eine bestimmte Richtung zu lenken, sodass wir zum richtigen Zeitpunkt am richtigen Ort sind; und natürlich lieben sie uns auch weiterhin. Doch die karmischen Lernaufgaben, die wir hier auf der Erde zu lernen haben, können sie uns nicht abnehmen.

Ihre Angehörigen im Jenseits wissen genau, was Sie nach ihrem Tod durchmachen und wie sehr Sie sie vermissen. Viele Leute sagen nach dem Tod eines geliebten Menschen: »Es ist wirklich seltsam; aber irgendwie habe ich das Gefühl, dass er (oder sie) immer noch hier bei mir ist.« Dafür gibt es einen einfachen Grund: Vielleicht sind diese Menschen im Geist tatsächlich bei Ihnen und versuchen, Sie zu trösten! Die subtilen Zeichen, die sie uns senden, entgehen uns leicht – vor allem, wenn wir aufgrund unseres Verlusts aufgewühlt sind.

Ich empfehle Ihnen, sich zu einem Zeitpunkt, der Ihnen richtig erscheint, an einen bequemen Platz zu setzen. Versuchen Sie, Ihre ständigen inneren Dialoge für ein paar Minuten abzuschalten oder zumindest wegzuschieben. Und dann konzentrieren Sie sich einfach darauf, dem geliebten Verstorbenen Ihre Gedanken, Gebete, Wünsche, Ihre Liebe – und wenn nötig auch Ihre Vergebung zu senden.

Aber erwarten Sie darauf bitte keine dramatische Reaktion – zum Beispiel, dass sich wie in einer Szene aus einem Film direkt vor Ihren Augen ein Geist manifestiert. Vielleicht hören Sie keine vernehmbare Stimme, die Ihnen ins Ohr dröhnt. Anfangs werden Sie vielleicht sogar das Gefühl haben, dass sich gar nichts tut. Doch bitte geben Sie nicht auf: Sprechen Sie weiter mit dem Verstorbenen, senden Sie ihm liebevolle Gedanken. Sie werden es spüren, wenn er mit Ihnen Kontakt aufnimmt. Vielleicht ist es nur ein kaum wahrnehmbares Gefühl – als ob über Ihrer Seele ein Licht flackern würde. Es kann sein, dass Sie die gewünschten Antworten auf andere Weise erhalten, als Sie erwartet hatten; also geben Sie dem Geist des Verstorbenen ein Zeichen, damit er weiß, dass Sie seine Gegenwart spüren.

Und lassen Sie sich von niemandem einreden, dass sich das alles nur in Ihrer Fantasie abgespielt hat! Wenn Sie eine liebevolle Verbindung zur Seele eines Verstorbenen aufgebaut haben, werden Sie das im Grunde Ihres Herzens wissen. Das ist ein ganz anderes Gefühl als unsere normalen, bewussten Gedanken! Wenn Sie es zum ersten Mal erleben, werden Sie verstehen, was ich meine. Glauben Sie mir: Die Verstorbenen möchten genauso gerne mit Ihnen reden wie umgekehrt!

Kapitel 4:

EINE BRÜCKE BAUEN

Der Tod ist für uns sicherlich das Schlimmste, was es gibt. Die meisten Leute kommen nach dem Verlust eines geliebten Menschen mit schwerem Herzen zu mir. Sie sehnen sich nach einem letzten Gespräch, einem letzten Kuss oder jener letzten Umarmung, die sie brauchen, um den Rest ihres Lebens hier auf der Erde ohne den geliebten Verstorbenen durchzustehen. Oft stelle ich ihnen eine einfache Frage: »Sind Sie denn wirklich ohne diesen geliebten Menschen?«

Mit Unterstützung der Geistwesen tue ich mein Bestes, um anderen Menschen Trost in dem Wissen zu schenken, dass es tatsächlich ein Leben nach dem Tod gibt. Ich möchte ihnen nicht nur die Existenz der Geisterwelt beweisen, sondern ihnen auch ein paar grundlegende Werkzeuge und Techniken an die Hand geben, mit deren Hilfe sie die Zeichen, die sie von ihren verstorbenen Angehörigen möglicherweise erhalten, bald deutlicher wahrnehmen und möglichst auch ohne meine Unterstützung mit ihnen kommunizieren können.

Denken Sie daran: Egal, ob jemand inkarniert (also ein Geist in einem physischen Körper) oder eine körperlose Seele ist (sich also als Geistwesen im Jenseits befindet) – er besteht trotzdem immer noch aus der gleichen spirituellen Quelle oder Energie wie Sie. Sie sind von

Geist zu Geist mit den Seelen im Jenseits verbunden. Wenn Sie ohne fremde Hilfe Zwiesprache mit einem verstorbenen Menschen halten können, halten Sie einen direkten Beweis für die Existenz eines Lebens nach dem Tod in Händen. Ein solcher Beleg lässt sich nicht abstreiten oder wegdiskutieren. Sobald Sie lernen, Ihr Bewusstsein auf eine höhere Frequenz anzuheben und auf spiritueller Ebene mit den Seelen Verstorbener in Kontakt zu treten, haben Sie einen dauerhaften Beweis für diese Existenz gefunden und eine liebevolle Verbindung hergestellt.

Wenn wir mit Seelen in der Geisterwelt Kontakt aufnehmen möchten, müssen auch wir einen Beitrag zum Bau der Brücke zwischen dieser und der jenseitigen Welt leisten. Der erste Schritt dazu besteht darin, Ihr Bewusstsein (oder Ihre Energie beziehungsweise Ihre Schwingung) zu erhöhen, während die Geistwesen im Jenseits gleichzeitig ihre Schwingungsfrequenz senken, sodass Sie sich gewissermaßen in der Mitte treffen und eine Brücke zwischen beiden Welten schlagen können.

Es gibt mehrere Praktiken, mit denen man sein Bewusstsein erhöhen kann: zum Beispiel durch Meditation oder indem man sich mit den Chakren (Energiezentren), auf die ich in Teil II dieses Buchs noch näher eingehen werde, vertraut macht und lernt, damit zu arbeiten. Es ist übrigens auch eine große Hilfe, sich dabei Ihrer Vorstellungskraft zu bedienen. Diese Kraft kann Sie auf die höheren Ebenen emporheben, auf denen Ihre geliebten verstorbenen Angehörigen in der Geisterwelt leben. Die Fantasie ist das Spielfeld Ihrer Intuition. Sie spielt für Ihr spirituelles Bewusstsein eine sehr wichtige Rolle und kann Ihnen auch bei der Entwicklung übersinnlicher Fähigkeiten helfen, die bei der Kommunikation mit der Geisterwelt eine wichtige Funktion erfüllen.

Vor ein paar Jahren habe ich eine geführte Meditation mit dem Titel *The Bridge* [Die Brücke] entwickelt. (Diese Meditation können Sie auf der Webseite des Hay House Verlags und unter john-holland.com herunterladen.) Mithilfe von Musik, Farben und bildlichen Vorstellungen schafft diese Meditation einen stillen Ort in Ihrem Inneren, wo Sie sich mit den Seelen geliebter Verstorbener im Jenseits treffen können. Dabei stellt man sich vor, mehrere Treppen hinaufzusteigen. Am oberen Ende jeder Treppe befindet sich eine farbige Tür. Jede dieser Türen steht für eines Ihrer Chakren; und mit jeder Tür, die Sie durchschreiten, steigen Sie ein bisschen höher empor. Das gehört zum allmählichen Prozess der Erhöhung Ihres Bewusstseins. Nachdem Sie alle Treppen hochgestiegen sind und alle Türen geöffnet haben, betreten Sie eine wunderschöne Wiese. Durch Ihr Vorstellungsvermögen können Sie alles um sich herum spüren, hören, sehen, ja sogar riechen. Schließlich überqueren Sie eine kleine Brücke und finden sich in einem abgeschiedenen Pavillon wieder, in welchem Sie Besuch von der Seele eines geliebten Menschen bekommen.

Ich habe schon viele Erfahrungsberichte erhalten, die bei dieser Meditation von verstorbenen Eltern, Ehepartnern, Kindern, Freunden, ja sogar Haustieren besucht worden sind! Vielleicht fragen Sie sich jetzt: »Aber waren die Seelen dieser Verstorbenen wirklich da, oder haben diese Menschen sich das nur eingebildet?« Doch die Fantasie ist eine kreative Fähigkeit, die Gott jeder Seele geschenkt hat. Wenn Sie Ihren Geist durch Meditation zur Ruhe bringen und dabei gleichzeitig die enormen Fähigkeiten Ihrer Fantasie einsetzen, können Sie die ätherische Liebesbrücke bauen, die Sie mit geliebten Menschen und Tieren in der jenseitigen Welt in Kontakt hält.

Auch wenn Sie vielleicht hoffen, durch Meditation mit der Seele eines bestimmten Verstorbenen in Verbindung zu treten, haben Sie in Wirklichkeit keinen Einfluss darauf, wer zu Ihnen durchkommt. Oft steht eine große Menge von Geistwesen hinter der Menschheit, um ihr zu dienen und zu helfen, wenngleich das dem Großteil von ihr gar nicht bewusst ist. Manchmal werden Sie vielleicht jemandem aus Ihrer fernen Vergangenheit begegnen – zum Beispiel einem Lehrer oder vielleicht sogar einem Geistführer. Möglicherweise bekommen Sie nicht immer Kontakt zu dem Geistwesen, dem Sie gerne begegnen möchten; aber es wird bestimmt genau die Seele zu Ihnen durchkommen, deren Rat oder Beistand Sie gerade brauchen.

Wenn Sie das nächste Mal einen verstorbenen Menschen vermissen, versuchen Sie sich vor Augen zu halten, dass diese Person gar nicht weit von Ihnen entfernt ist. In Wirklichkeit ist sie nah bei Ihnen – wenn auch nicht in einem physischen Körper, aber im Geist. Denken Sie daran, dass es im spirituellen Bewusstsein keine Trennung gibt. Um das zu veranschaulichen, möchte ich Ihnen nun eine Geschichte von einer mir nahestehenden Familie erzählen. Diese Geschichte zeigt, dass die geliebten Verstorbenen nicht nur in guten Zeiten bei Ihnen sind, sondern auch schwere Zeiten gemeinsam mit Ihnen durchstehen!

Die Liebesbrücke

Das Band, das uns mit unserer Familie verbindet, besteht nicht nur aus Blut, sondern auch aus Liebe. Chris und seine Frau Claire standen auf dem Balkon des großen Versammlungssaals der Faneuil Hall in Boston. Doch so schön das historische Gebäude auch war – sie waren nicht zur Besichtigung angereist, sondern um als stolze Eltern der Zeremonie beizuwohnen, bei der ihr Sohn Charlie als Rechtsanwalt vereidigt wurde.

Die Namen der Studenten wurden nacheinander aufgerufen, und bald sollte Charlie aufstehen, um sein juristisches Diplom entgegenzunehmen. In dem Moment, als Charlies Name verlesen wurde, spürte Chris die Gegenwart eines Wesens an seiner Seite. Es fühlte sich so an, als stehe seine Mutter, die schon vor Jahren gestorben war, direkt neben ihm. Chris lief ein Schauer über den Rücken, als ihm klar wurde, was da geschah. Obwohl er es keineswegs herbeigesehnt und auch nicht damit gerechnet hatte, spürte er in seinem Herzen, dass der Geist seiner Mutter gekommen war, um ihm und ihrem Enkelsohn mit ihrer Liebe zur Seite zu stehen. Seine Mutter hatte schon niemals etwas verpassen wollen, als sie noch am Leben gewesen war; also wollte sie jetzt auch bei der Examensfeier ihres Enkels dabei sein!

Als Chris Tränen der Rührung in die Augen stiegen, spürte er, wie sich noch ein weiteres Geistwesen näherte und ihm die Hand auf die Schulter legte. In Gedanken hörte er seinen Vater sagen, der ebenfalls schon seit Jahren tot war: »Ich bin ja so stolz, mein Sohn.«

Als Claire zu ihrem Mann hochschaute, sah sie ihm deutlich an, wie gerührt er war, schrieb das jedoch seiner Freude über die Abschlussfeier ihres Sohns zu. Chris strahlte vor Stolz auf ihn über das ganze Gesicht; doch gleichzeitig war er auch überwältigt von der Liebe seiner Eltern, denen es so wichtig war, bei diesem feierlichen Anlass dabei zu sein!

Den Ausdruck in den Augen seines Sohns, als er zu ihm und seinen anderen Angehörigen emporlächelte, und das überwältigende Gefühl der Liebe, das ihn an jenem besonderen Tag umgab, wird Chris nie wieder vergessen. An diesem Tag brauchte er kein Medium mit übersinnlichen Fähigkeiten! Die Liebe, die er und seine Angehörigen empfanden, bewirkte alles, was notwendig war, um eine Brücke zu bauen, über die seine verstorbenen Eltern zu ihm kommen konnten. Dieses Erlebnis hat einen Eindruck in seinem Herzen hinterlassen, den ihm niemand mehr nehmen kann.

Die Macht der Liebe

Liebe ist das Fundament unserer Existenz. Und diese Liebe ist nicht einfach nur ein Gefühl, sondern gleichzeitig auch Energie. Inzwischen bestätigen uns die Quantenphysiker, was Mystiker, Gurus und Propheten schon seit Jahrtausenden sagen: dass es keine feste Materie gibt. Alles im Universum – auch Sie und Ihre Gedanken – ist Energie. Die Energie, aus der die Sterne am Himmel bestehen – die Energie, die durch unser ganzes Universum hindurchfließt –, ist dieselbe wie in jedem von uns.

Da wir alle aus Energie bestehen, stimmen wir uns innerlich automatisch auf Menschen ein, die auf derselben Frequenz schwingen wie wir, und ziehen diese an. Das ist das Gesetz der Anziehung. Einfach ausgedrückt, sind unsere Gedanken wie Magneten. Wahrscheinlich kennen Sie das Sprichwort: Gleich und gleich gesellt sich gern. Im Grunde genommen bedeutet es, dass jede Schwingungsfrequenz die gleiche Frequenz anzieht. Mit positiven Gedanken können Sie sich also auf die gewünschte positive Frequenz einstimmen.

Wenn Sie liebevolle Gedanken aussenden, ziehen Sie Mitgefühl an.
Wenn Sie sich fürchten, ziehen Sie Angst an.
Wenn Sie gütig zu anderen Menschen sind, ziehen Sie Güte an.
Wenn Sie dankbar sind, ziehen Sie Reichtum an.

So, wie Sie denken, beginnen Sie auch zu fühlen; so, wie Sie fühlen, sind auch die Schwingungen, die Sie aussenden; und das, was Sie aussenden, ziehen Sie an … Mit anderen Worten: Sie ziehen genau die Dinge in Ihr Leben hinein, auf deren Frequenz Sie schwingen.

Ich glaube, dass die Energie der Liebe die stärkste, heilsamste Kraft im Universum ist. Sobald Sie den Seelen in der Geisterwelt einen liebevollen Gedanken senden, spüren sie diese Liebe und werden dadurch automatisch zu ihnen hingezogen – und umgekehrt.

Ihre Angehörigen im Jenseits versuchen ständig, Sie auf sich aufmerksam zu machen, und tun, was Sie können, um Ihnen zu zeigen, dass sie bei Ihnen sind. Doch in Zeiten großer Trauer und Einsamkeit kann man diese Geistwesen nicht immer wahrnehmen oder die Liebe spüren, die sie einem senden. Das besondere Band der Liebe, das Sie mit anderen Menschen verbindet – egal, ob diese hier auf der Erde oder im Jenseits weilen –, kann niemals zertrennt werden.

Warum möchten die Seelen Verstorbener mit uns Kontakt aufnehmen?

Es gibt verschiedene Gründe, warum Menschen mit der Geisterwelt oder mit einem verstorbenen Freund oder Angehörigen kommunizieren möchten. Wahrscheinlich sind wir dann überzeugt davon, dass *wir* diejenigen sind, die versuchen, mit dem Jenseits Kontakt aufzunehmen; doch oft geht die Kommunikation in Wirklichkeit von der Geisterwelt aus. Vielleicht fragen Sie sich jetzt: Warum sollten die Seelen Verstorbener das Bedürfnis haben, von *uns* zu hören? Manchmal gibt es darauf eine einfache Antwort: Bei mir sind während privater Readings oder Jenseitskontakt-Demonstrationen schon sehr oft Geistwesen durchgekommen, die einem Hinterbliebenen einfach nur ihre Liebe zum Ausdruck bringen, ihn trösten oder sich für etwas entschuldigen wollten, was sie in ihrem körperlichen Dasein getan hatten.

Vor noch nicht allzu langer Zeit veranstaltete ich eines meiner Kleingruppen-Readings, an denen normalerweise nur acht bis zehn Leute teilnehmen. Schon bevor die Teilnehmer eintreffen, bereite ich mich auf meine Sitzung vor und öffne mich innerlich für die Geistwesen, die hier mit ihren Hinterbliebenen kommunizieren möchten. Manche Menschen kommen zu diesen Sitzungen, weil sie hoffen, dass ein bestimmter Verstorbener sich mit einer Botschaft bei ihnen melden wird. Doch manchmal kommt stattdessen jemand ganz anderes, mit dem sie gar nicht gerechnet hatten – oder von dem sie vielleicht nicht einmal etwas hören wollen! Darauf habe ich keinen Einfluss, weil nicht ich derjenige bin, der über diese Kontakte entscheidet, sondern die Geisterwelt. Mediale Kontakte lassen sich nicht erzwingen, und ich habe ganz gewiss nicht die Macht, Tote herbeizurufen. Es gibt immer einen Grund, warum ein bestimmtes Geistwesen zu Ihnen durchdringt.

Ich begann jenen Abend ganz normal, indem ich allen erklärte, wie ich arbeite und wie Geister über meine übersinnliche Wahrnehmung (indem sie mich Informationen spüren, hören und sehen lassen) mit ihren Hinterbliebenen kommunizieren. Dabei erkläre ich meinen Zuhörern auch immer, dass sie mir einfach nur eine Bestätigung geben sollen, wenn ich etwas sage, was zutrifft oder für sie einen Sinn ergibt; sie sollen mir aber keine *zusätzlichen* Informationen liefern. Je weniger ich von den Hinterbliebenen weiß, umso besser. An jenem Abend, als die acht Teilnehmer im Kreis um mich herumsaßen, erblickte ich in manchen Augenpaaren freudige Erwartung und in anderen Traurigkeit.

Wenn ich einem Publikum erkläre, wie ich arbeite, öffne ich mich dabei innerlich und stimme mich auf die Geisterwelt ein. Ich sende ihr meine Gedanken und einen kleinen Gruß: *Hallo, Freunde. Willkommen. Es ist Zeit, euch bei mir zu melden.* Dabei spüre ich normalerweise, dass sie sich nähern und mir konkrete Informationen über sich und die Umstände ihres Todes geben, damit jemand aus der Gruppe ihre Identität bestätigen und die Botschaft entgegennehmen kann.

An jenem Abend spürte ich die Anwesenheit einer Frau aus der Geisterwelt, die bei ihrem Tod schon ziemlich betagt gewesen war. Die Verbindung war eindeutig: Sie führte mich zu einer Frau namens Ann. Also wandte ich mich an diese Frau und sagte: »Ich möchte gerne zu Ihnen kommen. Gibt es eine ältere Dame namens Helen, die an einem Herzleiden verstorben ist und zu Ihrer Familie gehört?«

Anns enttäuschter Gesichtsausdruck überraschte mich. »Ja, ich weiß, wer sie ist«, antwortete sie. »Was will *die* denn hier?« Offenbar hatte sie nicht das geringste Interesse an einer Nachricht von dieser Frau! Sie erklärte mir, Helen sei ihre Schwiegermutter, die vor ein paar Jahren gestorben war. Wie sich herausstellte, hatte diese Ann zu ihren Lebzeiten nie als Schwiegertochter akzeptiert. Die Beziehung zu ihr war für Ann nicht einfach gewesen, und sie hatte ihre Schwiegermutter nur ihrem Mann zuliebe ertragen.

Daraufhin erklärte ich Ann, wie viel Mühe es den Geistwesen bereitet, zu uns durchzukommen; wenn sie es mir erlaube, könne ich sicher herausfinden, warum Helen zu ihr kommen wolle. Helen gab zu, dass sie Ann zu ihren Lebzeiten schlecht behandelt hatte und dass die beiden nie gut miteinander ausgekommen waren. Doch an diesem Abend war sie extra hergekommen, um Ann um Verzeihung zu bitten. Sie gab zu, dass sie ein schwieriger Mensch gewesen war – nicht nur für Ann, sondern auch für viele andere in ihrem Umfeld. Ich spürte die Aufrichtigkeit ihrer Reue und hatte das bestimmte Gefühl, dass es für Ann wichtig war, diese Botschaft zu empfangen.

Als Ann diese Worte hörte, nickte sie und fing an zu weinen. Sie fragte sich, wie es wohl zum Sinneswandel ihrer Schwiegermutter gekommen sei. Ich erklärte ihr, dass wir nach unserem Tod eine Lebensrückschau durchlaufen, bei der wir die – positiven und negativen – Auswirkungen unseres Verhaltens auf andere Menschen im Lauf unserer irdischen Existenz zu spüren bekommen.

Dem Akt des Verzeihens wohnt eine enorme Kraft inne. Er kann heilen und verwandeln. Ob Sie jemandem verzeihen möchten oder nicht, ist Ihre freie Entscheidung. Das bedeutet nicht unbedingt, dass Sie diesen Menschen aus der Verantwortung für sein Handeln entlassen, sondern nur, dass Sie den Schmerz loslassen, den Sie *in Ihrer eigenen* Seele mit sich herumtragen. Wenn ein Sterbender um Verzeihung bittet und ihm diese gewährt wird, hilft ihm das genauso dabei, in die jenseitige Welt hinüberzugehen, wie es Menschen hier auf der physischen Ebene weiterhilft, wenn man ihnen vergibt. Selbst wenn jemand gestorben ist, ohne dass Sie eine Chance hatten, sich bei ihm zu entschuldigen, weiß die Seele dieses Menschen doch, dass Sie um Vergebung bitten, und trägt Ihnen nichts nach.

Nachdem Helen Ann einige weitere Informationen über ihre Familie gegeben hatte, aus denen ihre Identität klar wurde, brachte sie ihre Hoffnung zum Ausdruck, auch weiterhin am Leben ihrer Schwiegertochter teilhaben zu dürfen. Zum Schluss sagte sie: »Ich weiß, dass du nicht in der Hoffnung hergekommen bist, von mir zu hören; aber ich wollte dich um Verzeihung dafür bitten, wie ich dich behandelt habe. Bitte nimm meine Entschuldigung an. Ich halte jetzt die Tür für deinen Vater auf, der auch zu dir kommen möchte.« Ann legte die Hand auf ihr

Herz und wischte sich die Tränen aus den Augen. Als ich spürte, wie Helen langsam zurücktrat, hoffte ich, dass Ann es über sich bringen würde, ihrer Schwiegermutter zu verzeihen.

Als ihr Vater vortrat, lächelte sie. Schließlich war er derjenige, von dem zu hören sie gehofft hatte. Doch ich glaube nicht, dass sich dieser Wunsch erfüllt hätte, wäre Helen nicht als Erste durchgedrungen, um diese Brücke zu bauen.

Ich sage den Menschen, die meine Hilfe suchen, oft: »Vielleicht bekommen Sie nicht unbedingt Kontakt zu dem Geistwesen, das Sie sich wünschen, sondern zu dem, welches Sie gerade *brauchen*.« Doch in diesem Fall war es anders: Ann empfing nicht nur die Liebe ihrer Schwiegermutter (die Helen ihr während ihres physischen Lebens nie hatte zeigen können), sondern durfte auch ihren Vater wiedertreffen, den sie so sehr vermisste. Ich glaube, dass Ann nach dieser Sitzung ein anderer Mensch war und – hoffentlich – keine so große seelische Last mehr mit sich herumschleppte.

Nachtodkommunikation

Es gibt eine besondere, über Zeit und Raum hinausgehende Sprache, die nicht den Grenzen von Worten unterworfen ist, sondern aus Zeichen, Symbolen, Energie und Gedanken besteht. Diese Sprache kann man nur dann hören und sehen, wenn man genau darauf achtet … Es ist die Sprache des GEISTES.

Stirbt ein Mensch und hat sich im Jenseits zurechtgefunden, tut er oft alles Mögliche, um seine Hinterbliebenen auf sich aufmerksam zu machen. Die Seelen der Verstorbenen senden uns Zeichen, um uns mitzuteilen, dass sie auch nach dem Tod immer noch weiterleben, dass sie uns lieben und dass wir unser Leben ganz und gar auskosten sollen. Also passen Sie gut auf, denn es kann durchaus sein, dass es ein geliebter Mensch aus dem Jenseits war, der Ihnen einen Regenbogen geschickt hat – oder den altbekannten Song, den Sie neulich im Radio gehört haben, oder den Traum, in dem Ihr verstorbener Angehöriger so glücklich, gesund und vital aussah. Oder vielleicht läuft Ihnen plötzlich ein Tier über den Weg, das dieser Mensch ganz besonders geliebt hat, der herrliche Duft seiner Lieblingsblume steigt Ihnen in die Nase, oder Sie spüren eine sanfte Berührung an der Wange, die Sie einfach nur für einen Windhauch gehalten haben. Mit solchen Zeichen wollen die Seelen der Verstorbenen Ihnen sagen: »Ich liebe dich, ich bin nicht fort, sondern stehe direkt neben dir – auch wenn du mich nicht siehst.«

Diese besonderen Zeichen nennt man »Nachtodkommunikation (NTK)«. (In meinem letzten Buch *The Spirit Whisperer* bin ich ausführlich auf diese Signale und Symbole eingegangen, halte es aber für sehr wichtig, meine Ausführungen dazu hier noch einmal kurz zusammenzufassen, da vielleicht nicht jeder dieses Buch gelesen hat.)

Ich bin durch das Buch *Trost aus dem Jenseits* von Judy und Bill Guggenheim auf das Thema Nachtodkommunikation aufmerksam geworden. Beide haben umfassende Recherchen dazu angestellt und über 3000 Menschen befragt, die glaubten, schon einmal von einem verstorbenen Freund oder Angehörigen kontaktiert worden zu sein. Das Buch umfasst über 300 Fallbeispiele, und Judy und Bill kommen darin zu dem Schluss, dass schätzungsweise 60 bis 120 *Millionen* Amerikaner schon einmal eine Form der Nachtodkommunikation erlebt haben. Diese erstaunliche Zahl verrät uns, dass NTKen etwas ganz Normales sind, was tagtäglich passiert.

Viele von uns haben schon Synchronizitäten erlebt oder Zeichen und Symbole von Geistwesen aus dem Jenseits empfangen. Nur leider übersieht man solche Signale leicht oder tut sie als reinen »Zufall« ab. Auch mir wurde vor Kurzem ein solches Zeichen gesendet, das ich beinahe »wegerklärt« hätte – obwohl ich schon so lange als Medium arbeite!

Eines Abends ging ich an meiner Küchenanrichte vorbei und dachte an meine vor ein paar Jahren verstorbene Mutter. Da hörte ich plötzlich ein Klirren und sah, dass die Kugelschreiber und Bleistifte, die in einer Schale auf der Anrichte lagen, irgendwie auf die andere Seite gewandert waren: Vorher waren sie rechts gelegen – jetzt lagen sie alle auf der linken Seite. Ich weiß noch, wie ich dachte: *Hmmm, wahrscheinlich habe ich im Vorbeigehen einen Luftzug erzeugt.* Ja, natürlich! Wie schnell hätte ich wohl an der Schale vorbeigehen müssen, damit so ein Wind entstehen konnte? Als ich darüber nachdachte, wurde mir klar, dass diese Stifte unmöglich von allein auf die andere Seite der Schale gewandert sein konnten. Da sagte ich mit strahlendem Lächeln: »Danke, Mum! Botschaft angekommen!«

Ich möchte an dieser Stelle ausdrücklich betonen, dass solche NTKen nicht durch einen Menschen mit übersinnlichen Fähigkeiten oder ein Medium vermittelt werden. Und es bedarf auch keiner speziellen Technik, um sie zu empfangen oder zu deuten. Es sind spirituelle Erlebnisse, die sich spontan ereignen. Sie können die verschiedensten Formen annehmen und sind normalerweise sehr persönlich. Für manche Menschen haben bestimmte Zeichen eine besondere Bedeutung. Um das zu veranschaulichen, möchte ich Ihnen eine rührende Geschichte von einer unsterblichen Liebe erzählen, die ich vor Kurzem gehört habe.

Sanddollars: Zeichen der Liebe

Es heißt, dass das Meer zu unserer Seele spricht. Oft bergen Strände auch besondere Schätze. Jeri und David hatten ein sehr schönes, romantisches Ritual: Sie gingen an den Strand – nicht um den Sonnenuntergang zu beobachten, sondern um Hand in Hand spazieren zu gehen und die majestätischen Ozeanwellen heranrollen zu sehen. Dabei suchten sie normalerweise auch immer nach angespülten Sanddollars. Dies war ihre Zeit des Miteinanders, und nur selten brachten sie davon nicht ein paar Sanddollars mit nach Hause. Jedes der hübschen Seeigelhäuschen war ein Andenken an ihre romantischen Spaziergänge. Natürlich konnten sie damals noch nicht ahnen, dass diese kleinen Schätze irgendwann einmal eine spezielle Bedeutung für sie haben würden.

Dann heirateten sie und bekamen eine Tochter, Riley, und zwei Söhne, Tegan und Logan. Ihr Leben schien fast vollkommen zu sein. Da war es natürlich ein furchtbarer Schock, als David an einer aggressiven Krebsform erkrankte und viel zu früh verstarb. Jeri verlor die Liebe ihres Lebens und ihren besten Freund; und ihre Kinder mussten fortan ohne den Vater aufwachsen, der sie so vergöttert hatte.

Eines Tages – ein paar Monate nach Davids Tod – saß Jeri mit ihrem jüngsten Sohn Logan, der damals 14 Jahre alt war, im Wohnzimmer. Beide hatten in der letzten Zeit oft an David denken müssen. Logan sollte in diesem Jahr auf die Highschool kommen, und sie wusste, wie sehr er sich gewünscht hätte, dass sein Vater am Einschulungstag an seiner Seite sein könne. Jeri spürte seine düsteren Gedanken, fasste nach seiner Hand und flüsterte ihm zu: »Hast du Lust, mit mir an den Sanddollarstrand zu gehen?« Noch bevor sie den Satz beendet hatte, war Logan schon lächelnd von der Couch gesprungen und rannte zur Tür – eine spontane Antwort.

Um diese Jahreszeit – der September hatte bereits begonnen – war der Strand mehr oder weniger menschenleer. Schweigend suchten die beiden nach Sanddollars, so, wie Jeri und David es früher so oft getan haben. Sie wanderten hin und her, schoben Sandhäufchen beiseite und suchten den Strand nach seinen Schätzen ab. Doch so sehr sie auch Ausschau hielten – sie fanden keinen einzigen Seeigel. Frust und Enttäuschung waren Logan deutlich anzumerken. Da blickte Jeri zum Himmel empor und bat ihren verstorbenen Mann in Gedanken: Bitte schick uns ein Zeichen, David. Logan kommt morgen in die Schule, und er könnte jetzt wirklich einen kleinen Gruß von dir aus dem Himmel gebrauchen.

Jeri wandte sich ab, damit Logan die Träne, die ihr dabei übers Gesicht lief, nicht sehen konnte. Da fiel ihr ein kleines Boot auf, das auf die Küste zusteuerte. Sie hätte schwören können, dass dieses Schiffchen vorher noch nicht da gewesen war, und wusste nicht, wo es herkam. Der Mann in dem Boot richtete sich auf, winkte ihnen zu und rief: »Hi! Sucht ihr Sanddollars?«

»Ja!«, schrien beide wie aus einem Mund aufgeregt zurück.

Da lächelte der Mann und zeigte auf eine Sandbank. »Versucht es mal da drüben!«

Jeri und Logan bedankten sich und liefen quer über den Strand zu der Sandbank. Sie blickte noch einmal kurz zurück; doch der Mann hatte sein Boot schon wieder gewendet und war weggefahren. *Seltsam, dass dieser Mann uns nicht gefragt hat, ob wir nach Muscheln, Meerglas oder herzförmigen Steinen suchen,* dachte Jeri. Nein, er hatte ausdrücklich von Sanddollars gesprochen!

Aufgeregt lief Logan vor ihr her in der Hoffnung, wenigstens ein solches Andenken an seinen verstorbenen Vater zu entdecken. Und zu seinem großen Erstaunen und Entzücken sah er tatsächlich schon bald klar und deutlich einen Sanddollar aus dem Sand herausragen! Und dann lag noch einer vor ihm, und noch einer. Je mehr sie suchten, umso mehr fanden sie.

Jeri lächelte, als sie den Freudenschrei ihres Sohnes hörte: »Mama, Mama, hier ist noch einer!« Sie fanden so viele, dass sie all ihre Taschen damit füllen konnten. Als sie wieder zum Auto zurückkehrten, zählten sie insgesamt 43 Sanddollars. Lächelnd schaute Logan zu ihr hoch, die Augen voller Tränen. »Das ist noch besser als ein Lottogewinn, Mama!«

Jeri war fest davon überzeugt, dass es David gewesen war, der ihnen bei der Suche geholfen hatte. Sie schloss die Augen und spürte einen sanften Windhauch über ihr Gesicht streichen wie einen Kuss. Seine Gegenwart war so deutlich spürbar, dass ihre Haut kribbelte.

»Woher wusste der Mann im Boot, wonach wir gesucht haben, Mama?«, fragte Logan immer wieder. »Das war bestimmt Papa, der uns ›hallo‹ sagen wollte!«

Ich bin sicher, dass noch viele weitere Sanddollars (und andere NTKen) auf Jeri und ihre Familie warten. Und diese kleinen Andenken werden stets glückliche Erinnerungen an die Sonne, das Lachen, die sorglosen Spaziergänge, liebevollen Umarmungen und zärtlichen Küsse wecken. Schon ein ganz einfaches Zeichen kann eine tief greifende Wirkung auf uns haben. Ein Symbol, das für uns eine spezielle Bedeutung hat, erfüllt unser Herz und unsere Seele. Von nun an weiß Jeri, dass David direkt neben ihr herläuft, wenn sie – allein oder mit ihren Kindern – an diesem Strand entlangwandert.

Nachtodkommunikation im Traum

Ich habe als Medium Tausende von Geschichten über solche Nachtodkommunikationen gehört. Bei einem Mann zog plötzlich ein Tabakgeruch durchs Haus und weckte Erinnerungen an seinen Vater, wie dieser sich früher immer seine Pfeife angezündet hatte. Eine Frau erzählte mir, sie habe plötzlich einen Kuss auf ihrer Stirn gespürt und gewusst, dass er von ihrem Mann kam, der sehr plötzlich verstorben war. Eine andere Frau berichtete von einer Kuhle in ihrer Bettdecke, die genau die gleiche Form hatte wie ihr vor Kurzem verstorbenes Haustier. Es gibt Hunderte von Wegen, auf denen Geistwesen nach ihrem Tod mit uns kommunizieren können; doch am häufigsten geschieht das im Traum.

Wenn Sie schlafen, muss Ihr Gehirn nicht so viel arbeiten wie sonst. Es ist ruhig und entspannt, und Ihre linke (analytisch denkende) Gehirnhälfte kann sich eine Pause gönnen, die sie dringend braucht. Um diese Zeit fällt es den Geistwesen am leichtesten, sich in unser Bewusstsein und unsere Psyche hineinzuschleichen. Allerdings passiert das nicht immer sofort nach dem Tod eines geliebten Menschen. Bei meiner Mutter hat es ein Jahr gedauert, bis sie mich nach ihrem Tod im Traum besuchen kam. Ich hatte sie auch nie ausdrücklich darum gebeten, aber doch irgendwie gewusst, dass das eines Tages geschehen würde.

Ich frage meine Zuhörer gern: »Wer von Ihnen hat schon mal von einem Verstorbenen geträumt und wusste mit hundertprozentiger Sicherheit, dass es wirklich dieser Mensch war, der ihm im Traum begegnet ist?« Da schießen immer sofort unzählige Hände in die Höhe. Ob dieser Traum nun Tage, Wochen oder vielleicht sogar schon Jahre her ist – normalerweise ist die Erinnerung an so eine Nachtodkommunikation beim Empfänger immer noch genauso lebendig, als hätte er den Traum erst in der vergangenen Nacht gehabt.

Wenn ich die Leute dann bitte, mir zu beschreiben, was in diesem Traum passiert ist, was gesagt wurde und wie die betreffende Person ausgesehen hat, bekomme ich normalerweise immer die gleiche Antwort: Erstens sehen diese Verstorbenen stets gesund und vital aus, auch wenn sie in ihrem physischen Leben krank gewesen waren, das Alter ihrem Körper zugesetzt hatte oder sie an einer Verletzung gestorben waren. Sie scheinen stets zu lächeln, gesund und heil zu sein. Und viele Menschen, die so eine Begegnung erlebt haben, erinnern sich sogar noch genau daran, wie sie im Traum zu ihnen sagten: »Was machst *du* denn hier – du bist doch tot!«

Normalerweise werden uns in solchen Träumen nur kurze Botschaften überbracht. Ohne den Mund zu öffnen, vermitteln die Geistwesen uns mit ihren Gedanken, dass sie weiterleben und ihre Hinterbliebenen immer noch lieben. Und was am allerwichtigsten ist: Sie *wollen*, dass ihre Angehörigen ihr Leben hier auf der Erde fortsetzen, glücklich sind und wissen, dass es eines Tages ein Wiedersehen geben wird.

In solchen Träumen werden Sie vielleicht eine Umarmung spüren, die sich so echt, so liebevoll anfühlt, dass Sie beim Aufwachen Tränen in den Augen haben. Vertrauen Sie ruhig darauf, dass es *wirklich* Ihr verstorbener Freund oder Angehöriger war, der Sie im Traum besucht und so zärtlich umarmt hat!

Natürlich sind nicht alle Träume von Verstorbenen echte NTKen. Vielleicht versucht Ihre Psyche damit nur, den Verlust eines geliebten Menschen zu bewältigen – vor allem, wenn es sich dabei um einen verstörenden Traum gehandelt hat oder Ihr Angehöriger darin eine negative oder für Sie bedrückende Rolle gespielt hat. Sie werden spüren, bei welchen Träumen es sich um echte NTKen handelt, denn solche Träume sind besonders klar, detailreich, liebevoll, angenehm und vor allem positiv.

Ich empfehle Ihnen, immer ein Tagebuch neben Ihrem Bett liegen zu haben, um Ihre Träume aufzuschreiben – egal, ob es sich dabei um NTKen handelt oder nicht. Dadurch gewöhnen Sie sich an, auf Ihre Träume zu achten und sich möglichst viele Details davon zu merken. Wenn Sie sich einen NTK-Traum von einem geliebten Verstorbenen herbeiwünschen, sollten Sie sich zunächst einmal ein bisschen Zeit nehmen, um zu meditieren oder sich in einen Zustand stiller Betrachtung zu versenken. Senden Sie der Person, die Ihnen im Traum begegnen soll, einen Gedanken. Konzentrieren Sie sich mit aller Liebe in Ihrem Herzen auf diesen Menschen. Bitten Sie ihn, Ihnen im Traum zu erscheinen, und teilen Sie ihm mit, dass Sie bereit und willens sind, eine Botschaft von ihm zu empfangen.

Und denken Sie immer daran: Vielleicht erscheint Ihnen daraufhin tatsächlich diese Person; es kann aber auch sein, dass irgendjemand anderes, mit dem Sie am allerwenigsten gerechnet hatten, mit einer Botschaft zu Ihnen durchdringt. Wundern Sie sich nicht darüber!

Zeichen und Symbole, die bei NTKs häufig auftauchen

Vielleicht wurden auch Sie schon einmal von einem Geistwesen besucht, auch wenn Ihnen das gar nicht richtig bewusst war. Hatten Sie zum Beispiel schon einmal das Gefühl, dass ein Verstorbener neben Ihnen stand, taten dies aber als reines Wunschdenken oder Hirngespinst ab? Haben Sie schon einmal etwas aus dem Augenwinkel gesehen, doch als Sie dann genau hinschauten, war es weg? Oder haben Sie Ihren Namen rufen hören, obwohl gar niemand da war? All das sind typische Formen von Nachtodkommunikation, mit denen die Seelen verstorbener Menschen Sie auf ihre Gegenwart aufmerksam machen möchten.

Da es für Geistwesen so viele Möglichkeiten gibt, Ihnen ein Zeichen zu geben, liste ich hier nur einige der häufigsten NKTen auf:

- Sie spüren die Gegenwart eines verstorbenen Menschen.
- Sie finden glänzende Münzen, beispielsweise Fünf- oder Zehn-Cent-Stücke.
- Elektrische Geräte schalten sich ein und aus.
- Das Telefon klingelt, und der Name des verstorbenen Menschen erscheint auf dem Display.
- Zeichen in der Natur, zum Beispiel ein Regenbogen, das plötzliche Erscheinen besonderer Tiere, Vögel oder Insekten (Schmetterlinge sind ein sehr häufiges Zeichen für die Anwesenheit von Verstorbenen!).
- Es erscheinen immer wieder die gleichen Zahlenfolgen.
- Ein Geruch, der keinen bekannten physischen Ursprung hat.
- Gegenstände gehen verloren und tauchen dann wie aus heiterem Himmel wieder auf.
- Gerade als Sie an einen verstorbenen Menschen denken, wird im Radio ein Lieblingssong von Ihnen gespielt.
- Synchronistische Ereignisse und andere seltsame »Zufälle«.
- Man sieht jemanden in der Ferne, der genauso aussieht wie der geliebte Verstorbene.
- Der Name eines Verstorbenen taucht genau in dem Augenblick auf, in dem man an ihn denkt.

Das sind nur ein paar Beispiele für die vielen verschiedenen Wege, auf denen verstorbene Freunde oder Angehörige versuchen können, Sie auf sich aufmerksam zu machen. Glauben Sie mir: Die Geistwesen lassen nichts unversucht, um mit Ihnen Kontakt aufzunehmen. Allerdings sollten Sie der Versuchung widerstehen, um solche Zeichen zu *bitten*; sie kommen nämlich mit größter Wahrscheinlichkeit dann, wenn man am wenigsten damit rechnet. Genau wie Sie hier auf der Erde ein Leben haben, gehen auch die Geistwesen im Jenseits bestimmten Tätigkeiten nach und stehen daher vielleicht nicht immer auf Abruf zur Verfügung.

Egal, welches Nachtodkommunikationszeichen Sie empfangen – solche Botschaften sind stets liebevoll, freudig und positiv; und normalerweise kommen sie immer genau dann, wenn Sie sie brauchen. Solche Zeichen sollten nicht unheimlich oder furchterregend sein oder Ihnen noch mehr Kummer verursachen, als Sie sowieso schon haben. Wie gesagt – NTKen sind eine Art der Geistwesen, Ihnen zu sagen: »Ich liebe dich und bin immer bei dir.«

Wenn Sie an Nachtodkommunikation glauben, so etwas aber noch nie selbst erlebt haben, sollten Sie sich vor Augen halten, dass die Seelen der Verstorbenen sich dabei nach Ihrem Gemütszustand richten. Wenn sie wissen, dass Sie immer noch ziemlich aufgewühlt sind und so ein Zeichen Sie nur aufregen oder noch trauriger machen würde, senden sie ihre Botschaften vielleicht erst einmal durch jemand anderen – so lange, bis Sie innerlich bereit sind, sie selbst zu empfangen.

Wenn Sie das Gefühl haben, offen und bereit für ein solches Zeichen zu sein, senden Sie dem verstorbenen Menschen einfach einen liebevollen Gedanken. Bitten Sie ihn, Ihnen ein Zeichen zu schicken, von dem Sie wissen, dass es nur von ihm sein kann; und dann bleiben Sie innerlich offen und versuchen, sich von allen Erwartungen darüber frei zu machen, wie dieses Zeichen Ihrer Meinung nach aussehen soll. Es kann sein, dass der Verstorbene Ihnen immer wieder das gleiche Symbol schickt; vielleicht erhalten Sie aber auch jedes Mal eine andere Botschaft. Glauben Sie mir: Die Seelen in der Geisterwelt wissen, wann Sie innerlich bereit dafür sind und wie sie Ihre Aufmerksamkeit am besten wecken können. Seien Sie dankbar für diese Botschaften und bewahren Sie sie liebevoll in Ihrem Herzen, denn sie sind wirklich *Grüße aus dem Himmel.*

»Ich stehe direkt neben dir«: Wie kann man selbstständig Kontakt zur Seele eines Verstorbenen aufnehmen?

Wenn Geistwesen Ihnen Botschaften senden können, kann man logischerweise davon ausgehen, dass auch Sie mit den Seelen Verstorbener Kontakt aufnehmen und kommunizieren können. Vorteilhaft dabei ist, dass Sie dann kein Medium brauchen, welches den Kontakt für Sie herstellt; und man muss auch keine besonderen Fähigkeiten besitzen, um so eine liebevolle Verbindung aufzubauen. Es gibt verschiedene Möglichkeiten, mit Verstorbenen zu kommunizieren und sogar täglich mit ihnen in Kontakt zu stehen; aber dazu braucht man erst einmal den festen Willen und den Glauben daran, dass es tatsächlich möglich ist!

Hier möchte ich noch einmal wiederholen, dass ein Verstorbener im Jenseits noch lange nicht plötzlich allwissend ist. Die Seelen können Sie liebevoll lenken und leiten und Ihnen helfen, wann immer es ihnen möglich ist; doch in die karmischen Lernaufgaben, die Sie in diesem Leben zu lernen haben, können sie nicht eingreifen. Ich kann mich noch genau an eine sehr nette Frau erinnern, die vor ein paar Jahren zu mir kam. Sie war sehr zufrieden mit ihrer Sitzung, denn ihre Mutter war dabei klar und deutlich durchgekommen. Doch als sie sich von mir verabschiedete, sagte sie:»Ich bin ein bisschen enttäuscht darüber, dass meine Mutter mir nicht gesagt hat, ob ich mich von meinem Mann scheiden lassen soll oder nicht.« Ich erklärte ihr, dass es nicht die Aufgabe ihrer Mutter im Jenseits sei, solche Entscheidungen für sie zu treffen. Es gibt bestimmte Lernaufgaben, die wir hier auf der Erde durchlaufen müssen; wir können nicht erwarten, dass die Geisterwelt uns alle Entscheidungen abnimmt und alle Fragen beantwortet.

Bei den Techniken, die ich nun beschreibe, handelt es sich nur um ein paar der Methoden, durch die man mit geliebten Verstorbenen Kontakt aufnehmen kann, *ohne* übersinnliche Fähigkeiten zu besitzen. Falls Sie Ihre medialen Gaben noch weiter entwickeln möchten, sind diese Techniken ein guter Ausgangspunkt dafür. (In Teil II dieses Buchs gehe ich näher auf die Ausbildung medialer Fähigkeiten ein.)

Es gibt viele Möglichkeiten, mit der Geisterwelt in Kontakt zu treten, aber kein Universalrezept dafür. Was beim einen zu einer Kontaktaufnahme mit dem Jenseits führt, bewirkt beim anderen vielleicht überhaupt nichts. Man muss also verschiedene Techniken ausprobieren, um die für sich am besten geeignete zu finden. Ich hoffe, dass es Ihnen und der Seele Ihres verstorbenen Freundes oder Angehörigen mit einer der folgenden Methoden gelingen wird, diese Liebesbrücke über zwei Welten zu schlagen.

Meditation: Der Weg in die Stille

Wer mit der Geisterwelt kommunizieren möchte, muss zunächst einmal seine Gedanken zur Ruhe bringen und einen klaren Kopf bekommen. Meditation kann zum Bau dieser Brücke zwischen zwei Welten beitragen, weil sich Ihr Bewusstsein erhöht. Während Sie meditieren, haben Geistwesen die Möglichkeit, Ihnen ihre Gedanken einzugeben.

Meditation ist ein Bewusstseinszustand, in dem Ihr aktives Denken sich verlangsamt – eine Zeit stiller Betrachtung, durch die Sie einen Zustand innerer Klarheit erreichen. Mit etwas Zeit und Übung kann die Meditation Sie in einen Zustand versetzen, in dem der ständige innere Dialog Ihrer Gedanken verstummt. Dabei werden Sie sich der im ständigen Fluss befindlichen feinstofflichen Energien in Ihrem Inneren stärker bewusst. Auch wenn es Ihnen unmöglich erscheint: Sie können sich tatsächlich darauf trainieren, das Kommen und Gehen Ihrer Gedanken zu beobachten wie Ebbe und Flut. Mit der Zeit verlieren die Gedanken, die Sie zu Beginn Ihrer Meditationspraxis immer wieder abgelenkt haben, ihre Macht über Ihr Bewusstsein.

Es gibt viele Formen der Meditation. Wählen Sie die aus, die bei Ihnen am wirksamsten ist! In einem meiner früheren Bücher (*Psychic*

Navigator) habe ich ein paar sehr hilfreiche Meditationstechniken beschrieben.

Versuchen Sie anfangs, nur zehn bis fünfzehn Minuten lang zu meditieren. Sobald Sie die Meditationspraxis besser beherrschen, können Sie diese Dauer allmählich verlängern, bis Sie schließlich so lange meditieren, wie Sie es als angenehm empfinden oder für notwendig halten. Es ist wichtig, eine feste Zeit für die Meditation in Ihren Tagesablauf einzuplanen. Betrachten Sie diese Meditationszeit als eine Art Verabredung mit sich selbst! Versuchen Sie, möglichst jeden Tag um dieselbe Zeit und am selben Ort zu meditieren. Dadurch baut sich dort eine positive Kraft auf. Sie werden nicht nur die ruhige Energie an diesem Ort als angenehm empfinden; auch Ihre Brücke zur jenseitigen Welt wird durch die Meditation mit der Zeit immer stärker werden. Wundern Sie sich nicht, wenn andere Menschen Ihnen sagen, dass sie eine Atmosphäre der Ruhe und des Friedens verspüren, sobald sie Ihren Meditationsplatz betreten! Das hat alles etwas mit der dort herrschenden Energie zu tun.

Laden Sie die Geistwesen zu sich ein

Die Seelen Verstorbener wissen, dass Sie mit ihnen Kontakt aufzunehmen versuchen. Also laden Sie sie ruhig zu einem privaten Familientreffen ein! Das ist ganz einfach:

- Suchen Sie sich einen bequemen Ort (zum Beispiel Ihren Meditationsplatz) und zünden Sie auf einem Tisch eine kleine Kerze an. Stellen Sie ein Foto des Verstorbenen vor sich hin. Versuchen Sie, ein Bild zu finden, auf dem er möglichst glücklich wirkt, denn so sieht er jetzt aus! Schauen Sie diesem Menschen auf dem Foto ein paar Sekunden lang in die Augen.
- Und nun nehmen Sie sich fest vor, offen für Botschaften oder Zeichen von ihm zu sein. Indem Sie diesen Vorsatz fassen, la-

den Sie seine Seele liebevoll – mit offenem Geist und Herzen – zu sich ein. Ihnen kann dabei nichts geschehen. Sie haben alles unter Kontrolle, weil Sie derjenige sind, der Kontakt zu dem Verstorbenen aufnimmt. Wenn Sie das Gefühl haben, Schutz zu brauchen, umgeben Sie sich in Gedanken mit weißem Licht und bitten Sie darum, nur Botschaften zu empfangen, die Ihrem höchsten Wohl dienen.

- Schließen Sie die Augen und meditieren Sie, um einen klaren Kopf zu bekommen und in Ihrem Geist Platz für die Kommunikation mit dem Verstorbenen zu schaffen. Sehen Sie das Bild dieses Menschen, dessen Foto Sie vorher betrachtet haben, vor Ihrem inneren Auge.

- Und nun senden Sie seiner Seele einen liebevollen Gedanken und laden Sie ihn zu sich ein. Sagen Sie ihm, dass es gut und richtig ist, wenn er jetzt zu Ihnen kommt. Denken Sie daran, dass sich die Geistwesen bei dieser Kontaktaufnahme an Ihrer seelischen Verfassung orientieren und Ihnen nur dann erscheinen, wenn sie sicher sein können, Sie dadurch nicht zu sehr aufzuregen.

- Stellen Sie in Gedanken eine Frage und warten Sie dann geduldig ab. Versuchen Sie, alle Erwartungen aus Ihrem Kopf zu verbannen. Wenn Sie sichergehen möchten, keine Botschaft zu empfangen, die Ihrer Fantasie entspringt, ist Geduld die wichtigste Voraussetzung dafür. Vielleicht fühlen Sie jetzt, dass die Seele des Verstorbenen sich Ihnen nähert, oder Sie spüren einen leisen Windhauch, einen zarten Kuss oder eine sanfte Umarmung. Es kann auch sein, dass Sie ein Wort oder einen Satz hören, ein Bild oder Symbol sehen. Manche Menschen nehmen sogar einen Geruch – etwa Parfüm oder Blumenduft – wahr. (Aber machen Sie sich keine Sorgen, wenn Sie das Gefühl haben, nicht sofort eine Botschaft oder ein Zeichen zu empfangen! Vielleicht erhalten Sie die Antwort gerade dann, wenn Sie am wenigsten damit rechnen.)

- Und was am allerwichtigsten ist: Vertrauen Sie auf die Botschaft, die Sie empfangen, und versuchen Sie, diese nicht zu manipulieren oder in eine vorgefasste Vorstellung davon hineinzupressen, was Sie hören wollten oder Ihrer Meinung nach hören sollten. Wie gesagt: Die Seelen der Verstorbenen besitzen keinen physischen Körper mehr; also müssen auch sie erst lernen, diese neue Form der Kommunikation mit Ihnen aufzubauen. Beim ersten Mal ist das für Sie beide ein Lernprozess. Da Sie erst lernen müssen, miteinander zu kommunizieren, ist am Anfang gar nichts dagegen einzuwenden, wenn Sie sich einfach nur mit dem Geistwesen unterhalten, ohne etwas anderes (beispielsweise eine Antwort auf Ihre Frage) zu erwarten. Jedes Mal, wenn Sie in Gedanken mit diesem Wesen sprechen, wird Ihre Verbindung zueinander stärker. Je öfter Sie Kontakt zueinander aufnehmen, umso leichter wird es Ihnen mit der Zeit gelingen, diese Brücke zur Seele des geliebten Verstorbenen aufzubauen.
- Bedanken Sie sich zum Schluss für sein Kommen und verabschieden Sie sich mit den Worten »Auf Wiedersehen« oder »Bis später«, weil Sie ja wissen, dass Sie jederzeit wieder mit ihm in Kontakt treten können.

Eine mediale Datenbank

Die Geisterwelt spricht in Worten, Bildern, Gefühlen und Symbolen zu mir. Ich erinnere mich noch an einen einfachen und doch wahren Spruch, den ich lernte, als ich gerade meine medialen Anlagen entwickelte: Ein Geistwesen verschwendet niemals einen Gedanken.

Schickt mir eine Seele ein Symbol, muss ich das Richtige damit assoziieren. Erkenne ich bei einer solchen Botschaft beispielsweise ein Ahornblatt, ist das häufig ein Hinweis auf Kanada. Die Geistwesen wissen, dass ein Ahornblatt für mich eher für das Land als für das Wort

Ahorn steht, sodass ich nicht auf eine falsche Spur gerate, wenn sie mir dieses Symbol schicken. Ein Wasserfall steht für mich immer für den Bundesstaat New York; und ein Regenbogen bedeutet, dass eine Botschaft etwas mit einem Künstler zu tun hat. Zeigt mir die Geisterwelt eine Geburtstagstorte, weiß ich, dass jemand Geburtstag hat oder demnächst eine Feier ansteht. Präsentiert mir ein Geistwesen die Zahl Eins, bedeutet dies entweder, dass der Mensch, für den ich das Reading veranstalte, das einzige oder erstgeborene Kind des Verstorbenen ist oder dass er sich vor seinem Tod um ihn gekümmert hat. Eine Schere verrät mir, dass jemand im Umfeld der betreffenden Person als Friseur tätig ist. Das sind nur ein paar Beispiele für Bilder, die ich häufig aus der Geisterwelt bekomme.

Als ich anfing, regelmäßig mit dem Jenseits in Kontakt zu treten, trug ich alle Bilder und Symbole in mein Tagebuch ein. Ich fragte mich: »Was bedeutet dieses Symbol für mich?« Oder: »Was bedeutet das für den verstorbenen Menschen [Mutter, Vater, Kind etc.], mit dem ich gerade Kontakt aufnehme?« Je öfter man sich solche Fragen stellt, mit umso größerer Wahrscheinlichkeit wird man immer die gleichen Symbole für bestimmte Situationen erhalten.

So konnte ich mir im Lauf der Jahre eine mediale Datenbank (wie ich es gern nenne) aus Erinnerungen, Bildern, Zeichen und Symbolen aufbauen. Doch man darf dabei nicht vergessen, dass das lediglich meine persönlichen Symbole sind. Für mich hat ein bestimmtes Bild oder Symbol eine bestimmte Bedeutung, während es für jemand anderen etwas ganz anderes darstellt. Deshalb ist es so wichtig, dass Sie sich *Ihre eigene* Symbol-Datenbank aufbauen, sobald Sie Botschaften aus dem Jenseits erhalten. Legen Sie ein Tagebuch an und tragen Sie dort Ihre Analysen und Interpretationen der Symbole ein, die Sie beim Kontakt mit den Verstorbenen empfangen. So entsteht eine ganz persönliche Sprache, und bald nutzen die Geistwesen den Inhalt Ihrer Datenbank immer wieder, um Ihnen Botschaften zu übermitteln. Diese Form der Teamarbeit funktioniert ganz hervorragend!

Persönliche Gegenstände

Alles – auch alle Gegenstände und unsere persönlichen Besitztümer – besteht aus Energie und schwingt auf einer etwas anderen Frequenz. Wenn eine Freundin von mir mit ihrem Mann sprechen möchte, der vor einem Jahr gestorben ist, spielt sie mit seinem Ehering, den sie jetzt an einer Kette um den Hals trägt. Das ist ihr Signal, mit dem sie ihm zu verstehen gibt, dass er zu ihr kommen soll. Wenn Rose, eine meiner Klientinnen, mit ihrer Großmutter Kontakt aufnehmen möchte, berührt sie die antike Brosche, die diese ihr geschenkt hat; und ein Mann hat mir erzählt, dass er jedes Mal, wenn er sich seinem Vater nahe fühlen möchte, einen Pullover von ihm in die Hand nimmt.

Die meisten Leute besitzen Gegenstände, die früher einmal jemand anderem gehört haben oder die ihnen von einem wichtigen Menschen geschenkt oder hinterlassen worden sind. Solche Objekte nehmen einen besonderen Platz in unserem Herzen ein. Wenn Sie mit der Geisterwelt in Kontakt treten möchten, nehmen Sie einfach so einen Gegenstand in die Hand und senden Sie dem Verstorbenen, mit dem Sie in Kontakt treten möchten, einen liebevollen Gedanken. Damit signalisieren Sie ihm, dass Sie an ihn denken, und laden ihn zu sich ein. Und wenn Sie sich einmal dabei ertappen, wie Sie diesen Gegenstand plötzlich in die Hand nehmen, berühren oder damit herumspielen, könnte es sein, dass dieser Verstorbene gerade an Sie denkt. So tritt die Geisterwelt mit uns in Kontakt.

Beten Sie

Vielen Lesern dieses Buchs ist bewusst, dass wir Teil eines größeren Ganzen sind. Manche bezeichnen diese höhere Instanz als *Gott, Geist* oder *Schöpfer.* Die meisten Religionen sind sich darüber einig, dass es einen Ursprung allen Seins gibt, der uns liebt – egal, wer wir sind oder unter welchen Umständen wir leben. Da ist es ganz normal, dass wir uns danach sehnen, mit diesem göttlichen Ursprung Kontakt aufzunehmen. Diese höhere Instanz möchte gerne auf Sie und Ihre Bedürfnisse eingehen; aber sie erwartet auch eine Antwort von Ihnen. Sie will Ihnen helfen; doch diese Kommunikation darf keine Einbahnstraße sein.

Durch ausgesprochene oder unausgesprochene Gebete kommunizieren wir mit Gott, einer höheren Macht, dem Universum oder dem, was ich als göttlichen Ursprung bezeichne. Oder einfacher ausgedrückt: Immer wenn Sie beten, treten Sie mit dieser höheren Instanz in Kontakt. So können wir eine Beziehung zum Ursprung allen Seins aufbauen, die unser Leben in vielerlei Hinsicht bereichern kann. Wir können zum Beispiel für die Seelen Verstorbener im Jenseits beten, und sie können das Gleiche für uns tun. Ich empfinde es übrigens auch als sehr hilfreich, *zu* bestimmten Verstorbenen zu beten. Meiner Überzeugung nach sind Gebete nichts anderes als liebevolle Gedanken.

Selbst wenn Sie nicht so recht an Gott glauben und auch keiner bestimmten Religion anhängen, ertappen Sie sich vielleicht doch hin und wieder beim Sprechen eines kleinen Dankgebets – auch wenn Ihnen nicht hundertprozentig klar ist, bei *wem* Sie sich da eigentlich bedanken. Durch Gebete kann man eine Beziehung zu etwas oder jemandem aufbauen, den man nicht sieht, der aber trotzdem da ist. Der Prediger Max Lucado hat die Macht des Gebets sehr schön beschrieben: »Vielleicht sind unsere Gebete unbeholfen, unsere Versuche schwach und halbherzig. Doch da die Macht des Gebets nicht in demjenigen liegt, der es spricht, sondern in dem, der es hört, können wir mit unseren Gebeten doch etwas bewirken.«

Blick in den Spiegel: Ein visionäres Erlebnis

Können wir Verstorbene auch von Angesicht zu Angesicht sehen? Nach Meinung von Dr. Raymond Moody ist das tatsächlich möglich, und zwar indem wir *in einen Spiegel schauen*. Moody hat dazu eine be-

sondere Methode entwickelt, bei der er sich auf uralte Techniken stütz-
te, die man vor 2500 Jahren beim Totenorakel in Ephyra (Griechenland) einsetzte. Dabei setzt man sich in einen abgedunkelten Raum mit
einem großen Spiegel, ein sogenanntes Psychomanteum. Im Lauf der
Jahre habe ich Dr. Moody oft von Menschen sprechen hören, die in
diesen Spiegel schauten und daraufhin persönlich mit einem geliebten
Verstorbenen in Kontakt treten konnten.

Dazu braucht man übrigens keine Kammer; ein ganz normaler
Spiegel reicht völlig aus, um Ihnen das Tor zum Jenseits zu öffnen. Sie
müssen dazu nur Folgendes tun:

- Setzen Sie sich bequem hin und schauen Sie intensiv in einen
  großen, sauberen Spiegel. Er sollte entweder vor Ihnen hängen
  oder auf einem Tisch stehen, damit Sie bequem hineinschauen
  können.
- Stellen Sie eine Kerze hinter sich, sodass Sie nicht direkt ins
  Kerzenlicht schauen. Das Zimmer sollte nur schwach erleuchtet
  sein – gerade so hell, dass Sie Ihr Spiegelbild erkennen können.
  Ich habe festgestellt: Je spärlicher die Beleuchtung im Zimmer,
  umso besser das Ergebnis.
- Entspannen Sie sich, bis sich Ihr Körper ganz schwer anfühlt.
  Sobald Sie bereit sind, schauen Sie in den Spiegel, ohne etwas
  Bestimmtes sehen zu wollen – also ohne Ihren Blick zu fokussieren. Entspannen Sie Ihre Augen und schauen Sie einfach vor
  sich hin. Manche Menschen sagen, dass der Spiegel dann wolkig
  wird oder ein feiner grauer Nebel darauf erscheint. Das ist völlig
  normal; Ihre Augen spielen Ihnen also keinen Streich! Lassen
  Sie es einfach geschehen, denn normalerweise ist das ein Zeichen dafür, dass Ihnen jetzt gleich eine Vision erscheinen wird.
- Falls Bilder vor Ihren Augen auftauchen sollten, versuchen Sie
  bitte nicht, diese in irgendeiner Weise zu steuern. Bleiben Sie
  einfach ganz locker und entspannt und lassen Sie den Bildern,

die sich vor Ihren Augen entfalten, freien Lauf. Vielleicht sehen Sie einen Verstorbenen, ein Haustier, das von Ihnen gegangen ist, oder eine besondere Situation aus der Vergangenheit läuft vor Ihnen ab. Manche Leute berichteten mir sogar, dass ihnen diese Bilder dreidimensional – also auch außerhalb der Spiegelfläche – erschienen sind. Solche Visionen können sekunden- bis minutenlang anhalten. Je öfter Sie diese Technik praktizieren, umso besser werden Sie sie beherrschen und umso länger dauern Ihre Visionen. Aber wundern Sie sich nicht und machen Sie sich auch keine Sorgen, wenn Sie anfangs überhaupt nichts erkennen. Vielleicht *spüren* Sie die geliebten Verstorbenen einfach nur um sich herum, statt sie zu sehen!

- Anschließend bringen Sie Ihre Erlebnisse so genau wie möglich zu Papier. Vielleicht kommt irgendwann der Zeitpunkt, an dem Sie eine liebevolle Inspiration aus der Geisterwelt benötigen oder über ein Bild nachdenken müssen, das Ihnen während dieser Spiegelschau erschienen ist.

Tonbandstimmen (TBS)

Spekulationen zufolge hat Thomas Edison kurz vor seinem Tod an einer Maschine gearbeitet, mit deren Hilfe man mit Verstorbenen sprechen kann. Dieses Gerät wurde auch scherzhaft als »Geistertelefon« bezeichnet; und wenn überhaupt irgendjemand so etwas Geniales hätte erfinden können, wäre es garantiert Edison gewesen. Natürlich wurde diese Vorrichtung niemals entdeckt; aber vielleicht gibt es auch noch eine andere Möglichkeit, sich auf elektronischem Weg mit Geistern zu verständigen!

Die Parapsychologie beschäftigt sich intensiv mit dem Phänomen der Telefonstimmen (TFS). Das sind elektronisch aufgezeichnete Geräusche, die für das menschliche Ohr nicht wahrnehmbar sind. Durch den Parapsychologen Konstantin Raudive wurde diese Idee in den 1970er-Jahren populär. Seiner Beschreibung nach ist eine Telefonstimmenbotschaft normalerweise sehr kurz: Sie umfasst nicht mehr als ein Wort oder einen kurzen Satz. Ich habe selbst schon solche TFS gehört, und obwohl sie normalerweise von Störgeräuschen begleitet sind, ist dabei doch klar und deutlich eine Stimme zu erkennen.

Diese Technik eignet sich vielleicht nicht für jeden; doch manchen gelingt es, so mit der Geisterwelt in Kontakt zu treten. Falls Sie am Thema TFS interessiert sind und sich näher damit beschäftigen möchten, empfehle ich Ihnen grundsätzlich: Immer, wenn Sie mit etwas Unverständlichem konfrontiert werden, mit beiden Füßen auf dem Boden zu bleiben und auf Ihre Intuition zu vertrauen: Wenn es sich für Sie nicht richtig anfühlt, sollten Sie sich nicht weiter damit befassen.

Durch Therapeuten herbeigeführte Kommunikation mit Verstorbenen

Ich finde es fantastisch, wie die Geisterwelt und das Phänomen der Synchronizität zusammen genau das manifestieren, was gerade benötigt wird! Ich war auf der Suche nach einer weiteren Technik, mit der man ohne fremde Hilfe Kontakt zu Verstorbenen aufnehmen kann, und natürlich haben »sie« mich dabei nicht im Stich gelassen. Bei den Recherchen für dieses Kapitel meldete sich ein freundlicher Herr und informierte mich über seine Organisation. Es war Dr. phil. R. Craig Hogan, der Vorsitzende des Afterlife Research & Education Institute. Ich erklärte ihm, dass er *genau* zum richtigen Zeitpunkt Kontakt mit mir aufgenommen habe.

Craig und die Mitbegründer seines Instituts haben sich dem Ziel der Aufklärung über Kommunikationsmethoden mit der Geisterwelt verschrieben, damit jeder selbst mit geliebten Menschen im Jenseits Kontakt aufnehmen kann. Diese Leute möchten ihr Wissen über veränderte Bewusstseinszustände und Fortschritte in der Kommunikationstechnologie gern an die Öffentlichkeit bringen und haben mich auf ein paar sehr wirksame, erst seit Kurzem bekannte Jenseitskontaktmethoden hingewiesen. »Wir stehen an der Schwelle eines Zeitalters, in der die Kommunikation mit der Geisterwelt etwas völlig Normales sein wird«, behauptet Craig.

Es war schon eine merkwürdige Synchronizität, dass er sich ausgerechnet dann bei mir meldete, als ich an diesem Kapitel schrieb, in dem es darum geht, wie man ohne Hilfe eines Mediums mit Verstorbenen in Kontakt treten kann. Ich fand unser Gespräch so faszinierend, dass ich Craig zur wöchentlich stattfindenden Radiosendung *Spirit Connections* des Hay House Verlags einlud. Während meines Interviews mit ihm berichtete er mir von einer neuen, faszinierenden Technik namens »Repair and Reattachment Grief Therapy«, die von Teilnehmern einer Studie mit professionellen Therapeuten als gut bewertet wurde.

Diese Therapie wird von Ehe- und Familienberatern, Sozialarbeitern, Psychologen und Psychiatern angeboten und kann tiefe Trauer um einen Verstorbenen lindern oder sogar völlig auflösen. Im Rahmen der Therapie wird die Interpretation des Todesfalls mit allem, was dazugehört (negativen Überzeugungen oder Bildern, Schuldgefühlen, Zorn und seelischer Verletzung) verändert und durch Gefühle der Beruhigung, Freude, Liebe, Verbundenheit und des inneren Friedens ersetzt. Normalerweise wird der Klient dabei für sein Gefühl der Trauer über den Verlust des geliebten Menschen desensibilisiert, sodass seine Erinnerung daran verblasst und die Traurigkeit schließlich abklingt. Die Menschen vergessen den Verstorbenen zwar nicht, sehen ihn aber nach so einer Therapiesitzung in einem positiveren Licht, und meist verschwindet dann auch das Gefühl der Traurigkeit.

Dabei stellt der Therapeut selbst keinen Kontakt zu dem Verstorbenen im Jenseits her, sondern der Klient tritt *unter seiner Anleitung* persönlich mit ihm in Verbindung. Der Psychotherapeut ist kein Medium und kann Art oder Inhalt dieser Kommunikation nicht beeinflussen. Der Jenseitskontakt entsteht auf natürliche und einfache Weise, sobald der Klient sich in einen offenen, aufnahmebereiten Zustand versetzt – in etwa so, wie man normalerweise von selbst einschläft, wenn man sich in ein bequemes Bett legt. In der Regel dauern die Sitzungen vier bis fünf Stunden. Dabei erlebt der Klient normalerweise eine Nachtodkommunikation.

Vielleicht werden Sie sich jetzt fragen: *Ist das wirklich ein echter Jenseitskontakt, oder findet diese Kommunikation einfach nur im Kopf des Klienten statt? Ist das womöglich nur Fantasie oder Wunschdenken?* Es mag wohl genügen, an dieser Stelle darauf hinzuweisen, dass es den Menschen, die sich einer solchen Therapie unterziehen, gut geht und sie hinterher das Gefühl haben, dem geliebten Verstorbenen tatsächlich begegnet zu sein.

Wie gesagt: Diese Technik ist noch neu; und da heutzutage so viele Menschen durch Trauerbegleiter und Psychotherapeuten in ihrem Trauerprozess unterstützt werden und mit der Geisterwelt in Kontakt treten, werden wir in Zukunft sicherlich noch mehr von ihr hören. Falls Sie Interesse daran haben sollten, ist es *sehr* wichtig, sich einen professionell ausgebildeten Therapeuten dafür zu suchen. Informationen über das Afterlife Research & Education Institute finden Sie im Anhang dieses Buchs.

***

Der Wunsch, sich mit dem Leben nach dem Tod zu befassen, ist normal und natürlich. Das tun die Menschen schon seit Jahrtausenden. Ich hoffe, Ihnen mit dieser kurzen Übersicht ein paar Ideen und Techniken vermittelt zu haben, die Ihnen dabei helfen werden, mit den Seelen geliebter Verstorbener in Kontakt zu bleiben und zu kommunizieren. Und was am allerwichtigsten ist: Bleiben Sie dabei innerlich offen! Probieren Sie verschiedene Methoden aus, bis Sie diejenige finden, die bei Ihnen gut funktioniert. Jedes Mal, wenn Sie mit der Seele eines geliebten Menschen im Jenseits Kontakt aufnehmen, bauen Sie an dieser Brücke der Liebe weiter, und die Verbindung zwischen den beiden Welten wird allmählich immer stärker.

Natürlich steigen viele Emotionen in uns auf, wenn wir einen geliebten Menschen verlieren. Nehmen Sie sich die Zeit, diese Gefühle anzunehmen und sich damit auseinanderzusetzen! Die Verstorbenen leben wirklich weiter; einen wichtigen Menschen kann man niemals *wirklich* verlieren. Komme, was wolle – wir stehen nach wie vor mit den Seelen dieser Menschen in Kontakt. Weder der Tod noch die Zeit kann Ihnen diese Verbindung nehmen. Die Liebe stirbt niemals.

Kapitel 5:

MEDIEN UND HILFESUCHENDE MENSCHEN

Ich glaube, dass wir uns dank der heutigen Auswahl aus Hunderten von Fernsehkanälen und -programmen zu einer bewussteren und aufgeschlosseneren Gesellschaft entwickelt haben. Durch uns miteinander verbindende Filme, Bücher und soziale Netzwerke erfahren wir immer mehr über die Arbeit von Medien. Die modernen Technologien bringen Nischenthemen wie Medialität und Jenseitskontakte zu allen Menschen; derlei Informationen sind inzwischen auf den verschiedensten Plattformen für jedermann zugänglich.

Ich bin äußerst dankbar dafür, dass die Aufklärung über seriöse Medien nun an die Öffentlichkeit getragen wird; trotzdem gibt es immer noch viele falsche Vorstellungen über Medien und ihre Arbeitsweise. Als ich mit meiner medialen Tätigkeit begann, veranstaltete ich private Readings zu Hause. Mehr als einmal wurde ich von den Teilnehmern gefragt »Ist Ihr Vater da?«, wenn ich ihnen die Tür öffnete.

»Wen suchen Sie denn?«, fragte ich dann.

»John Holland«, lautete die Antwort.

»Das bin ich!«, lächelte ich.

Dann entschuldigten sich die Leute, lachten oder schauten einfach nur verlegen, was ich immer sehr komisch fand. Sie gaben zu, dass ich nicht so aussah, wie sie erwartet hatten. Mit Sicherheit hatten sie nicht mit einem jungen Typen in Jeans und T-Shirt gerechnet, sondern mit einem älteren Herrn! Ich weiß noch, wie ich vor einer meiner Jenseitskontakt-Demonstrationen von meinem Auto zum Veranstaltungszentrum hinüberging und das Gespräch zweier Frauen mithörte, die sich mein Foto in der Broschüre ansahen. »Der sieht ja ganz normal aus, Helen«, sagte die eine. Am liebsten hätte ich mich in das Gespräch eingeschaltet und gesagt: »Tut mir leid, aber meinen Umhang und meinen Turban habe ich heute leider zu Hause gelassen!«

Nur allzu viele Leute glauben daran, was sie im Fernsehen oder in Filmen sehen, wo Medien häufig etwas Theatralisches anhaftet. Ein solcher Film, *Der sechste Sinn*, wurde im Jahr 1999 zum weltweiten Kassenschlager. Die Hauptrolle darin spielte ein verstörter, verängstigter Junge (Cole Sear), der ständig von bedrohlichen Geistern verfolgt wurde. Glauben Sie mir: Wenn sich die Geistwesen aus dem Jenseits mir in so schreckenerregender Gestalt zeigen würden wie in diesem Film, wäre ich garantiert nicht Medium geworden!

Bestimmt haben auch Sie schon Darstellungen von Medien gesehen, die in einem verdunkelten, von gespenstischem Kerzenschein erleuchteten Zimmer sitzen. Sie verdrehen die Augen, winden sich auf ihren Stühlen und sprechen in Trance. Und das Ganze natürlich mit gruseliger Hintergrundmusik!

Ich weiß, dass das alles nur dem dramatischen Effekt dient; trotzdem sollten Sie sich klarmachen, dass echte Medien ebenso aussehen wie Sie und sich auch nicht anders anziehen. Und auch die Geistwesen haben nichts Furchterregendes an sich. Ich gebe mir große Mühe, darüber aufzuklären, dass die Aura des Unheimlichen, die Medien in der Fantasie vieler Menschen immer noch anhaftet, ein Mythos ist. Warum soll man den Prozess des Sterbens mit unnötigen Ängsten begleiten?

Die meisten Leute haben auch ohne diese dramatischen Schilderungen schon genug Angst vor dem Tod.

Doch bevor wir uns damit beschäftigen, was Medien sind, wie sie arbeiten und was man von ihnen erwarten kann, möchte ich zunächst einmal einen sehr wichtigen, weitverbreiteten Irrtum aufklären …

Worin besteht der Unterschied zwischen einem Hellseher und einem Medium?

Hellseher und Medien sind keineswegs dasselbe. Es gibt einen Satz, der diesen Unterschied sehr gut auf den Punkt bringt: Alle Medien sind Hellseher, aber nicht alle Hellseher sind Medien. Das möchte ich Ihnen nun etwas genauer erklären.

Ein Hellseher liest Ihre Aura, um Ihre Vergangenheit, Gegenwart und mögliche Zukunft zu erkennen, während ein Medium seine Informationen direkt von Geistwesen aus dem Jenseits bezieht. Man könnte also sagen, dass ein Hellseher Informationen *wahrnimmt*, während ein Medium sie *empfängt*.

Gut ausgebildete Hellseher können Menschen, die sich an sie wenden, sehr gut bei der Bewältigung von Alltagsproblemen oder beruflichen Entscheidungen helfen und ihnen Ratschläge und Empfehlungen geben. Oft bestätigen sie damit nur das, was der Klient intuitiv ohnehin schon weiß. Hellseher können bei der Bewältigung der Hürden und dem Umgehen der Stolpersteine des Lebens eine große Hilfe sein. Ihre Aufgabe ist es, den Klienten mithilfe ihrer übersinnlichen Fähigkeiten zu beraten.

Bitte beachten Sie, dass Sie dabei – wie immer – einen absolut freien Willen haben. Der Hellseher gibt Ihnen keine Anweisungen, sondern nur Ratschläge. Setzen Sie Ihren gesunden Menschenverstand ein, um zu beurteilen, ob sich seine Empfehlungen für Sie richtig anfühlen oder nicht! Wenn Sie zu einem Hellseher gehen möchten, suchen Sie sich bitte einen seriösen oder wenden Sie sich an jemanden, von dem Sie schon Positives gehört haben. Und falls dieser Hellseher von einem Fluch sprechen sollte oder Sie immer wieder Zahlungen leisten müssen, um Unglück oder eine Pechsträhne abzuwenden, ergreifen Sie bitte sofort die Flucht!

Als ich in jungen Jahren meine übersinnlichen Fähigkeiten entdeckte, arbeitete ich zunächst als Hellseher. Doch dann traten die Geistwesen aus dem Jenseits in mein Leben, und mir wurde rasch klar, dass man beides – Hellseher und Medium – zugleich sein kann. Heute erkläre ich meinen Klienten immer genau den Unterschied zwischen den Informationen, die ich aufgrund meiner übersinnlichen Fähigkeiten erhalte, und den Botschaften, die ich von den Seelen Verstorbenen empfange. Ein gutes Medium, das gleichzeitig auch hellseherisch tätig ist, sollte stets darauf hinweisen, aus welcher Quelle seine Informationen stammen.

Ich kann durchaus verstehen, dass manche Menschen mit einem gewissen Gefühl der Beklommenheit zu mir kommen – entweder weil sie nichts über den Verlauf einer Kontaktaufnahme mit dem Jenseits wissen oder weil sie aufgrund von bestimmten Unterhaltungssendungen über dieses Thema eine vorgefasste Meinung dazu haben. Ich kann Ihnen jedoch versichern, dass nichts Beängstigendes oder Dramatisches geschieht, wenn sich Wesen aus der Geisterwelt bei mir melden und mir ihre Botschaften übermitteln. Schließlich sind es immer noch Ihre Freunde und Angehörigen. Genau dieselben Menschen, die Sie hier auf der Erde geliebt haben, dringen genauso zu Ihnen durch, wie Sie sie in Erinnerung haben – liebevoll, humorvoll, scharfsinnig, fröhlich oder vielleicht auch schlecht gelaunt! Glauben Sie mir: Sie werden sie wiedererkennen. Denn die Geistwesen geben sich große Mühe, ihre Identität zu beweisen, indem sie mir persönliche Informationen liefern, die nur ihnen selbst und dem Empfänger der Botschaft bekannt sind.

Bei solchen Readings ist es so ähnlich, als wenn Sie mit einem Freund an einem Familientreffen teilnehmen würden. Oft fließen dabei Tränen, aber es wird auch viel gelacht. Ihre Freunde und Angehörigen im Jenseits wollen, dass Sie glücklich sind! Schließlich sind wir hier auf der Erde diejenigen, die Unterstützung brauchen, um mit unserem Leben weitermachen zu können. Ich bin immer ganz begeistert, wenn ein Reading gut läuft, der Energiefluss stark ist und die Informationen, die ich dabei empfange, genau der Persönlichkeit des Verstorbenen entsprechen – vor allem, wenn dieser Sinn für Humor hat. Eigentlich weiß ich nie so genau, wer diese Readings am meisten mag – ich, das Geistwesen oder mein Klient?

Was ist ein Medium?

Obwohl die Körper- und die Geisterwelt unabhängig voneinander existieren, stehen sie in ständigem Austausch miteinander; und durch Medien können diese Welten bewusst miteinander kommunizieren. Einfach ausgedrückt, ist ein Medium nichts anderes als ein »Mittler«: Es bildet die Brücke, die unsere irdische Welt mit dem Jenseits verbindet. Ein Medium verfügt über ein starkes übersinnliches Wahrnehmungsvermögen und empfängt aufgrund seiner Fähigkeiten des Hellsehens, Hellhörens oder Hellfühlens Informationen von körperlosen Geistwesen. Sobald die Identität des betreffenden Geistwesens bestätigt worden ist, leitet das Medium Informationen von diesem Wesen an den Klienten weiter. Seine Aufgabe besteht darin, die dabei enthaltenen Botschaften einfach nur weiterzugeben, ohne sie infrage zu stellen oder mit eigenen Assoziationen anzureichern. Falls das Medium seinem Klienten Fragen stellt, sollten diese nur dazu dienen, die Informationen oder Hinweise zu bestätigen, die es von dem Geistwesen erhalten hat. Ein gutes Medium sollte niemals vage, allgemeine Informationen weitergeben; alle Botschaften sollten eine konkrete Bedeutung für Sie, Ihre Familie und den verstorbenen Angehörigen haben.

Als Medium und spiritueller Lehrer halte ich es für meine Aufgabe, die zu meinen privaten Readings kommenden Klienten ebenso wie die

die Hörer meiner Vorträge und Jenseitskontakt-Demonstrationen darüber aufzuklären, wie Medien arbeiten und was man vom Kontakt mit der Geisterwelt erwarten kann. Ich sage meinen Hörern immer, dass wir Medien nicht die Toten herbeirufen – ganz im Gegenteil: *Sie* rufen *uns* herbei! Ich bin überzeugt davon, dass ein Medium ein Geistwesen nicht einfach auf Wunsch herbeizitieren kann. Die Seelen der Verstorbenen entscheiden selbst, wann, wo und wie sie mit uns Menschen kommunizieren möchten. Denken Sie daran: Die Informationen kommen nicht *vom* Medium, sondern *durch* das Medium. An jedem Reading sind drei verschiedene Parteien beteiligt: Geistwesen, Medium und Empfänger.

Uns allen wohnt eine spirituelle Kraft inne; also verstehen Sie vielleicht, was ich meine, wenn ich sage, dass diese Informationen *von* einem Geist (der Seele des Verstorbenen) *durch* einen Geist (das Medium) *an* einen Geist (den Klienten) weitergegeben werden. Wir stehen alle miteinander in Verbindung. Alle drei Parteien müssen aufeinander eingestimmt sein, um einen stabilen Kontakt herzustellen und für einen klaren, konstanten Informationsfluss zu sorgen. Das ist gar nicht immer so einfach! Schließlich fällt es schon drei Menschen in einem Raum oft schwer genug, sich darauf zu einigen, was es zum Abendessen geben soll. Deshalb empfehle ich allen, die ein Medium aufsuchen möchten, in einer Haltung innerer Offenheit an dieses Erlebnis heranzugehen.

Albert Best, ein bekanntes schottisches Medium, wurde einmal gefragt, ob Jenseitskontakt-Demonstrationen die Zuschauer wirklich überzeugen. »Wir können niemanden von irgendetwas überzeugen«, antwortete er darauf. »Wir können nur ein Samenkorn säen. Das Beste, was wir tun können, besteht darin, die Menschen neugierig zu machen, sodass sie aus eigenem Antrieb mehr über dieses Thema herauszufinden versuchen. Den Schmerz über den Verlust eines Menschen können wir niemandem nehmen; doch wenn wir den Leuten wenigstens ihre Angst vor dem Tod ausreden und ein Gefühl der Hoffnung geben konnten, das vorher nicht da war, haben wir schon etwas Sinnvolles getan.« Dem ist nichts hinzuzufügen.

Wie kommen die Informationen durch?

Es ist gar nicht so einfach, mit jemandem zu kommunizieren, der keinen physischen Körper mehr hat – zumal diese Kommunikation auch nicht mehr über das gesprochene Wort abläuft. Wir Medien empfangen nur Bilder, Laute und Symbole und müssen diese so gut wie möglich deuten.

Bei einer Jenseitskontakt-Demonstration in einer Buchhandlung spürte ich beispielsweise, wie der Geist eines jungen Mannes zu mir durchkam. Er sandte mir starke Emotionen zum Thema Baseball und Bilder, aus denen ich nicht recht schlau werden konnte, in denen aber sein geliebter Baseballschläger vorkam. Meine Verbindung zu diesem Geistwesen war so stark, als würde ich von einem unsichtbaren Regisseur angeleitet. Ich wandte mich an meine Zuhörer im Vortragsraum und fragte: »Wer von Ihnen kennt einen jungen Mann, der plötzlich verstorben ist und dem womöglich ein Baseballschläger mit ins Grab gegeben wurde?«

Da fiel mir auf, dass eine der Zuhörerinnen ziemlich verwirrt dreinschaute. »Muss es unbedingt ein Baseball*schläger* sein?«, meldete sie sich nach ein paar Sekunden zu Wort.

»Ich weiß nur, dass seine Beerdigung irgendetwas mit Baseball zu tun gehabt haben muss«, antwortete ich.

Was diese Frau als Nächstes sagte, verblüffte das Publikum genauso wie mich. Der Sohn ihrer Freundin, den sie sehr geliebt hatte, war als junger Mann verstorben. Er war ein so großer Baseballfan gewesen, dass sein Vater extra eine Urne in Form eines Baseballs anfertigen ließ, um seine Asche darin beizusetzen. Ich hörte förmlich, wie alle Zuhörer in der Buchhandlung den Atem anhielten, als die Frau uns diese Geschichte erzählte. Das beweist wieder einmal, dass Geistwesen alles tun, was sie können, wenn sie uns eine bestimmte Botschaft übermitteln wollen!

In Kapitel 4 habe ich beschrieben, wie man sich eine übersinnliche Datenbank anlegt, auf die die Geisterwelt immer wieder zurückgreifen kann. Ebenso kann sie alles, was das Medium in seinem Leben jemals gelernt oder erlebt hat, zur Verschlüsselung ihrer Botschaften nutzen. Der erwähnte Albert Best hatte beispielsweise viele Jahre lang als Postbote gearbeitet. Bei seiner Tätigkeit als Medium empfing er häufig Vor- und Nachnamen und Adressen aus der Geisterwelt. John Edward erhält bei seinen Jenseitskontakt-Demonstrationen oft ausführliche Beschreibungen von Erkrankungen, unter denen der Verstorbene litt, und manchmal auch Hinweise auf bestimmte Filme. Wenn man weiß, dass John früher als Phlebologe tätig war und als junger Mann in einer Videothek gearbeitet hat, wundert einen das nicht.

Als Halbitaliener kann ich mit Hinweisen auf dieses Land natürlich besonders viel anfangen. Außerdem liebe ich Kunst und belege gerne Zeichenkurse; da ist es logisch, dass ich häufig Bilder und Symbole empfange, anhand derer ich die Botschaften Verstorbener sehr leicht deuten kann. Für mich erzählt ein Bild oft eine ganze Geschichte.

Da der Alkoholismus meine Familie schon seit Generationen immer wieder heimgesucht hat, habe ich auch genügend Assoziationen im Kopf, anhand derer die Geistwesen mich darauf hinweisen können, dass Alkohol bei ihrer Botschaft eine Rolle spielt – sei es als Todesursache oder als Thema, das in ihrem irdischen Leben immer wieder eine Rolle spielte. Mein Bruder arbeitet als Krankenpfleger in verschiedenen Kliniken; daher kann ich auch mit medizinischen Informationen ziemlich viel anfangen. Wenn ich mich mit der Klempnerei auskennen würde, dann würde mir die Geisterwelt sicherlich Symbole senden, die etwas mit Kupferrohren oder Wasserhähnen zu tun haben.

Ich empfehle Ihnen, sich mit allem zu beschäftigen, wovon Sie sich angesprochen fühlen: Schauen Sie sich Bildbände an, studieren Sie die menschliche Anatomie – tun Sie, was Sie können, um sich eine übersinnliche Datenbank aufzubauen, die die Geisterwelt für die Übermittlung ihrer Botschaften nutzen kann. Über je mehr Wissen Sie verfügen, mit umso mehr Bildern und Symbole kann sich die Geisterwelt Ihnen verständlich machen!

Medien und Spiritismus

Schon seit Anbeginn der Zivilisation kommunizieren Menschen mit der Geisterwelt und verehren ihre Ahnen. In vielen Kulturen gibt es zu diesem Zweck sogar besondere Zeremonien und auch Entsprechungen zu unseren heutigen Medien – zum Beispiel den Medizinmann bei den nordamerikanischen Indianern, den Hohepriester im alten Ägypten und die Priesterin von Delphi in Griechenland. Im 19. Jahrhundert wurden Medien durch den Spiritismus bekannt.

Als ich mich vor vielen Jahren zum Medium ausbilden ließ, lernte ich die spiritistischen Lehren kennen, die genau meinem Denken und meinen Zielsetzungen als Medium entsprachen. Im Mittelpunkt dieses Glaubenssystems stehen das Leben nach dem Tod und die Kommunikation mit der Geisterwelt mithilfe der übersinnlichen Fähigkeiten von Medien. Für viele Menschen ist der Spiritismus zugleich eine Religion, eine Philosophie oder sogar eine Lebensweise.

Der spiritistische Glaube hat etwas sehr Beruhigendes und Heilsames. Spiritisten glauben daran, dass wir niemals sterben, dass unsere Angehörigen nach ihrem Tod immer noch lebendig sind und dass es ihnen in der Geisterwelt gut geht (eine Überzeugung, die ich selbstverständlich teile). Doch leider wurde dieser Glaube in allzu vielen Hollywoodfilmen in einem eher unheimlichen Licht dargestellt. So ist ein völlig falscher Eindruck vom Spiritismus entstanden.

Die meisten Religionen kennen irgendeine Vorstellung vom Leben nach dem Tod. Obwohl ich die spiritistischen Lehren sehr schätze, möchte ich hier niemanden bekehren. Ich versuche, möglichst viele verschiedene Religionen zu akzeptieren und in mein Gedankengut aufzunehmen – beispielsweise den katholischen Glauben, den Buddhismus und die Kabbala. Meiner Meinung nach erfüllt jede Religion einen besonderen Zweck: Sie gibt uns Lehren und Werkzeuge für unsere persönliche spirituelle Reise an die Hand. Ich vergleiche das gerne mit einem Rad, bei dem jede Speiche für eine andere Religion oder einen anderen Glauben steht: Obwohl alle Religionen unabhängig voneinander existieren, steuert das Rad doch auf dasselbe Ziel zu.

Wir alle kommen mit einem Funken des Göttlichen (unserer Seele oder unserem Geist) auf die Welt; und wenn unser Geist schließlich ins Jenseits hinübergeht, verlässt dieser Funke das Gefäß, in dem er vorher eingeschlossen war (unseren Körper), und kehrt in die Geisterwelt zurück, aus der wir alle stammen. Wir alle leben nach dem Tod weiter – unabhängig von unserer Religion, ja sogar dann, wenn wir gar keinen Glauben haben.

Mithilfe philosophischer und praktischer Beweisführungen versucht der Spiritismus zu belegen, dass ein Teil von uns (der Geist) auch nach dem Tod weiterexistiert, und zwar bis in alle Ewigkeit. Der Spiritismus bindet seine Anhänger nicht an ein bestimmtes Credo oder Dogma; seine Philosophie beruht auf den sieben Prinzipien, die das Medium Emma Hardinge Britten im 19. Jahrhundert zu Papier brachte. Diese werden von den meisten Spiritisten und spiritistischen Organisationen weltweit akzeptiert.

Ich habe bereits früher über den Spiritismus und meine Erfahrungen in spiritistischen Kirchen berichtet, dies aber trotzdem noch einmal in diesem Buch aufgenommen; denn wenn Sie, lieber Leser, sich für die Arbeit von Medien interessieren oder etwas über das Weiterleben nach dem Tod und die Geisterwelt erfahren möchten, lohnt es sich, glaube ich, diese Ausführungen noch einmal für ein besseres Verständnis des Themas zu wiederholen. Dem Spiritismus verdanke ich die gewissenhafte Übung und die strengen ethischen Grundsätze, die ich bei der Ausbildung meiner medialen Fähigkeiten so dringend benötigte. Ich hatte das große Glück, mehr als zwei Jahre lang in England zu studieren, und verdanke den Spiritisten viel: Sie haben mich geprägt und geführt und zu dem Medium gemacht, das ich heute bin.

Wie ist der Spiritismus entstanden?

Begründet wurde der Spiritismus im Jahr 1848 in den USA. Es begann damit, dass zwei Teenagerschwestern – Margaretta und Kate Fox – in ihrem kleinen Farmhaus in Hydesville (New York) seltsame übersinnliche Phänomene wahrnahmen: Täglich waren beunruhigende Geräusche zu hören; Gegenstände bewegten sich, und an den Wänden knallte und klopfte es laut. Doch schienen diese Geräusche nicht von einem bestimmten Punkt auszugehen.

Da beschlossen die beiden Mädchen, eine eigene Kommunikationsform zu entwickeln, um zu sehen, ob die Geräusche wohl darauf reagierten. Und tatsächlich: Als die Schwestern in die Hände klatschten, war genau die gleiche Anzahl von Klopfgeräuschen zu hören. Das verblüffte die beiden, und sie fragten sich, ob sich hinter diesen Geräuschen wohl irgendeine Intelligenz verbarg. Eines Tages riefen die Schwestern: »Klopft zweimal für *Ja* und einmal für *Nein!*« Und zu ihrem großen Erstaunen stellten sie fest, dass die Geräusche ihnen tatsächlich antworteten!

Daraufhin beschlossen sie, einen anderen Code zu entwickeln, um noch besser zu kommunizieren. Sie kamen auf die Idee, für jeden Buchstaben des Alphabets ein Klopfzeichen zu verwenden: Einmal Klopfen bedeutete A, zweimal Klopfen B, dreimal Klopfen C, usw. Die Fox-Schwestern waren begeistert davon, eine Möglichkeit des Dialogs mit diesem geheimnisvollen Phänomen entdeckt zu haben, das da an die Wand klopfte.

Mithilfe der neuen Sprache stellten sie fest, dass die Geräusche von einem Geistwesen namens Charles B. Rosna kamen. Er erklärte den Mädchen, er habe als Handelsvertreter gearbeitet und vor ein paar Jahren bei einer Familie – den Bells – in ihrem Haus gelebt. Mithilfe von Klopfzeichen berichtete Charles, wie er ermordet und im Kellergeschoss des Hauses begraben worden sei und dass man ihm all seine Wertsachen gestohlen habe. Außerdem erzählte er den Schwestern von einer Blechdose, die man ihm ins Grab gelegt habe.

Schließlich kam die Mutter der beiden Mädchen dahinter, was diese da taten, und fragte sich, ob der Geist ihre Familie nur hören oder womöglich auch sehen könne. Das versuchte Mrs. Fox mit einem kleinen Experiment herauszufinden: Sie klatschte *lautlos* in die Hände und forderte das Geistwesen dann auf, so oft an die Wand zu pochen, wie sie geklatscht hatte. Zu ihrem Erstaunen ertönte daraufhin tatsächlich die richtige Anzahl an Klopfzeichen.

Die Nachricht verbreitete sich wie ein Lauffeuer, und von überallher kamen Leute zum Haus, um diese Phänomene selbst zu begutachten. Dabei wunderten sie sich vor allem darüber, dass die Fox-Schwestern so normal zu sein schienen: Es handelte sich um ganz einfache Mädchen mit einer Grundschulausbildung, die noch nicht einmal besonders religiös waren. Doch allem Anschein nach kommunizierten sie tatsächlich mit dem Geist eines Mannes, der in diesem Haus auf tragische Weise zu Tode gekommen war.

Natürlich geht die Geschichte noch weiter. Schließlich wurde das Kellergeschoss ausgebaggert – und tatsächlich fand man dort die sterblichen Überreste des Handelsvertreters Charles B. Rosna. Auch die Blechdose lag neben ihm, so, wie er es den Schwestern beschrieben hatte. Doch bis zum heutigen Tag weiß niemand, was sich in dieser Dose befand!

Die übersinnlichen Phänomene im Haus der Familie Fox spornten andere Menschen ebenfalls zu Kommunikationsversuchen mit der Geisterwelt an. Überall in den USA entstanden Gruppen, die sich der Kontaktaufnahme mit Verstorbenen widmeten. Dabei stellte sich rasch heraus, dass diese Kommunikation manchen Menschen besonders leichtfiel. Bald gab es immer mehr Medien, und der Spiritismus war geboren. Viele Anhänger der neuen Lehre waren Frauen; denn das war die einzige Religion, bei der auch Angehörige des weiblichen Geschlechts offen ihre Meinung sagen durften und Gehör fanden.

Im Lauf der Jahre zeigten die Fox-Schwestern weiterhin ihre medialen Fähigkeiten, berichteten von ihren Erfahrungen und inspirierten immer mehr Leute zum Glauben an derlei Phänomene. Mithilfe ihrer besonderen medialen Aktivitäten halfen sie auch anderen bei der Kontaktaufnahme mit Geistwesen.

Obwohl das Ursprungsland des Spiritismus Amerika war, erlebte er in England seine Blütezeit. Auch in den USA gibt es nach wie vor spiritistische Kirchen – aber längst nicht so viele wie »auf der anderen Seite des großen Teichs«. Das Thema Medialität erregte in Großbritannien großes Aufsehen; auch die königliche Familie, ja sogar Gelehrte und Schriftsteller wie Arthur Conan Doyle interessierten sich dafür.

Bis zum heutigen Tag beschäftigen sich zahlreiche Menschen mit diesem faszinierenden Thema und versuchen, so viel wie möglich darüber zu erfahren. Ich finde die spiritistische Weisheit, dass Gott allen Geschöpfen und Dingen innewohnt und wir alle miteinander in Verbindung stehen, sehr tröstlich. Da die spirituelle Kraft tatsächlich in allem Existierenden steckt, kann es niemals so etwas wie eine Trennung geben. Der GEIST heißt uns alle willkommen. Wenn wir alle in diesem Glauben leben könnten, ginge es uns sicher besser.

Verschiedene Aspekte der Medialität

Wir alle kommen mit besonderen Talenten und Anlagen auf die Welt, von denen wir hoffen, sie in unserem Leben nutzen zu können, um anderen Menschen zu helfen und sie zu beeinflussen. Ob das nun bildende Kunst, Musik, Organisationstalent oder die Fähigkeit zum Bücherschreiben ist, Reden oder Vorträge zu halten – wir alle besitzen irgendein Talent, und doch sind wir alle sehr unterschiedlich.

Genau wie man sich in einem Beruf noch weiter spezialisieren kann, gilt das auch für Menschen mit medialen Fähigkeiten. Medien verfügen über unterschiedliche Gaben, und jedes Medium hat einen etwas anderen Stil. Vielleicht fühlen Sie sich von der Arbeitsweise eines bestimmten Mediums besonders angesprochen, während ein anderer damit gar nichts anfangen kann.

Ob Sie gerade erst damit anfangen, Ihre spirituellen Fähigkeiten zu entwickeln, oder gerne ein Medium aufsuchen würden – es ist auf jeden Fall wichtig für Sie, sich mit den verschiedenen Aspekten der Medialität auszukennen. Sollten Sie sich von einer der folgenden Arten medialer Tätigkeit angesprochen fühlen, empfehle ich Ihnen, zunächst einmal etwas zu recherchieren. Hören Sie sich nach Medien um, die so arbeiten, oder nehmen Sie an einer öffentlichen Jenseitskontakt-Demonstration eines solchen Mediums teil. Egal, wonach Sie suchen – die Geisterwelt kennt viele Möglichkeiten, Ihnen weiterzuhelfen.

Mentale Medien

Zu dieser Sorte Medien gehöre ich. Darin besteht wahrscheinlich die häufigste Form medialer Tätigkeit, und wenn Sie schon einmal ein Medium zu einem privaten Reading aufgesucht, auf der Bühne oder im Fernsehen gesehen haben, so war es wahrscheinlich ein mentales Medium. Diese Medien arbeiten mit Gedankenübertragung, also einer Kommunikation von Geist zu Geist. Mit anderen Worten: Es handelt sich dabei um Telepathie zwischen dem Medium und einem Geistwesen. Diese Kommunikation läuft über das Bewusstsein des Mediums ohne Einsatz physischer Sinnesorgane ab; dabei verschmilzt die Energie des Geistwesens mit der des Mediums auf ein und derselben Frequenz. Sobald diese Verbindung hergestellt ist, fasst das Medium die Botschaft, die es durch seine übersinnliche Wahrnehmung empfangen hat, in Worte und gibt sie an den Klienten weiter. Medien, die so arbeiten, erfahren häufig Fakten über die verstorbene Person, beispielsweise Namen, Daten, Todesart, Orte, an denen sie gelebt hat – und das alles ohne vorheriges Wissen über den Toten.

Im Lauf der Jahre habe ich die Erfahrung gemacht, dass ich die besten Botschaften empfange, wenn ich dem Geistwesen vertraue und *genau* das weiterleite, was es mir eingibt. Ich habe gelernt, diese Informationen nicht zu stark zu analysieren, sie keiner Zensur zu unterziehen und auch nichts in sie hineinzudeuten. Schließlich bin ich nur der Überbringer der Botschaft und darf sie nicht so umformulieren, dass sie für mich einen Sinn ergibt; denn sonst würde ich die Aussage des Geistwesens vielleicht missdeuten. Ich habe in meiner medialen Ausbildung ein paar wichtige Regeln erlernt, die ich jetzt an meine Schüler weiterzugeben versuche.

Bei dieser Ausbildung wurde mir ein Sinnspruch eingeschärft, an den ich mich stets halten sollte: »Weniger von mir – mehr vom GEIST.« Ein Medium kann unbegrenzte Mengen an Informationen empfangen; doch wie viel tatsächlich durchdringt, hängt von seiner Qualität und Aufnahmefähigkeit und natürlich auch von dem Geistwesen ab, das die Botschaft sendet.

Inspirationsmedien

Sicherlich vergeht selten ein Tag, ohne dass plötzlich wie aus heiterem Himmel und ohne ersichtlichen Grund irgendein Gedanke, eine Idee oder Vorahnung in Ihnen aufsteigt. Vielleicht sitzen Sie dabei gerade im Café, beim Friseur oder in der Badewanne. Wo Sie sind oder was Sie gerade tun, spielt keine Rolle. Oft kommen einem solche Ideen, wenn man an nichts Bestimmtes denkt.

Manche Menschen glauben, dass diese Inspirationen aus dem Universum, von Gott, einem Geistführer oder einfach nur aus ihrer Seele kommen. Man kann sie auch als Eingebungen eines ausgeprägten Intuitionsvermögens bezeichnen. Wer den Advocatus Diaboli spielen möchte, wird jetzt vielleicht sagen, dass solche Gedanken und Ideen doch nur Ausgeburt des eigenen Denkens oder der Fantasie sind. Manche Leute befassen sich ein Leben lang mit den Wundern des menschlichen Geistes und fragen sich: »Woher kommen solche Ideen?« Ich bin überzeugt davon, dass es sich dabei oft um Inspirationen von unseren Geisthelfern handelt.

Solche Eingebungen hatte ich sehr oft, als ich noch in England studierte. Damals nahm ich regelmäßig an einem Zirkel zur Entwicklung der Intuition teil. Bei diesen Treffen saßen wir schweigend da, meditierten und warteten darauf, dass ein Geistwesen in unsere Gedanken eindringen und uns weise Worte eingeben möge. Die Leiterin des Zirkels war davon überzeugt, dass es nicht nur eine sehr hilfreiche, heilsame Erfahrung sei, Botschaften der Hoffnung von geliebten Menschen aus dem Jenseits zu erhalten, sondern dass es uns auch weiterhelfen würde, weise Ratschläge und Inspirationen von unseren Geistführern zu empfangen, die sehr viel klüger und erfahrener sind als wir. Ihrer Meinung nach würden wir aus solchen Eingebungen oft echte Inspirationen beziehen.

Diese Inspirationsmedialität ist auch unter der Bezeichnung »inspiriertes Sprechen« bekannt. Bei einer Inspirationsübung während meines Studiums am Arthur Findlay College in England wurden wir aufgefordert, in eine Schachtel hineinzugreifen und der Reihe nach blind eine Karte zu ziehen. Dabei befanden wir uns bereits in einem meditativen Zustand. Sobald wir das Wort auf unserer Karte lasen, sollten wir uns davon inspirieren lassen und spontan beschreiben, welche Assoziationen es in uns weckte.

Als ich an der Reihe war, staunte ich darüber, dass mir die Worte wie von selbst über die Lippen kamen. Ich wusste, dass diese Botschaft nicht von mir stammte; es war, als flösse sie durch mich hindurch. Woher ich das weiß? Weil ich mich normalerweise nicht so poetischer Worte und auch einer anderen Grammatik bediente; und ich besaß auch nicht die akademische Ausbildung, die nötig gewesen wäre, um mich so gut ausdrücken zu können. Es war eine hervorragende Übung, einfach loszulassen und auf den GEIST zu vertrauen.

Wenn man einem Inspirationsmedium oder inspirierten Redner zuhört, ist es fast so, als spräche das Medium oder der Redner direkt zu einem – als wüssten diese Menschen, was wir brauchen und auf dem Herzen haben.

Heilmedien

Heilung ist die höchste Form medialer Tätigkeit. Als Medium hatte ich das Glück, Heilungen auf physischer und spiritueller Ebene miterleben zu dürfen. In meiner jahrelangen intensiven Ausbildung habe ich mich mit verschiedenen Heilmethoden beschäftigt, darunter auch mit einer Form des Geistheilens. In vielen spiritistischen Kirchen Großbritanniens gibt es kirchlich zugelassene Heiler, die sich beim Gottesdienst um kranke Menschen kümmern. Mir fiel auf, dass all diese Heiler bestimmte Eigenschaften gemeinsam hatten, beispielsweise Großmut, Mitgefühl und vor allem Liebe.

Liebe ist eine der wichtigsten Voraussetzungen, die man mitbringen muss, um andere Menschen heilen zu können. Sie ist die stärkste, bedeutendste Kraft in unserem Leben – egal, ob es dabei darum geht, uns selbst oder unsere Mitmenschen zu lieben. Die Liebe kommt aus unserem tiefsten Inneren und gehört zu unserem wahren Wesen.

Bei diesen Heilsitzungen, die ich beobachten durfte, stellten die Menschen ihre Stühle in einem ordentlichen Kreis auf, und der Heiler stand häufig schweigend hinter ihnen. Dabei herrschte eine ruhige, friedliche Atmosphäre; man spürte, wie die Kraft der Liebe das Gebäude durchströmte. Ich saß still da und beobachtete das Geschehen, obwohl ich mir dabei oft ein erstauntes Nach-Luft-Schnappen verkneifen musste. Ich sah Bilder und Lichter, die sich rund um die Heiler zu manifestieren schienen, und mein Herz floss über vor Dankbarkeit für die Führung und Ausbildung, die mir zuteilwurde, indem ich einfach nur dasaß und diesen Medien zusah.

»Darf ich meine Hand auf deine Schultern legen und dir heilende Energie schicken?«, fragte einer der Heiler. Man sah die grausamen

Schmerzen, die tiefe Furchen im Gesicht des Mannes hinterlassen hatten, mit dem das Heilmedium sprach. Wie gebannt saß ich da, während beide – Heiler und Patient – die Augen schlossen. Es war ein außergewöhnliches Erlebnis, dem ich mit den einfachen Worten hier in keiner Weise gerecht werden kann. Die Gesichtszüge des Mannes entspannten sich, als die unerträglichen Rückenschmerzen aus seinem Körper strömten. Obwohl dieser Heilungsprozess nur ein paar Minuten dauerte, sah ich förmlich, wie die Heilkraft des GEISTES durch das Medium hindurch- und in diesen Mann hineinströmte. Als seine Schmerzen nachließen, liefen ihm Tränen übers Gesicht; und als er nach dem Gottesdienst die Kirche verließ, ging er sehr viel aufrechter als vorher.

Manche Medien praktizieren eine andere Form des Heilens, die man als *Fernheilung* bezeichnet. Solche Heiler können Patienten, die viele Kilometer weit von ihnen entfernt leben, spirituelle Energie und heilende Gedanken senden. Die Übermittlung heilsamer Energien der Liebe und des Mitgefühls kennt keine Grenzen.

Ich habe schon vielen Heiler zugesehen, die unterschiedliche Formen des Geistheilens praktizierten, beispielsweise Reiki, Prana-Heilung, Handauflegen, Qigong, Therapeutic Touch, ja sogar Tai-Chi. Eines möchte ich an dieser Stelle unmissverständlich klarstellen: Diese Energie kommt nicht *vom* Heiler, sondern fließt *durch ihn hindurch*. Die Aufgabe des Heilers besteht darin, dem Patienten bei der Einstimmung auf seine *eigenen* angeborenen Selbstheilungskräfte zu helfen. Oder wie Edgar Cayce einmal gesagt hat: »Der Geist zeigt sich als Gotteskraft, die sich im menschlichen Körper in Hülle und Fülle manifestiert« und »wahre Heilung kann man nur dann erreichen, wenn die spirituelle Natur des menschlichen Wesens als etwas Göttliches erkannt wird«.

Kein Heiler sollte einem Patienten garantieren, dass er ihn von seinem Leiden befreien kann. Begegnen Sie solchen Aussagen immer mit Vorsicht! Um einen erfolgreichen Heilungsprozess bewirken zu können, wird sich jeder seriöse Heiler an bestimmte Bedingungen halten. Beispielsweise muss er selbst bei guter körperlicher und seelischer Gesundheit sein. Außerdem muss man sich der Tatsache bewusst sein, dass es karmische Konstellationen gibt, die den Heilungserfolg beeinträchtigen können. Das Ergebnis einer solchen Heilung zeigt sich auch nicht immer sofort; oft machen sich die positiven Auswirkungen langsam und allmählich bemerkbar. Denken Sie daran: Wir sind machtvolle Geschöpfe und können Wunder bewirken!

Malmedien

Stellen Sie sich vor, Sie gehen zu einem Medium, das etwas auf seinen Zeichenblock skizziert, während es zu Ihnen spricht, und Ihnen auf diese Weise einen unbestreitbaren Beweis dafür liefert, dass Sie wirklich mit Ihrer verstorbenen Mutter in Kontakt stehen. Nach der Sitzung zeigt es Ihnen sein Werk, und tatsächlich: Die Frau, die das Medium gezeichnet hat, sieht Ihrer Mutter zum Verwechseln ähnlich! So eine Sitzung liefert Ihnen nicht nur einen Beleg dafür, dass das Geistwesen, das sich bei ihnen gemeldet hat, tatsächlich Ihre Mutter war, sondern Sie haben damit gleichzeitig auch einen handfesten Beweis dafür in der Hand, dass die verstorbene Person in der Geisterwelt gesund und glücklich weiterlebt.

Das ist eine meiner Lieblingsformen medialer Arbeit! Durch Medien, die diese Gabe besitzen, wirkt der GEIST auf verschiedenen Wegen. Manche Malmedien lassen sich beim Zeichnen die Hand von der Geisterwelt führen. Andere versinken in einem Zustand tiefer Trance und überlassen sich – oft mit geschlossenen Augen – völlig der Führung des GEISTES! Wieder andere sehen Bilder vor ihrem geistigen Auge und zeichnen dann einfach das, was ihnen erschienen ist, ohne sich dabei von ihrem Verstand beeinflussen zu lassen oder diese Bilder zu deuten. Ich habe im Lauf der Jahre die Erfahrung gemacht, dass viele Malmedien kaum eine oder gar keine zeichnerische Ausbildung genossen haben; manche besitzen nicht einmal künstlerische Fähigkeiten. Doch sobald der Kontakt zur Geisterwelt hergestellt ist, schaltet sich ihr Geistführer (der diese Gabe besitzt) ein und hilft ihnen beim Zeichnen von Bildern, die sie allein niemals zustande bringen könnten.

Ich hatte die Ehre, einer Sitzung bei einem der berühmtesten Malmedien der Welt beizuwohnen – der mittlerweile verstorbenen Coral Polge (Autorin von *Ich male Gesichter Verstorbener*). (In meinem ersten Buch *Born Knowing* habe ich über sie geschrieben.) Die wunderbaren Zeichnungen, die sie mir am Ende meiner Sitzung überreichte, hüte ich bis zum heutigen Tag wie einen Schatz. Coral Polge muss im Lauf ihres Lebens Tausende solcher Gesichter gezeichnet haben. Ihre wunderschönen farbigen Bilder meines tibetischen Geistführers und meiner Familienangehörigen haben einen Ehrenplatz an einer Wand meines Arbeitszimmers.

Ein anderes Malmedium, das ich kennenlernen durfte, ist meine gute Freundin und Kollegin Rita Berkowitz. Ich schaue immer wieder gerne zu, wie ihre magischen Kunstwerke auf der Leinwand Gestalt annehmen. Diese Frau ist nicht nur ein hervorragendes Medium, sondern gleichzeitig auch professionelle Künstlerin in New England. Es ist wunderbar, ihr bei der Arbeit zuzusehen und die strahlenden Gesichter der Menschen zu beobachten, wenn sie ihnen ihre Zeichnungen überreicht.

Ich fühle mich sehr von dieser Art medialer Tätigkeit angesprochen, da ich auch seit meiner frühen Kindheit über eine sehr künstlerische Ader verfüge. Doch obwohl ich in meiner Freizeit ab und zu an einem Zeichenkurs teilnehme, habe ich noch nie versucht, meine künstlerischen Fähigkeiten bei meiner medialen Arbeit einzusetzen.

Trancemedien

Solche Medien versetzen sich in einen anderen Bewusstseinszustand und lassen dann ein Geistwesen durch ihren Körper sprechen. Es ist beinahe so, als trete die Seele des Mediums einen Schritt zurück und lasse sich von diesem Geistwesen überschatten, beeinflussen und steuern. Solche Medien leiten nicht einfach nur Informationen weiter, die sie empfangen, sondern das Geistwesen spricht direkt durch das Medium; daher klingt seine Stimme bei solchen Sitzungen anders, und auch seine Bewegungen wirken anders als im Wachzustand.

Die meisten Tieftrancemedien können sich hinterher nicht mehr an die Informationen erinnern, die bei der Sitzung durchgekommen sind; oft muss man ihnen erzählen, was geschehen ist, sobald sie aus ihrer Trance erwachen. Es ist, als hätten sie keine bewusste Erinnerung an die Botschaften und Bilder, die sie empfangen haben. Es gibt verschiedene Arten von Trancezuständen – von leicht bis tief. Ein Mentalmedium wie ich verfällt vielleicht in leichte Trance, ist dabei aber immer noch geistig präsent und kann sich hinterher an alles erinnern. Die spirituelle Energie eines Mediums kann unterschiedlich stark mit der Energie der Geisterwelt verschmelzen; doch ich halte es für wichtig, an dieser Stelle darauf hinzuweisen, dass ein echtes Trancemedium seine Fähigkeiten über einen langen Zeitraum entwickelt und sich eingehend mit dieser medialen Technik beschäftigt. Dabei arbeiten solche Medien auch sehr eng mit ihren Geistführern zusammen. Man muss einem Geistführer schon bedingungslos vertrauen, um ihm die Kontrolle über seinen Körper zu überlassen. Das Medium muss der Geisterwelt und seinen Geistführern vorher die Erlaubnis geben, auf diese Weise mit ihm zu arbeiten.

Bei der Entwicklung meiner eigenen medialen Fähigkeiten befasste ich mich auch mit der Arbeit früherer Medien, die für ihre Trancesitzungen bekannt waren, beispielsweise Emma Hardinge Britten, Maurice Barbanell, Grace Cooke, Edgar Cayce, Eileen Garrett, Gladys

Osborne Leonard, Leslie Flint und Ivy Northage. Viele dieser hervorragenden Medien unterzogen sich intensiven körperlichen und psychischen Experimenten in der Hoffnung, dadurch ein bisschen Licht ins Dunkel der Medialität und übersinnlicher Phänomene zu bringen.

Meiner Meinung nach erlebt die Trancemedialität gerade ein Comeback. Ich habe einige erstaunliche Trancesitzungen erlebt, bei denen Medien in der Stimme und Sprache des Geistwesens redeten, das gerade zu ihnen durchkam, und auch Eigenheiten zeigten, die dieser verstorbene Mensch zu seinen Lebzeiten gehabt hatte. Vor nicht allzu langer Zeit habe ich ein Medium in einem so intensiven Trancezustand beobachtet, dass man förmlich spürte, wie sich die Energie im Raum veränderte! Und als dieses Medium dann in seiner Trance aufstand, hätte ich schwören können, dass es direkt vor unseren Augen um etliche Zentimeter größer wurde. Was wir da gesehen haben, lässt sich nur schwer erklären; doch glauben Sie mir: Ich gehöre nicht zu denen, die leichtfertig voreilige Schlüsse ziehen oder irgendwelchen Unsinn daherreden. Ich stehe Medien – egal, in welcher Weise oder Gestalt sie arbeiten – grundsätzlich positiv, aber auch mit einer gewissen Skepsis gegenüber. Doch dieses Medium befand sich in einer so tiefen Trance, dass wir seinen Geistführer – so glaube ich zumindest – tatsächlich zum Vorschein kommen sahen.

Ich hoffe, dass Sie selbst einmal Gelegenheit zu einer Sitzung bei einem echten Trancemedium haben werden. Dann spüren Sie in Ihrer Seele, was das bedeutet. Es ist ein sehr intensives Erlebnis, das Ihren Geist und Ihr Herz berühren wird. Doch wie immer sollten Sie dabei auf Ihre Intuition und Ihr Urteilsvermögen vertrauen und versuchen, so objektiv wie möglich zu bleiben.

Materialisationsmedien

Bei solchen Medien treten Phänomene wie Transfiguration, direkte Stimme, Levitation, Apporte (Gegenstände, die die Geisterwelt erscheinen lässt), Lichterscheinungen, Klopfgeräusche, Materialisation und Dematerialisation auf. Allerdings findet man Medien mit solchen Fähigkeiten heutzutage nur noch selten. Diese besondere Form der Medialität erlebte ihre Blütezeit Anfang des 19. Jahrhunderts; doch leider fielen dabei viele Menschen Gaunern und Scharlatanen zum Opfer, die in abgedunkelten Séanceräumen spirituelle Phänomene vortäuschten. Falls Sie jemals die Chance haben sollten, einem *echten* Materialisationsmedium bei der Arbeit zuzusehen, werden Sie dieses Erlebnis garantiert nie wieder vergessen!

Es hat mich sehr gefreut zu hören, dass meine Alma Mater, das Arthur Findlay College of Mediumship & Psychic Sciences, vor Kurzem eine Regel eingeführt hat: Hält ein Trancemedium an diesem College eine Jenseitskontakt-Demonstration ab, muss es den Einsatz von Nachtsichtbrillen und Infrarotkameras im Sitzungsraum genehmigen, um Betrügereien zu entlarven und die Seriosität seiner Arbeit zu gewährleisten. Abgedunkelte Séanceräume sind nicht mehr erlaubt. Früher ließen viele berühmte seriöse Medien wie beispielsweise Leslie Flint, Daniel Dunglas Home, Katie King, Mina »Margery« Crandon, Jack Webber, Leslie Flint und Gordon Higginson sich von Wissenschaftlern testen.

Im Gegensatz zur Mentalmedialität – einer Fähigkeit, die man erlernen und entwickeln kann – erfordert die Materialisationsmedialität bestimmte Eigenschaften, die der Körper oder das irdische Gefäß des Mediums von Natur aus besitzen muss. Eine dieser speziellen Eigenschaften ist das sogenannte *Ektoplasma*. Dieser Begriff leitet sich aus den griechischen Wörtern *ektos* und *plasma* her und bedeutet so viel wie »externalisierte Substanz«. Ektoplasma wurde als spirituelles Pendant des Protoplasmas (also der Substanz von Körperzellen) bezeichnet. Dabei handelt es sich um eine weiße Substanz, die bei Séancen aus dem Körper mancher Medien herauszufließen scheint. Es kann aus allen möglichen Körperöffnungen – Ohren, Nase, Augen, Mund, ja sogar aus dem Nabel – austreten und die Gestalt eines materialisierten Geistwesens oder Teils davon annehmen, sich also beispielsweise als Arm, Hand oder Gesicht manifestieren. Aber es kann auch aus dem Körper des Mediums herauswachsen und sich ausstrecken, um beispielsweise eine Trompete oder einen schwebenden Tisch zu halten. Oft sind solche Materialisationen von einem leichten Ozongeruch begleitet.

* * *

Die Vorstellung, dass wir nach unserem Tod weiterleben, stößt heutzutage auf größere Akzeptanz und größeren Glauben als je zuvor. Doch wie bei allem Neuen bewegen uns natürlich auch hier viele Fragen: *Warum bin ich auf der Welt? Habe ich hier eine Aufgabe zu erfüllen? Können meine verstorbenen Angehörigen in der Geisterwelt mir dabei helfen?* Die Antworten auf einige dieser Fragen können Sie selbst finden, wenn Sie durch Meditation mit der Geisterwelt in Verbindung treten. Auch ein gut ausgebildetes und erfahrenes Medium ist in der Lage, Antworten zu empfangen, da es mühelos mit dem Jenseits Kontakt aufnehmen kann.

Ich hoffe, dass Sie diese Ausführungen interessant fanden und dass ich Ihnen damit zumindest ein paar Grundkenntnisse und ein rudimentäres Wissen über die verschiedenen Aspekte der Medialität vermitteln konnte. Die Geisterwelt hilft und unterstützt uns, wo sie nur kann; und wer weiß – vielleicht interessieren Sie sich ja gerade deshalb so sehr für dieses Thema, weil Sie selbst mediale Fähigkeiten besitzen, auch wenn Ihnen das vielleicht noch nicht bewusst ist!

Falls Sie sich eingehender mit dieser Materie beschäftigen und mehr über Medialität erfahren möchten oder vielleicht sogar auf der Suche nach einem Medium sind, um mit einem geliebten Verstorbenen im Jenseits Kontakt aufnehmen zu können, hoffe ich, dass Sie dabei nichts überstürzen, intensiv nachforschen und das für Sie passende Medium finden werden!

Kapitel 6:

WORAN MAN BEIM BESUCH EINES MEDIUMS DENKEN SOLLTE

Vielleicht würden Sie jetzt gerne selbst einmal ein Medium aufsuchen oder sich von ihm beraten lassen? Und vielleicht sind Sie etwas beunruhigt, weil Sie nicht wissen, wie das geht. Dieses Kapitel richtet sich an all diejenigen, die zum ersten Mal in ihrem Leben mit dem Gedanken an eine mediale Sitzung spielen.

Es gibt viele Gründe, warum man sich an Medien wendet; und diese sind so verschieden wie jeder von uns. Vielleicht haben Sie das Gefühl, dass Verstorbene aus dem Jenseits mit Ihnen Kontakt aufnehmen möchten. Möglicherweise haben sich diese Geistwesen sogar schon im Rahmen von Nachtodkommunikationen bei Ihnen gemeldet. Manche möchten auch unerledigte Dinge klären oder abschließen – zum Beispiel einem Verstorbenen verzeihen oder ihn um Verzeihung bitten. Es gibt aber auch Leute, die aus reiner Neugier zu einem Medium gehen!

Doch all diese Menschen haben eines gemeinsam: Wir sind auf der Suche nach Antworten auf persönliche Fragen. Der Tod eines geliebten

Menschen oder Tiers gehört zu den schmerzlichsten, aufwühlendsten Erfahrungen, die man in diesem irdischen Leben durchmacht. Dies haben viele von uns bereits hinter sich. Ganz gleich, warum Sie den Kontakt zu einem Medium suchen – eine solche Sitzung sollte stets heilsam sein, und man sollte auch dementsprechend damit umgehen.

Wann ist der Besuch bei einem Medium ratsam?

Zunächst einmal sollten Sie sich die Frage stellen, ob Sie die Hilfe eines Hellsehers oder eines Mediums benötigen. Viele verwechseln diese beiden Dinge und suchen ein Medium auf in der Hoffnung, dass die Verstorbenen in der Geisterwelt ihnen bei der Klärung irdischer Belange wie Karriere, Liebe oder gar Finanzen helfen können. Doch für die Beantwortung solcher Fragen ist ein seriöser, gut ausgebildeter Hellseher am besten geeignet. Ein Medium dagegen fungiert als Brücke zwischen dieser und der jenseitigen Welt. (Auf den Unterschied zwischen Medien und Hellsehern bin ich zwar schon eingegangen, möchte ihn an dieser Stelle aber noch einmal erklären, denn manche Leser schlagen vielleicht zuerst dieses Kapitel auf, bevor sie sich dem weiteren Buch widmen.)

Ich weise immer wieder darauf hin, dass man ein Medium erst nach einer gewissen Trauerzeit aufsuchen sollte. Ich persönlich empfehle, nach dem Tod eines Angehörigen mindestens drei Monate verstreichen zu lassen; bei manchen dauert es vielleicht auch etwas länger, bis sie sich wieder so weit gefasst haben, dass sie eine Sitzung bei einem Medium ins Auge fassen können. Viele Leute würden am liebsten sofort zu einem Medium laufen, wenn sie einen für sie wichtigen Menschen verloren haben, obwohl sie sich immer noch unter Schock befinden und von so tiefer Trauer überwältigt sind, dass sie den Kontakt mit der Geisterwelt in dieser seelischen Verfassung gar nicht recht zu schätzen wissen oder auch nur begreifen könnten.

Das erinnert mich an eine Sitzung von vor ein paar Jahren, als mich zwei Brüder mit ihrer Mutter aufsuchten. Die Männer wollten mit ihrem Bruder (dem Sohn der Frau) in Kontakt treten, der plötzlich verstorben war. Als ich mich hinsetzte, um mit dem Reading zu beginnen, spürte ich, wie sich die Person näherte, mit der sie kommunizieren wollten. Doch als ich aufblickte, sah ich, dass die Mutter völlig aufgelöst war. Dem Ausdruck in ihren Augen war deutlich anzumerken, dass sie unter Medikamenteneinfluss stand. Da wurde mir klar, dass nichts, was ich ihr sagen würde – keine der Botschaften, die von ihrem Sohn aus dem Jenseits durchzukommen begannen –, in diesem Moment ihren Schmerz lindern konnte.

Plötzlich begann die Frau so unkontrolliert zu weinen und zu klagen, dass ich die Sitzung beenden musste. Es hätte keinen Zweck gehabt weiterzumachen – ganz im Gegenteil: Damit hätte ich ihren Angehörigen und ihrem Sohn in der Geisterwelt erheblichen Schmerz zugefügt. Ich wollte die Hysterie oder Depression der Mutter nicht noch verschlimmern, denn es war deutlich zu erkennen, dass sie keine meiner Informationen aufnehmen konnte. Als sich die Familie wieder verabschiedete, nahm ich einen der beiden Männer beiseite und fragte ihn, wann ihr Bruder verstorben sei. Da erklärte er mir, das sei erst drei Wochen her! Hätte ich das gewusst, so hätte ich mich niemals zu dieser Sitzung bereiterklärt. Diese drei waren eindeutig noch viel zu niedergeschmettert von ihrem schmerzlichen Verlust.

Daraus habe ich gelernt, wie wichtig es ist, die Hinterbliebenen zu fragen, ob sie sich wegen eines Angehörigen an mich wenden, der *erst vor Kurzem* verstorben ist, und sie darüber zu beraten, wie viel Zeit sie vor einer solchen Sitzung verstreichen lassen sollten. (Zum Zeitpunkt jener Sitzung war meine neue Assistentin gerade erst dabei, sich in ihre Tätigkeit einzuarbeiten.) Diese Wartezeit einzuhalten ist nicht nur für den Klienten selbst, sondern auch für den verstorbenen Angehörigen sinnvoll; denn auch er braucht Zeit, um sich wieder in der Geisterwelt zurechtzufinden.

Manche Menschen haben das Gefühl, den geliebten Verstorbenen irgendwie im Stich zu lassen, wenn sie aufhören, um ihn zu trauern. Aber das stimmt nicht; ein bisschen abzuwarten und seinen Schmerz erst einmal zu verarbeiten bedeutet nicht, dass dieser Mensch einem nichts mehr bedeutet oder dass man ihn »abgeschrieben« hat. Doch Sie als Angehöriger sind ein wichtiger Bestandteil der medialen Sitzung, und das Medium und der Verstorbene können den Kontakt zur Geisterwelt nur dann herstellen, wenn Sie stark und innerlich präsent sind, statt vor lauter Schock und Fassungslosigkeit immer noch wie benebelt durch die Welt zu stolpern. Bei einer medialen Sitzung darf das Gewicht Ihres seelischen Schmerzes Sie nicht völlig außer Gefecht setzen, denn Sie spielen eine wichtige Rolle bei der Bestätigung der Informationen, die Ihre verstorbenen Freunde oder Angehörigen mir aus dem Jenseits übermitteln. Denken Sie daran: Es gehören immer drei zu diesem Prozess – Medium, Geistwesen und Empfänger. Nur wenn sich alle drei Parteien in Einklang miteinander befinden, können sich das Wunder der Heilung und das unglaubliche Gefühl reiner Liebe manifestieren und alle an diesem Vorgang beteiligten Personen innerlich verwandeln!

Wie findet man ein geeignetes Medium?

Inzwischen gibt es so viele Medien, dass die Qual der Wahl schon ziemlich verwirrend sein kann. Wie immer bin ich sehr dafür, sich erst einmal umzuhören und persönliche Empfehlungen einzuholen, um ein qualifiziertes, erfahrenes Medium zu finden. Diese haben meistens einen guten Ruf, den sie sich durch die Überzeugungskraft ihrer Beweise, ihre Treffsicherheit und natürlich auch ihr Mitgefühl erworben haben. Ich halte *nichts* davon, einfach zu irgendjemandem zu gehen, von dem Sie noch nie gehört haben und der Ihnen von niemandem empfohlen wurde – erst recht nicht, wenn Sie nicht zumindest Gelegenheit hatten, diesem Medium persönlich bei seiner Arbeit zuzusehen.

Jedes Medium arbeitet etwas anders. Falls Sie die Möglichkeit haben, das Medium Ihrer Wahl auf der Bühne oder in einer Kirche zu erleben, sollten Sie das unbedingt tun. Dann sehen Sie, wie es mit der Geisterwelt in Kontakt tritt, welche Botschaften es dabei empfängt und wie überzeugend und zutreffend diese sind. Und was am allerwichtigsten ist: Sie können dann auch beobachten, welchen Heilungsprozess dieses Medium bei den betroffenen Personen bewirkt. Wenn Sie einem Medium bei einer öffentlichen Jenseitskontakt-Demonstration zuschauen, merken Sie übrigens auch, ob es sich auf Ihrer Wellenlänge befindet. Das ist vor allem dann wichtig, wenn Sie mit dem Gedanken an eine Privatsitzung spielen.

Falls es in Ihrer Gegend kein geeignetes Medium geben sollte, können Sie sich an eines der vielen Medien wenden, die private Readings per Telefon oder Skype anbieten – das ist einer der großen Vorteile unserer modernen Technologie! Letzten Endes spielt es keine Rolle, wo das Reading stattfindet, denn dabei geht es nur um Energie. Es ist eine mentale Verbindung – von Geist zu Geist. Dazu muss der Klient nicht unbedingt vor mir sitzen. Es ist sogar eher ein Vorteil, wenn ich ihn nicht sehe, weil ich mich dann nicht von seiner Körpersprache oder seinen Reaktionen auf meine Botschaften beeinflussen lassen kann. Ich konzentriere mich einfach nur darauf, was ich aus der Geisterwelt empfange, und auf das Echo auf diese Botschaften, das ich aus der Stimme am anderen Ende der Leitung heraushöre.

Wenn ich mich als Medium betätige – sei es auf der Bühne, vor einer kleinen Gruppe oder bei einem privaten Reading –, so ist das für mich stets etwas Besonderes; und für den Menschen, der durch ein Medium eine liebevolle Botschaft von einem Verstorbenen empfängt, kann es lebensverändernd sein. Für mich gibt es nichts Schöneres, als eine Mutter, die ihr Kind verloren hat, zum ersten Mal nach Monaten wieder lächeln oder lachen zu sehen oder zu beobachten, wie ein Witwer eine Träne vergießt, wenn er erfährt, dass seine verstorbene Frau im Jenseits ihn gerne glücklich sehen möchte ... Das ist für mich der Sinn meiner Arbeit als Medium.

Sie können aber auch eine spiritistische Kirche aufsuchen (falls es in Ihrer Gegend eine geben sollte), um mit einem Medium in Kontakt zu kommen. Sie brauchen nicht nervös zu sein und auch keine Angst davor zu haben, dass jemand Sie zu bekehren versucht, sobald Sie die Kirche betreten. Spiritistische Kirchen veranstalten Jenseitskontakt-Demonstrationen mit Medien, um Beweise für ein Weiterleben nach dem Tod zu liefern. Oft findet im Rahmen solcher Veranstaltungen ein Gottesdienst, ein Vortrag, eine Jenseitskontakt-Demonstration und anschließend auch noch eine Heilsitzung statt. Viele dieser Kirchen veranstalten allmonatlich einen »Medientag«, an dem Nachwuchsmedien Einzelsitzungen anbieten. Dadurch bekommen diese Medien Gelegenheit, die so dringend benötigte Erfahrung für private Readings zu erwerben; und für Sie selbst ist es eine gute Chance, Einblicke in die Arbeit von Medien zu gewinnen. Solche Kirchen laden aber auch oft professionelle Medien aus der ganzen Welt zu Jenseitskontakt-Demonstrationen, Vorträgen und Workshops ein. Im Anhang dieses Buchs finden Sie eine Webseite mit Adressen vieler spiritistischer Kirchen in den USA und anderen Ländern.

Tipps für Menschen, die mit Verstorbenen Kontakt aufnehmen möchten

Ich habe den Prozess der Kontaktaufnahme mit der Geisterwelt schon aus beiden Perspektiven erlebt – als Medium und als trauernder Hinterbliebener. Dabei habe ich festgestellt, dass die Menschen mit sehr unterschiedlichen Erwartungen zu einem Medium kommen, die mich teils überrascht, teils aber auch sehr gerührt haben. Ich habe in meinem Leben schon Tausende von Privatsitzungen durchgeführt und möchte Ihnen nun gern ein paar praktische Ratschläge geben, die

Ihnen bei so einer Sitzung vielleicht weiterhelfen können. Dieselben Informationen gebe ich auch allen Klienten, die zu einer Sitzung zu mir kommen.

Ob Sie nun eine Einzelsitzung bei einem Medium buchen, an einer Gruppensitzung teilnehmen oder es zusammen mit vielen anderen bei einer Demonstration auf der Bühne sehen – Sie werden dabei schnell merken, dass alle Medien verschieden sind und jedes seinen eigenen Stil der Kontaktaufnahme mit der Geisterwelt hat. Je besser Sie die subtile Verbindung zwischen dem Medium, der Geisterwelt und sich selbst verstehen, umso mehr werden Sie die Liebe und alles andere zu schätzen wissen, was Ihnen die Geisterwelt bringen kann, wenn diese drei Parteien in Einklang miteinander stehen.

Die Seelen Ihrer verstorbenen Angehörigen im Jenseits möchten, dass Sie glücklich sind! Sie wünschen sich, dass Sie Ihr Leben weiterführen und Erfolg damit haben, und tun ihr Bestes, um Ihnen zu zeigen, wie wichtig diese irdische Existenz für Sie ist. Ihre Zeit hier auf der Erde ist sehr kostbar; was Sie damit anfangen, ist wichtig. Ich hoffe, dass Sie dank der nun folgenden Informationen eine wunderbare Sitzung bei einem Medium – und natürlich auch mit den Seelen Ihrer geliebten Verstorbenen im Jenseits – erleben werden!

Forschen Sie nach!

Wenn Sie ein paar Nachforschungen zu Ihren verstorbenen Freunden und Angehörigen anstellen, wird es Ihnen und dem Medium leichter fallen festzustellen, wer aus der Geisterwelt zu Ihnen durchkommt, und den Kontakt zu bestätigen. Also stellen Sie eine Liste von Namen, Daten, Orten, Todesumständen und ähnlichen Fakten auf. Sie brauchen nicht all Ihre Familienangehörigen und Vorfahren in diese Recherche einzubeziehen; fangen Sie am besten erst einmal mit denjenigen Verstorbenen an, die Ihnen zu ihren Lebzeiten am nächsten standen.

Viele Menschen erwarten, dass das Medium sie genau mit den Verstorbenen in Kontakt bringt, denen sie zu begegnen wünschen. Doch in Wirklichkeit kann auch irgendein anderes Geistwesen aus dem Jenseits durchkommen – vielleicht sogar jemand, den Sie gar nicht gekannt haben! Zum Beispiel kann es sein, dass Sie Besuch von einem Großvater erhalten, der schon vor Ihrer Geburt gestorben ist. Nur weil Sie diesen Menschen nicht kannten, bedeutet das noch lange nicht, dass er Sie auch nicht kennt. Unsere verstorbenen Angehörigen – diejenigen, die wir kennen, ebenso wie diejenigen, die uns unbekannt sind – gehören nach wie vor zu unserer Familie und stehen mit uns in Verbindung. Doch normalerweise erscheint die Seele des Verstorbenen, auf den die Hinterbliebenen hoffen, auch oder gibt zumindest ein Zeichen ihrer Anwesenheit – zumindest bei *meinen* Sitzungen. Liebe ist die Brücke, über die Ihre Angehörigen aus dem Jenseits zu Ihnen kommen können.

Wie arbeitet das Medium?

Falls Sie zum ersten Mal in Ihrem Leben daran denken, ein Medium aufzusuchen, sollten Sie auch dazu lieber erst einmal ein paar Recherchen anstellen, damit Sie wissen, was bei diesem Reading wahrscheinlich passieren wird und wie man richtig darauf reagiert. Wenn das Medium, zu dem Sie gehen möchten, beispielsweise ein Buch geschrieben hat, lohnt es sich, dieses vor Ihrer ersten Sitzung zu lesen, um einen Einblick in seine Arbeitsweise und sein Leben als Medium zu gewinnen.

Wenn Sie mein Buch bisher vollständig gelesen haben, wissen Sie, dass jedes Medium etwas andere Fähigkeiten besitzt und seine eigene Arbeitsweise hat. Dieser Unterschied kann sich darauf auswirken, wie Botschaften empfangen und verstanden werden – und zwar manchmal mit ziemlich amüsanten Ergebnissen!

Einmal hatte ich eine Sitzung mit einer Frau, deren verstorbener Onkel durchkam und mir immer wieder eine Gummispielzeugente eines Kindes zeigte. Das war schon ziemlich grotesk; aber ich gehöre nicht zu den Leuten, die beim ersten Hindernis gleich aufgeben; also fragte ich die Frau: »Warum zeigt Ihr Onkel mir eine Gummiente?"

Da musste die Frau lachen. »Mein Onkel hieß Doug«, erklärte sie. »Als Kind konnte ich den Namen ›Douglas‹ nicht richtig aussprechen und sagte deshalb immer ›Ducky‹ zu ihm. Diesen Namen ›Onkel Ducky‹ ist er bis zum Ende seines Lebens nicht losgeworden!«

Ich musste ebenfalls lächeln und ließ Onkel Ducky mit seiner liebevollen Botschaft fortfahren. Die Geisterwelt weiß tatsächlich immer genau, welche Beweise sie den Hinterbliebenen liefern muss!

Viele Klienten nehmen andere Menschen – zum Beispiel einen guten Freund, Verwandten oder vielleicht sogar Kollegen – zu ihrer Sitzung mit. Dabei vergessen sie nur eines: Wenn man jemand anderen mitbringt, öffnet man damit eine Tür, durch die auch die Freunde oder Angehörigen dieser zweiten Person durchkommen können. Jeder, der bei der Sitzung anwesend ist, kann ein Reading erhalten. Ich habe schon öfter erlebt, wie die Angehörigen der Begleitperson eines Klienten die ganze Sitzung beherrschten!

Außerdem kann es passieren, dass man bei der Sitzung zum Medium für jemand anderen wird. Es könnte also beispielsweise die Mutter Ihrer besten Freundin mit einer Botschaft für ihre Tochter durchkommen, selbst wenn Sie diese Mutter gar nicht gekannt haben! Dadurch werden Sie zu einem Kanal für diese Botschaft. Wie kann es dazu kommen? Ganz einfach: Die Seele der verstorbenen Mutter weiß, dass Sie ihrer Tochter nahestehen, und wählt somit den einzigen ihr in diesem Augenblick offenstehenden Weg, um ihre Botschaft weiterzuleiten!

Kein Medium kann seinem Klienten garantieren, dass es ihm gelingen wird, Kontakt zu einem bestimmten verstorbenen Menschen herzustellen. Wie gesagt: Wir haben keine direkte Telefonleitung ins Jenseits. Falls ein Medium behauptet, so etwas zu können, sollten Sie ihm meiner Meinung nach lieber den Rücken kehren. Wir können nur unser Bestes tun – den Rest müssen wir der Geisterwelt überlassen.

Seien Sie für alles offen

Wenn Sie mit einer vernünftigen Einstellung und offenen Geisteshaltung an diesen Prozess herangehen, wird es dem Medium leichter fallen, für einen reibungslosen Ablauf der Sitzung zu sorgen. Das hat alles etwas mit Energie zu tun. Denken Sie daran, dass Medien übersinnliche Fähigkeiten besitzen; also können die Gedanken und die Ausstrahlung des Klienten das Medium beeinflussen. Manche Menschen kommen mit der Einstellung zu mir »Das soll er mir erst mal beweisen!« und errichten auf diese Weise eine Mauer, die das Medium erst durchbrechen muss, bevor es mit seiner eigentlichen Arbeit beginnen kann.

Ich hatte auch schon mit Klienten zu tun, die glauben, ein Medium mit konkreten Fragen wie »Wie hat meine Mutter geheißen?« oder »Welches Andenken an den Verstorbenen habe ich in meiner Tasche?« auf die Probe stellen zu müssen. Oder sie fragen: »Auf welches Codewort haben der Verstorbene und ich uns vor seinem Tod geeinigt, damit er mir beweisen kann, dass er auch tatsächlich im Jenseits weiterlebt?«

Ich rate meinen Klienten immer: Wenn Sie eine Frage an den Verstorbenen haben, mit deren Beantwortung er seine Identität beweisen könnte, dann bitten Sie ihn vor Beginn der Sitzung in Gedanken darum, Ihnen dieses Zeichen zu geben. Denn wenn mir Klienten solche Fragen *während* einer Sitzung stellen, kann das die Verbindung zur Geisterwelt stören, sodass ich wieder in meinen bewussten Geisteszustand zurückgleite. Das bedeutet natürlich nicht, dass Sie bei der Sitzung *gar* keine Fragen stellen dürfen; doch für mich kann so etwas den Informationsfluss unterbrechen. Wenn Sie eine Information nicht gleich verstehen, wird ihre Bedeutung Ihnen vielleicht zu einem späteren Zeitpunkt der Sitzung klar, oder Sie erinnern sich dann wieder daran.

Ich habe schon Hunderte von Briefen und E-Mails von Leuten bekommen, denen erst später klar wurde, dass die Beweise, die ich Ihnen geliefert hatte, richtig waren – sie hatten sie bei unserer Sitzung schlichtweg vergessen. In seltenen Fällen kann es auch vorkommen, dass das Medium etwas sagt, was Sie nicht auf Anhieb verstehen oder worauf Sie keine Antwort wissen. Erst wenn Sie diese Information im Nachhinein überprüfen, stellen Sie fest, dass sie richtig war. So etwas freut mich immer sehr, denn es gibt keinen besseren Beweis für die Richtigkeit der Aussagen eines Mediums als etwas, was der Klient vorher gar nicht wusste. Dadurch lassen sich viele Mythen ausräumen, die immer noch in den Köpfen der Menschen herumgeistern: zum Beispiel dass ein Medium einfach nur die Gedanken seiner Klienten liest oder die Informationen auf telepathischem Weg von ihnen bezieht. Denn wie können wir per Gedankenübertragung eine Information von Ihnen erhalten, die Sie gar nicht besitzen? Das ist keine Telepathie, sondern die wunderbare Macht der Geisterwelt!

Medialität ist keine streng naturwissenschaftliche Disziplin, denn dabei versucht man, mit Geistwesen in Verbindung zu treten, die sich nicht mehr mithilfe körperlicher Stimmbänder ausdrücken können. Sie übermitteln uns ihre Gedanken auf mentalem, telepathischem Weg, und es ist unsere Aufgabe, den Sinn dessen, was sie uns zu zeigen versuchen, zu entschlüsseln und zu deuten.

In seltenen Fällen kann es auch passieren, dass gar kein Geistwesen durchkommt – obwohl ich das bei meinen Readings nur selten erlebe. Das ist kein Zeichen dafür, das der Verstorbene Sie nicht liebt oder dass seine Seele nicht mehr da ist! Es kann alle möglichen Gründe haben – zum Beispiel dass das Medium einen schlechten Tag hat, dass der Klient oder vielleicht sogar die Seele des Verstorbenen noch nicht bereit für eine Kontaktaufnahme ist. Nehmen Sie es nicht persönlich. Halten Sie sich einfach vor Augen, dass der Kontakt schon zustande kommen wird, wenn es so sein soll. Wenn ich nach den ersten 10 bis 20 Minuten merke, dass ich keinen Kontakt zu einem Geistwesen bekomme, beende ich die Sitzung, ohne meinem Klienten etwas dafür zu berechnen, und frage ihn, ob er es in ein paar Monaten noch einmal versuchen möchte. Wenn der Klient dann wiederkehrt, gelingt die Kontaktaufnahme normalerweise, und es kommt ein erfolgreiches Reading zustande.

Werden Sie nicht von Medien abhängig!

Hat jemand eine gute Sitzung bei einem Medium erlebt, überkommt ihn womöglich das Bedürfnis, auch noch andere Medien aufzusuchen – eins nach dem anderen. Das halte ich aus verschiedenen Gründen für keine gute Idee. Erstens haben Sie nach Ihrem ersten Reading hoffentlich zu hören bekommen, was Sie hören sollten, und konnten mit ungeklärten Fragen oder Problemen innerlich abschließen. Jetzt ist es wichtig zu akzeptieren, dass die Seelen Ihrer geliebten Angehörigen im Jenseits auch ein eigenes Leben führen. Natürlich werden sie weiterhin für Sie da sein und Ihnen auch Zeichen ihrer Anwesenheit geben, wenn Sie sie brauchen.

Wenn Sie nicht lockerlassen und zu einem Medium nach dem anderen gehen, wird die Seele des Verstorbenen wahrscheinlich immer wieder mit derselben Information durchkommen. Warum? Weil das genauso ist, wie wenn man einen Verwandten bittet, von einer Reise zu erzählen, die er unternommen hat. In wie vielen verschiedenen Versionen kann er Ihnen diese Geschichte wiedergeben? Wenn mich jemand um eine Privatsitzung bittet, gebe ich ihm einmal, auf Drängen hin vielleicht auch noch ein zweites Mal einen Termin. Schließlich besteht eine der wichtigsten Botschaften, auf die die Geistwesen immer wieder hinweisen, darin, dass die Hinterbliebenen bis zum Wiedersehen im Jenseits ihr Leben hier auf der Erde fortführen sollen.

Ihre verstorbenen Angehörigen versuchen Ihnen auch Zeichen zu schicken, die allerdings sehr subtil sind. Wenn Sie also noch mitten im

Trauerprozess stecken und mit starken Gefühlen zu kämpfen haben, entgehen Ihnen diese Zeichen möglicherweise. Wenn Sie immer noch so sehr unter dem Verlust des Verstorbenen leiden, vermissen Sie ihn wahrscheinlich ständig. In so einer Situation kann ein Medium Ihnen eine wertvolle Hilfe sein.

Medien tragen eine große Verantwortung

Ich halte es für unsere Pflicht, als Brücke oder Kanal zwischen der Geisterwelt und den auf der Erde lebenden Menschen zu dienen. Unsere Aufgabe als Medien ist es, Ihnen Ihre Scheu oder Ihr inneres Unbehagen zu nehmen – vor allem wenn Sie zum ersten Mal ein Medium aufsuchen. Wir müssen unseren Klienten erklären, wie wir arbeiten und (das ist besonders wichtig) was sie von so einer Sitzung erwarten können. Ich bemühe mich, die bestmöglichen Beweise für die Identität des Verstorbenen zu empfangen und ihn so durchkommen zu lassen, dass seine Hinterbliebenen ihn sofort erkennen.

Wie gesagt: Medien sollten ihren Klienten nicht zu viele Fragen stellen. Normalerweise genügt ein »Ja« oder »Nein« oder »Ich bin mir nicht sicher« vonseiten des Klienten, um eine Information zu bestätigen oder zu verneinen. Umgekehrt sollten aber auch Sie das Medium nicht mit Informationen überschütten! Manche Hinterbliebene sind bei einer solchen Sitzung so aufgeregt, dass sie reden wie ein Wasserfall und am Ende womöglich Informationen über den Verstorbenen verraten. Denken Sie daran: Das ist *unsere* Aufgabe – nicht Ihre.

Ein Medium sollte in der Lage sein, das Geistwesen, das zu ihm durchdringt, anhand eindeutiger Beweise zu identifizieren. Die wichtigsten Informationen, die es Ihnen geben sollte, sind: Geschlecht, ungefähres Alter zum Zeitpunkt des Todes, Todesumstände, die Art seiner Verbindung oder Verwandtschaft zu Ihnen usw. Sobald die Identität des Geistwesens geklärt ist, sollten detailliertere Informationen zur

Sprache kommen: Jetzt beschreibt das Medium vielleicht bestimmte Erinnerungen, Orte, die Sie gemeinsam besucht haben, Geburtstage usw. Ein Medium kann unendlich viele verschiedene Informationen übermitteln: zum Beispiel eine liebevolle, berührende Erinnerung, vielleicht aber auch ein peinliches Erlebnis, über das Sie am liebsten gleichzeitig lachen und weinen würden! Schließlich machen diese besonderen Erinnerungen Ihren verstorbenen Angehörigen zu dem Menschen, der er war – und immer noch ist.

***

Es gibt viele qualifizierte, gut ausgebildete Medien, die trauernden, nach Antworten suchenden Hinterbliebenen wertvolle Dienste leisten können. Nehmen Sie sich für die Suche nach so einem Medium genügend Zeit! Hier noch einmal das Wichtigste auf einen Blick: Seien Sie dabei innerlich offen und aufgeschlossen; versuchen Sie zu verstehen, wie der Kontakt mit der Geisterwelt abläuft; und denken Sie daran, dass Ihre verstorbenen Freunde und Angehörigen Sie nie wirklich verlassen haben. Ganz im Gegenteil: Sie tun ihr Bestes, um Kontakt mit Ihnen aufzunehmen und Ihnen zu zeigen, dass die Liebe niemals endet. Vielleicht melden sie sich mit Zeichen und Symbolen direkt bei Ihnen, oder sie kommen bei einer medialen Sitzung zu Ihnen durch. Im Lauf der Zeit werden Sie zu der inneren Gewissheit gelangen, dass die Geisterwelt tatsächlich existiert und das Leben auch nach dem Tod weitergeht. Und wenn Sie wissen, dass es den Tod nicht gibt, lassen Ihr Schmerz und Ihre Trauer nach.

Teil II:

SO ENTFALTEN SIE IHRE ÜBERSINNLICHEN UND MEDIALEN FÄHIGKEITEN

Kapitel 7:

GEWINNEN SIE ZUGANG ZU IHREN ÜBERSINNLICHEN ANLAGEN

In unserer heutigen Gesellschaft haben die meisten von uns vergessen, welch unglaublich sensible, intuitionsbegabte Wesen wir sind. Viele von uns stecken viel zu tief in der Welt des analytischen Denkens. Wir leben vor allem in der Körperwelt und konzentrieren uns daher viel zu sehr auf alles außerhalb unseres Selbst. Doch ich finde es wichtig, ab und zu daran zu denken, dass es auch eine *innere Welt* gibt, die auf Sie wartet und zu der Sie jederzeit Zugang finden können.

Die zweite Hälfte dieses Buchs ist den Lesern gewidmet, die ihre übersinnlichen und medialen Fähigkeiten besser verstehen und weiterentwickeln möchten. Ob Sie einfach nur neugierig darauf sind, wie man das macht, oder tatsächlich ein Medium werden möchten – ich hoffe auf jeden Fall, Ihnen hier genau die von Ihnen gesuchten Ratschläge und Anleitungen geben zu können. Und wenn Sie verstehen möchten, was sich hinter spirituellen Fähigkeiten verbirgt und wie übersinnliche Wahrnehmung abläuft, werden Ihnen die nächsten Kapitel sicherlich ebenfalls weiterhelfen.

Wir alle besitzen die spirituelle Fähigkeit, zu erkennen, was in unserem Inneren abläuft, und die Sensibilität und die angeborenen Fähigkeiten, unsere Seele besser kennenzulernen. Mit anderen Worten: Wir kommen bereits mit der Gabe auf die Welt, unsere Intuition und unsere übersinnlichen Fähigkeiten in fast allen Lebensbereichen zu nutzen. Einer meiner Lieblingssätze, die ich den Menschen bei meinen Jenseitskontakt-Demonstrationen immer wieder mit auf den Weg gebe, lautet: »Wir kommen alle von Gott, und ich glaube nicht, dass eine göttliche Intelligenz uns ohne jede Hilfe hier auf der Erde allein lassen würde. Die Intuition ist unsere Verbindung zum Göttlichen.« Obwohl jede Seele diese Gabe der Intuition besitzt, liegt die Verantwortung für ihre Weiterentwicklung bei uns. Das sollten wir nie vergessen.

Wenn meine Schüler beginnen, ihre übersinnlichen Gaben zu entwickeln, fragen sie mich oft: »Worin besteht der Unterschied zwischen übersinnlichen Fähigkeiten und reiner Intuition?« Tatsächlich gibt es kaum einen Unterschied zwischen diesen beiden Begriffen; häufig werden sie synonym verwendet. Wenn man beginnt, seine übersinnlichen Fähigkeiten zu nutzen, führt das naturgemäß oft dazu, dass man auch mehr auf seine Intuition hört, und umgekehrt. Übersinnliche Gaben sind einfach nur eine *natürliche Erweiterung* unserer Intuition.

Die meisten Menschen wissen, was *Intuition* bedeutet. Wie oft haben Sie schon jemanden sagen hören: »Ich habe so eine Vorahnung, dass ...«, »Mein Instinkt sagt mir, dass ...« Oder »Ich habe so ein Bauchgefühl ...« All das – diese Vorahnungen oder subtilen inneren Fingerzeige, die wir so oft wie aus heiterem Himmel zu erhalten scheinen – sind Formen der Intuition.

Wenn wir lernen, diese Gefühle zu *erkennen*, zu *akzeptieren* und danach zu *handeln*, können wir ein starkes Fundament für die Entwicklung unserer übersinnlichen Fähigkeiten schaffen. Denn übersinnliche Gaben zu besitzen bedeutet nichts anderes, als unsere Intuition beeinflussen und für unsere Zwecke nutzen zu können. Als spirituelle Wesen sind wir in der Lage, Informationen zu empfangen und weiterzuleiten, die weit über unseren physischen Körper und unsere fünf Sinne hinausreichen.

Uns unserer übersinnlichen Fähigkeiten bewusst zu werden hilft uns nicht nur dabei, Medien zu werden oder mit den Seelen verstorbener Menschen im Jenseits Kontakt aufzunehmen. Solche Fähigkeiten können Ihnen auch in Ihrem Privat- und Berufsleben und Ihren Beziehungen zu Familienangehörigen, Freunden und Kollegen sehr weiterhelfen. Sich seine angeborenen übersinnlichen Fähigkeiten zu erschließen ist eine faszinierende, aufschlussreiche und lebensverändernde Erfahrung. Ich habe schon Tausende von Briefen und E-Mails von ehemaligen Schülern erhalten, die das Gefühl haben, dass ihre Seele oder ihr Geist *wacher* und *lebendiger* ist, seit sie an der Entwicklung dieser leider nur allzu oft im Verborgenen unserer Seele schlummernden Fähigkeiten arbeiten. Sie haben den Eindruck, jetzt nicht mehr wie Schlafwandler durchs Leben zu gehen.

Es bereitet mir stets große Freude, die Schüler zu unterrichten, die an meinem Kurs zur Entwicklung übersinnlicher Fähigkeiten (das ist einer meiner wichtigsten Workshops) teilnehmen; denn viele von ihnen haben zu Beginn das Gefühl, kaum oder gar keine übersinnlichen Gaben zu besitzen. Doch sobald sie meine Ausbildung durchlaufen und übersinnliche Informationen zu empfangen beginnen, findet bei ihnen eine innere Wandlung statt, die man ihnen am Gesicht ablesen kann. Es ist fast so, als würden sie etwas Neues entdecken, obwohl diese Gabe in Wirklichkeit schon immer da war und nur darauf wartete, erschlossen zu werden. Es ist völlig normal, seine spirituellen übersinnlichen Fähigkeiten zu nutzen. Sie können lernen, diese Fingerzeige Ihrer Intuition immer besser zu erkennen, sich darin zu üben und darauf zu vertrauen. Dadurch wird Ihre Intuition zu einer wunderbaren Ressource, die Sie innerlich anleitet und verändert und Ihnen Kraft gibt – einem inneren Schatz, auf den Sie Ihr Leben lang zurückgreifen können.

Um sich von Ihrer Intuition oder Ihren übersinnlichen Fähigkeiten leiten zu lassen, müssen Sie zunächst einmal *glauben* oder *wissen*, dass

Sie über die dazu nötigen Werkzeuge bereits verfügen. Als spirituelles Wesen haben Sie unbegrenzte Fähigkeiten, also wäre es dumm von Ihnen, dieses Potenzial, das nur darauf wartet, zum Leben erweckt zu werden (und das ich deshalb áuch gerne als *schlummernde Fähigkeiten* bezeichne), nicht zu erkennen. Die Werkzeuge, mit deren Hilfe Sie sich Ihre innere Führung erschließen können, sind Ihre übersinnlichen Fähigkeiten – die ich auch oft »übersinnliche Stärken« nenne. Damit meine ich Ihre inneren Wahrnehmungskanäle: *inneres Wissen* (Hellfühlen), *inneres Sehen* (Hellsehen) und *inneres Hören* (Hellhören).

Wenn Sie diese inneren Sinne immer mehr schärfen und verfeinern, werden Sie lernen, mit dem feinstofflichen Energiefeld (Aura) zu arbeiten, welches alle Lebewesen und Dinge umgibt, und die Energiezentren (Chakren) Ihres Körpers zu nutzen. (Auf dieses Thema gehe ich in Kapitel 10 noch näher ein.) All das gehört zu dem nötigen Fundament, um Ihre medialen Fähigkeiten zu entwickeln; denn Ihr übersinnliches Wahrnehmungsvermögen ist die Antenne, mit der Sie Emanationen aus der Geisterwelt empfangen können.

Wir kommen bereits mit diesem Wissen auf die Welt

Wahrscheinlich hat jeder Mensch schon einmal ein übersinnliches Erlebnis gehabt. Denken Sie daran: Unsere übersinnlichen Fähigkeiten werden uns *in die Wiege gelegt*. Sie sind unser Geburtsrecht. Meiner Überzeugung nach besitzen alle Kinder eine angeborene Intuition. Haben Sie schon einmal ein Kleinkind beim Spielen, Zeichnen oder Tanzen zugesehen? Kinder scheinen mit einem Fuß in dieser und mit dem anderen in der nächsten Welt zu stehen. Sie sprechen über Dinge, die wir als Erwachsene nicht ohne Weiteres erkennen können, und zeichnen Menschen in verschiedenen leuchtenden Farben; ich glaube, sie geben damit unbewusst die Aura der betreffenden Person wieder. Und sie erzählen auch oft von sogenannten imaginären Freunden; viele Mütter berichten, dass sie am Esstisch immer einen Extraplatz für den unsichtbaren Freund oder die unsichtbare Freundin ihres Kindes eindecken müssen.

Kinder erzählen auch oft von Engeln und davon, im Traum fliegen zu können oder sich fliegen zu sehen. Manche haben eine Innenwelt, die sich für sie völlig real und lebendig anfühlt. Manchmal erzählen sie ihren Eltern aus heiterem Himmel, ob sie jemanden, den sie eben erst kennengelernt haben, mögen oder bei dieser neuen Bekanntschaft eher ein ungutes Gefühl haben. Für sie ist dieses »Hellfühlen« etwas völlig Normales, denn in diesem frühen Kindesalter gibt es noch nichts, was sie beeinflussen, prägen oder ihre Sicht vernebeln könnte. Kinder sehen die Welt so, wie sie wirklich ist, und haben starke übersinnliche Fähigkeiten – aus dem einfachen Grund, weil noch niemand Gelegenheit hatte, ihnen zu sagen, dass sie diese Gaben *nicht* besitzen. Doch sobald sie in die Schule kommen und mit ihrer offiziellen Ausbildung beginnen, wird ihre linke Gehirnhälfte aktiviert; und sobald sie anfangen, diese analytische linke Hirnhemisphäre zum Lernen zu benutzen, distanzieren sie sich automatisch von ihrer kreativen, intuitiven rechten Gehirnhälfte. All das gehört zur Erziehungsphase ihres jungen Lebens, in der sie Buchstabieren und Mathematik, Geschichte und andere Fächer verstehen lernen.

Und so kommt es, dass wir immer weniger auf unsere Intuition achten und uns bei unseren Entscheidungen immer mehr auf unsere körperlichen Sinne verlassen, sobald wir lernen, unsere Logik und unsere Ratio zu gebrauchen. Ich finde es faszinierend, dass Kinder, die in der Tradition des tibetischen Buddhismus aufwachsen, von klein auf über die spirituellen Energiesysteme des menschlichen Körpers und seine Energiezentren (Chakren) aufgeklärt werden. Wie wunderbar wäre es, wenn wir unsere Kinder hier in der westlichen Welt auch so erzögen! Dann könnte die Welt ein viel besserer Ort sein – voller Toleranz, Geduld, Vergebung und gemeinsamer Wertvorstellungen. Vielleicht wird es für Kinder ebenso wie Erwachsene eines Tages selbstverständlich sein, sich diese inneren Schätze zu erschließen, die nur darauf warten, genutzt zu werden – wertvolle Ressourcen, die uns helfen, unseren Weg im Leben zu finden, und unserer Seele auf dieser Reise stets ein treuer Gefährte sind.

So erkennen Sie Ihre übersinnlichen Fähigkeiten

Eigentlich sind Intuition oder übersinnliche Fähigkeiten nichts, was wir besitzen, sondern eher eine Seinsform. Über diese naturgegebene Fähigkeit der Seele verfügen nicht nur aufgestiegene Meister oder Menschen, die sich ihr Leben lang mit solchen Themen beschäftigt und meditiert haben. Und dabei geht es auch nicht um Wahrsagerei, Kristallkugeln oder den Blick in die Zukunft. Wir alle nutzen diese besonderen Fähigkeiten recht oft, auch wenn uns das vielleicht nicht bewusst ist.

Legen Sie dieses Buch einmal für ein paar Minuten beiseite und fragen Sie sich:

- Ist es Ihnen schon einmal passiert, dass Sie an jemanden dachten und Ihnen diese Person kurze Zeit später über den Weg lief?
- Spüren Sie schon, in welcher Stimmung jemand ist, noch bevor Sie ihm gegenübertreten?
- Hatten Sie schon einmal eine Vorahnung, die Sie ignoriert und das später bereut haben, weil Ihr Bauchgefühl richtig gewesen war?
- Haben Sie schon einmal mit jemandem telefoniert und dabei einfach *gewusst*, dass mit diesem Menschen irgendetwas nicht stimmte, obwohl die Stimme am anderen Ende der Leitung so klang, als sei alles in Ordnung?
- Haben Sie schon einmal ein Ereignis oder den Ausgang einer Situation vorausgesehen?

- Spüren Sie, sobald Sie einen Raum betreten, sofort, welche Atmosphäre dort herrscht?
- Erleben Sie immer wieder sogenannte Koinzidenzen und Synchronizitäten?

Wie viele dieser Fragen haben Sie mit *Ja* beantwortet? Das sind nur ein paar Beispiele dafür, was Intuition oder übersinnliche Fähigkeiten bedeuten. Das kann ein – oft ziemlich subtiles – inneres Wissen sein. (Wie gesagt: All diese Dinge nehmen nur selten so dramatische Formen an, wie es in Filmen oft dargestellt wird!)

Ich erinnere mich noch daran, wie mir meine Intuition letzten Sommer einen Fingerzeig im Hinblick auf meinen Hund Koda gegeben hat, der so deutlich spürbar war, dass ich ihn nicht ignorieren konnte. Koda hat manchmal Probleme mit den Zähnen; deshalb achtete ich immer ganz besonders auf seine Mundhygiene. Als die Tierärztin bei einer Routineuntersuchung seine Zähne inspizierte, erklärte sie mir, dass es ausreiche, wenn wir sie im Herbst reinigen lassen würden. Doch kurz nach diesem Besuch (Koda lag gerade in seiner Lieblingsecke auf der Couch) hörte ich plötzlich eine innere Stimme: *Er hat einen schlimmen Zahn!* Also beschloss ich, so bald wie möglich mit ihm zur Zahnreinigung zu gehen, statt damit bis zum Herbst zu warten.

Nach diesem Besuch rief die Tierärztin mich an und erklärte mir, auf dem Röntgenbild sei ein vereiterter Zahn zu sehen gewesen. Der Zahn hatte sich entzündet und musste sofort gezogen werden! Doch von außen hatte man Kodas Zähnen das nicht angesehen; der Abszess war nur im Röntgenbild zu erkennen. Nachdem ich mit meiner Tierärztin alle Optionen durchgesprochen hatte, einigten wir uns darauf, den Zahn zu ziehen, um sicherzugehen, dass der Hund keine Schmerzen leiden musste. Die Wunde verheilte sehr gut, und die Tierärztin erklärte mir, welches Glück es gewesen war, dass ich auf meinen Instinkt gehört hatte.

Doch selbst ich als Medium mit übersinnlichen Fähigkeiten höre nicht immer auf meine Intuition; denn wie gesagt: Manchmal ist diese innere Stimme so leise, dass ich sie einfach nur für einen Gedanken, ein Hirngespinst oder reines Wunschdenken halte. Aber diesmal war es anders gewesen. Manchmal muss man sich auf sein Gefühl verlassen, auch wenn die Logik einen in eine andere Richtung weist. Wenn Sie Ihrer Intuition folgen, werden Sie bessere Entscheidungen treffen!

Eingebungen oder Botschaften unserer Intuition können jederzeit und an jedem Ort in uns aufsteigen. Ich empfehle Ihnen, stets ein kleines Tagebuch bei sich zu tragen, in dem Sie solche Ereignisse schriftlich festhalten. Notieren Sie sich alle Gedanken, Visionen oder Gefühle, die Sie in diesem Moment bewegen. Ich versuche auch auf Gedanken zu achten, die gar nichts damit zu tun haben, was in meinem Leben gerade passiert: Dann frage ich mich, ob das womöglich eine intuitive Eingebung sein könnte, nach der ich handeln sollte.

Also halten auch Sie beim nächsten intuitiven Gedanken oder Gefühl kurz inne (auch wenn Sie nicht sicher sind, ob das womöglich nur ein Hirngespinst ist) und fragen Sie sich: »Kommt dieser Gedanke beziehungsweise dieses Gefühl *zu* mir – oder *von* mir?« Dann werden Sie genau wissen, was Sie als Nächstes tun oder welche Entscheidung Sie treffen sollen; und hoffentlich wird Ihre Intuition Ihnen dann ein noch klareres Bild der Situation vermitteln. Denken Sie daran: Ihre Fantasie gibt Ihnen öfter einmal Ideen ein, die nach kurzer Zeit wieder verschwinden, während eine übersinnliche Erkenntnis oder intuitive Eingebung wahrscheinlich immer wiederkehrt.

Hier ein kurzes Beispiel dazu: Angenommen, Ihnen kommt plötzlich der Gedanke, Ihre Schwester oder eine andere Verwandte anzurufen. Sie denken: *Mit der habe ich doch erst letzte Woche gesprochen. Ich rufe sie später an.* Doch nach ein paar Tagen steigt wieder dieser Gedanke in Ihnen auf: *Ruf deine Schwester an!* Und wieder sagen Sie sich, dass Sie das später tun werden. Doch wenn Sie diese innere Stimme am nächsten Tag erneut vernehmen, greifen Sie endlich zum Telefonhörer – und erfahren, dass mit Ihrer Schwester tatsächlich etwas nicht gestimmt hat und sie sehr froh über Ihren Anruf war.

Sie sehen: Einflüsterungen Ihrer Fantasie kommen und gehen, doch eine übersinnliche Wahrnehmung oder Eingebung Ihrer Intuition klopft immer wieder bei Ihnen an; und wenn Sie nicht darauf achten, wird sie immer stärker oder lauter – so lange, bis Sie schließlich danach handeln. Vertrauen Sie auf Ihre Intuition! Sie wird Sie nicht im Stich lassen.

Der Körper als Kanal

Wussten Sie schon, dass Sie bereits die Grundausstattung dafür besitzen, unendlich viele übersinnliche Informationen und Anregungen zu erhalten? Danach brauchen Sie gar nicht lange zu suchen: Die Antworten liegen *in Ihrem physischen Körper*. Ja, es ist tatsächlich so einfach! Wir alle empfangen ständig übersinnliche Wahrnehmungen; doch den meisten Menschen ist gar nicht klar, dass ihr Körper ihnen dabei als Kanal dient. Ihr Körper fungiert wie eine riesige übersinnliche Antenne, die – je nachdem, wie aufnahmefähig sie ist – bestimmte Signale empfängt. Bevor Sie Ihre übersinnlichen Fähigkeiten nutzten können, müssen Sie sich zunächst einmal mit Ihrer Ausstattung vertraut machen und lernen, diese richtig einzusetzen – denn diese Ausrüstung sind *Sie selbst.*

Es gibt schon viele gründliche Untersuchungen dazu, welche wichtige Rolle unsere Organe und Drüsen beim Empfang von übersinnlichen Informationen spielen. Sie agieren nicht nur auf physiologischer Ebene, sondern dienen auch als Empfänger für Informationen außerhalb unserer Körperwelt. Dazu gehören beispielsweise die Hypophyse und die Zirbeldrüse, das Herz, unsere Nerven, unser Gehirn und unser Magen. Im Grunde nutzen wir *unseren ganzen Körper* für die Aufnahme übersinnlicher Botschaften. Alles besteht aus Energie – auch wir selbst. Es ist wichtig, dieses wertvolle Gut und seine Auswirkungen auf unser körperliches Wohlbefinden richtig kennen und schätzen zu lernen.

Die traditionellen östlichen und westlichen spirituellen Philoso-phien berichten von der universalen Lebenskraft, die alles – auch *uns selbst* – durchströmt. Die traditionelle chinesische Medizin hat sogar einen eigenen Namen (*Chi*) für diese universale Energie; bei den Hin-dus heißt sie *Prana*. Diese Energie fließt durch unsere Organe, Kno-chen, Blutbahnen und andere Körperteile und bewegt sich dabei ent-lang eines Netzwerks innerer Leitbahnen namens *Meridiane*.

Mit dieser *spirituellen Energie* arbeiten Heiler und naturheilkund-lich orientierte Therapeuten wie etwa Akupunkteure und Masseure. Oft lösen sie Blockaden in unserem Energiesystem, damit die Energie wie-der frei fließen kann. Werden solche Blockaden ignoriert, so können sie sich in Form von Schmerzen manifestieren oder zu Dysbalancen in unserer seelischen und emotionalen Verfassung führen. Fließt die Energie reibungslos durch unser System, sind wir an Leib und Seele gesünder.

Warum es so wichtig ist, sich mit Ihren »Werkzeugen« vertraut zu machen

Ihr Körper sendet Ihnen in seiner übersinnlichen Sprache immer wie-der Signale. Ob das nun ein Bauchgefühl, eine körperliche Wahrneh-mung, eine Emotion oder vielleicht auch nur ein Traum ist – Ihr Körper spricht zu Ihnen!

Bei einem beinahe tödlich verlaufenden Autounfall, über den ich in meinem ersten Buch *Born Knowing* berichtete, habe ich zum ersten Mal erfahren, wie wichtig es ist, auf seinen Körper zu hören. Dieser Unfall versetzte mein System in einen solchen Schockzustand, dass meine Energiezentren (Chakren) gewaltsam geöffnet wurden. Bis zu jenem Zeitpunkt hatte ich meine übersinnlichen Fähigkeiten oft ver-drängt; doch jetzt kehrten sie mit einer Stärke und Intensität zurück, wie ich es noch nie zuvor erlebt hatte. Trotzdem wollte ich diese Fähigkeiten nicht einfach nur akzeptieren, sondern mich systematisch damit beschäftigen. Ich musste herausfinden, wie und warum das passierte; und was noch wichtiger war: Ich wollte unbedingt wissen, ob ich diese Fähigkeiten bewusst steuern konnte. Daher stürzte ich mich nach meinem Unfall mit Feuereifer auf alle Bücher und Fachartikel, die es damals über die Energien innerhalb und außerhalb des menschlichen Körpers gab. (Aber keine Sorge: Sie müssen nicht außerhalb Ihrer selbst nach Antworten suchen, und man braucht auch keinen Autounfall, um übersinnliche Fähigkeiten zu entwickeln!)

Normalerweise fangen wir erst dann an, auf unseren Körper und dessen Signale zu achten, wenn irgendetwas schiefläuft. Deshalb ist es so wichtig, beim Entwickeln Ihrer übersinnlichen Fähigkeiten Ihre körperlichen Wahrnehmungen oder Gefühle nicht wegzudrücken. Seien Sie offen dafür, hören Sie auf Ihren Körper! Wenn Sie regelmäßig meditieren, werden Sie eher in der Lage sein zu erkennen, was Ihr Körper Ihnen sagen will – fragen Sie ihn einfach danach. Anfangs werden Sie vielleicht keine Antwort erhalten; aber geben Sie nicht auf: Mit ein bisschen Übung wird es Ihnen immer leichter fallen, auf Ihren Körper zu hören.

Wenn Sie Ihren Körper oder Ihre Gefühle ignorieren, missachten Sie damit gleichzeitig auch Ihre Intuition. Ich weiß zum Beispiel aus eigener Erfahrung: Wenn ich davon träume, bis zu meiner Brust im Wasser zu stehen, ist das oft das erste warnende Anzeichen für eine beginnende Bronchitis; also achte ich dann besser auf meinen Körper und nehme sicherheitshalber noch eine Extradosis Vitamin C ein. Mit anderen Worten: Ich *erkenne* die Warnsignale meines Körpers und *handle* danach.

Auf Ihren Körper und Ihre Gesundheit zu achten sollte für Sie oberste Priorität haben, vor allem, wenn Sie gerade dabei sind, Ihre übersinnlichen und medialen Fähigkeiten zu entwickeln. Letzten Endes sind *nur Sie allein* für Ihre körperliche Gesundheit verantwortlich. Ich halte es für sehr wichtig, ein ausgewogenes, maßvolles Leben zu führen. Ernähren Sie sich vernünftig, trinken Sie viel Wasser, nehmen Sie jeden Tag ein hochwertiges Vitaminpräparat ein, gönnen Sie sich genügend Ruhe (und natürlich auch Schlaf) und bewegen Sie sich regelmäßig. Wenn Sie einen gesunden, giftfreien Körper haben, lassen sich »Blockaden« eher abbauen; und dann werden Sie sehr viel aufnahmefähiger für übersinnliche Wahrnehmungen.

Sensibilität hat ihren Preis

Ich schärfe meinen Schülern immer Folgendes ein: Der Preis für Sensibilität … ist Sensibilität.

Denken Sie daran: Durch die Arbeit als Medium oder Hellseher kann man besonders sensibel werden und fühlt sich dann vielleicht ab und zu erschöpft oder ausgelaugt. Unsere Tätigkeit bringt nun mal eine gesteigerte Sensitivität mit sich; das höre ich auch von meinen Kollegen immer wieder: »Es gehört einfach zu unserer Arbeit dazu«. Wären Sie nicht übersensibel, könnten Sie die Geisterwelt nicht so gut wahrnehmen oder mit ihr in Kontakt treten.

Viele sensible Menschen leiden unter Ängsten; und jeder, der mich kennt, weiß, dass auch ich dagegen nicht gefeit bin. Schließlich bin ich in einer Alkoholikerfamilie aufgewachsen, und dadurch ist mir klar geworden: Die »Sorgen« unserer Kindheit wachsen sich im Erwachsenenalter zu *Ängsten* aus.

Für mich war es ein lebenslanger Balanceakt, als professionelles Medium tätig zu sein und trotzdem gut für mich selbst zu sorgen. Durch meinen Körper fließt immer jede Menge Energie; sobald ich mich innerlich auf eine Jenseitskontakt-Demonstration vorbereite, ist dieses Energieniveau oft sogar extrem hoch. Diesen schwierigen Balanceakt muss ich im Griff haben, um meine Gesundheit und mein Wohlbefinden nicht zu gefährden. Das soll aber nicht heißen, dass alle Menschen mit Ängsten unbedingt übersinnliche oder mediale Fähigkeiten besitzen müssen; ich empfehle jedem, der unter wiederkehrenden Ängsten leidet, ärztliche oder psychotherapeutische Hilfe zu suchen. Es ist wichtig, sich regelmäßig von Stress und innerer Anspannung zu befreien – sei es durch Massage, Yoga, Meditation oder körperliche Aktivität. Finden Sie heraus, was Ihnen persönlich guttut, und versuchen Sie, diese Stressbewältigungsstrategie regelmäßig in Ihren Tagesablauf einzubauen. Gehen Sie hinaus in die Natur und machen Sie lange Wald- oder Strandspaziergänge. Atmen Sie! Mutter Natur ist die beste Heilerin, die es gibt. Und denken Sie vor allem daran, Ihre Chakren regelmäßig zu verschließen. (Wie das geht, erkläre ich in Kapitel 10.)

Jeder Mensch, der mit seiner Intuition arbeitet, fühlt sich ab und zu überlastet; das ist völlig normal. Also machen Sie ruhig einmal ein paar Tage Pause (oder auch länger, wenn Sie es brauchen), falls Sie gerade eine Ausbildung zum Medium durchlaufen. Schließlich leben Sie hier in der Körperwelt und müssen in beiden Lebensbereichen – dem körperlichen ebenso wie dem spirituellen – ausbalanciert und geerdet bleiben. Achten Sie gut auf Ihren Körper, Ihre »Ausrüstung« als Medium. Denn der physische Körper ist *nicht* nur ein Vehikel, mit dem Sie sich durch diese irdische Welt bewegen; er soll auch Ihrer Seele als Unterstützung dienen, solange sie in dieser Welt lebt. Mit diesem Wissen werden Sie Ihren Körper in Zukunft hoffentlich mit anderen Augen sehen. Machen Sie sich klar, dass *Sie* und *Ihr Körper* etwas Besonderes sind – lernen Sie sich kennen!

Wir sind Energie

Beim Empfang übersinnlicher Informationen geht es um *Energie*. Alles besteht aus Energie: Menschen, Geistwesen, Orte – ja sogar Gegenstände speichern Energie. Und da auch Sie selbst Energie sind, können Sie auf übersinnlichem Weg Informationen empfangen und deuten.

Die Tätigkeit eines Mediums oder Hellsehers ist so ähnlich wie Fernsehen: Wir alle wissen, dass man TV-Signale in der Luft nicht erkennen kann (da sie auf einer zu hohen Frequenz schwingen); und doch weiß man, dass sie gesendet werden. Unsere Fernsehgeräte empfangen diese Signale und entschlüsseln sie irgendwie, sodass Bilder auf den Bildschirmen entstehen. Das Gleiche gilt auch für unsere übersinnliche Energie: Wir empfangen ständig Informationen über unsere übersinnliche Wahrnehmung; so entstehen Eindrücke oder Gefühle, die wir nicht durch unsere körperlichen Sinnesorgane bekommen haben. Je mehr wir unsere übersinnlichen Gaben weiterentwickeln, umso besser gelingt es uns, Zeichen und Symbole zu entschlüsseln und einen Sinn darin zu erkennen.

Wenn Sie gerade eine Ausbildung machen, um Ihre übersinnlichen oder medialen Anlagen besser nutzen zu können, sollten Sie sich klarmachen, dass Sie dabei Ihren Verstand darauf trainieren, Gedanken und Informationen auf einem Weg zu empfangen, an den er nicht gewöhnt ist. Also sollten Sie ihm eine kleine Orientierungshilfe geben, indem Sie in Gedanken immer wieder folgende Affirmation vor sich hinsagen: »Ich bin ein Medium. Für mich ist es ganz natürlich, Worte, Bilder und Gefühle zu empfangen, die über meine normalen Wahrnehmungskanäle hinausgehen.«

Ich gebe mir immer große Mühe, zu erklären, wie die Sache mit den übersinnlichen Fähigkeiten funktioniert und dass es unterschiedliche Grade übersinnlicher Aufnahmefähigkeit gibt. Es ist mir wichtig, Menschen von der Wahrheit und Legitimität dieser Arbeit zu überzeugen. Darüber habe ich in meiner Ausbildung in Großbritannien vieles gelernt, vor allem, als ich mich mit der verstorbenen Ivy Northage beschäftigte – einem berühmten Medium, deren Arbeit mich schon immer sehr angesprochen hat. Wie gerne hätte ich diese Frau zu Lebzeiten kennengelernt! Von einigen meiner Kollegen, die das Glück hatten, bei ihr zu studieren, habe ich gehört, dass sie eine recht resolute Frau und eine toughe Lehrerin war. Eine ihrer treffendsten Bemerkungen lautete: »Wenn du dich und deine übersinnlichen Fähigkeiten akzeptierst und daran glaubst, wird dein Geist automatisch für die mentale Ausbildung offen sein, die deine Entwicklung mit sich bringt.«

Im Lauf der Jahre habe ich gelernt (und bin inzwischen davon überzeugt), dass es drei verschiedene Arten übersinnlich begabter Menschen gibt: solche, die ihre Fähigkeiten nicht unter Kontrolle haben, solche mit teilweise entwickelten übersinnlichen Fähigkeiten und schließlich diejenigen Medien oder Hellseher, die ihr Potenzial erkannt haben und ihre Fähigkeiten bewusst beeinflussen können. Hier folgt eine ausführlichere Erklärung dieser drei Ebenen übersinnlicher Fähigkeiten, um das Ganze etwas verständlicher zu machen:

- **Unkontrollierte übersinnliche Fähigkeiten:** Solche Menschen wissen nicht einmal, dass sie übersinnliche Gaben besitzen. Sie reagieren auf emotionaler Ebene und nehmen Signale aus der Geisterwelt, ihrer Umgebung und von ihren Mitmenschen mehr oder weniger ungefiltert in sich auf. Solche Leute fühlen sich in großen Menschenmengen oft unwohl. Sie sind sehr einfühlsam, haben feine Antennen für die Emotionen anderer und nehmen manchmal auch Emanationen aus der Geisterwelt wahr.
- **Teilweise entwickelte übersinnliche Fähigkeiten:** Auf dieser Stufe weiß man normalerweise nur wenig oder gar nichts über die Hintergründe seiner Fähigkeiten und hat keine Vorstellung davon, wie das alles funktioniert. Solchen Menschen fällt es schwer, echte übersinnliche Wahrnehmungen von ihren eigenen Gedanken zu unterscheiden. Vielleicht haben sie ein bisschen über dieses Thema gelesen oder sich sogar etwas intensiver damit beschäftigt, sich aber niemals zum Hellseher oder Medium ausbilden lassen und sich auch nicht in der Ausübung ihrer übersinnlichen Fähigkeiten geübt.
- **Meister:** Hoffentlich strebt jeder danach, der sich zum Medium ausbilden lässt, diese oberste Stufe zu erreichen! Solche Men-

schen sind über die Hintergründe und die Funktionsweise ihrer übersinnlichen Fähigkeiten im Bilde und wissen, wie man mit der Geisterwelt zusammenarbeitet. Sie können ihre Fähigkeiten bewusst beeinflussen und sind ausgebildete, qualifizierte Empfänger von Botschaften aus dem Jenseits. Kurz gesagt: Sie beherrschen ihre übersinnliche Wahrnehmung, statt sich von ihr beherrschen zu lassen.

Wenn angehende Medium mir erzählen, dass ständig Botschaften aus der Geisterwelt auf sie einstürmen, weiß ich, dass sie noch nicht gelernt haben, sich durch die Schließung ihrer Chakren vor solchen Eindrücken abzuschirmen (wie das geht, erfahren Sie in Kapitel 10 dieses Buchs) oder ihre Aura zurückzuziehen (das erkläre ich in Kapitel 9). Mit anderen Worten: Sie meistern ihre übersinnlichen Fähigkeiten noch nicht richtig. Da ich dieser Arbeit bereits seit vielen Jahren nachgehe, kann ich mich in den Zeiten, in denen ich nicht als Medium arbeite, von der Geisterwelt lösen, um nicht ständig mit ihr verbunden zu sein. Wenn ich gerade nicht arbeite, würde es nur einem sehr starken oder hartnäckigen Geistwesen gelingen, meine Aufmerksamkeit zu wecken. So etwas passiert normalerweise nur dann, wenn eine Sitzung oder Jenseitskontakt-Demonstration bevorsteht; in solchen Situationen ist es völlig normal, dass die Geistwesen anfangen, ihre Energie mit meiner verschmelzen zu lassen. Dann sage ich ihnen in Gedanken einfach: *Bis bald, wir sehen uns dann bei der Sitzung (oder Jenseitskontakt-Demonstration)!* Aber wenn die Geisterwelt mir eine wichtige Botschaft oder Warnung übermitteln möchte, lässt sie mir manchmal natürlich gar keine andere Wahl – Geistwesen können schon ziemlich hartnäckig sein!

So etwas habe ich einmal bei einem Mann erlebt, der als Gast zu einer Party kam, zu der ich eingeladen war: Kaum hatte er den Raum betreten, wusste ich auch schon, dass sich sein verstorbener Bruder in seiner Nähe befand. Dabei handelte es sich bei dieser Party gar nicht um ein Gruppenreading, und es ging auch nicht um spirituelle Themen, sondern es war einfach nur ein Treffen von Softwaretechnikern, das ich mit einem Freund besuchte; außer diesem Begleiter wusste niemand, wer ich war.

Da stand ich also nun und wusste nicht, wie ich mich in dieser Situation verhalten sollte. Schließlich wollte ich diesen Mann nicht einfach ansprechen: »Hallo, kann es sein, dass Ihr Bruder vor Kurzem verstorben ist?«, und dann ein richtiges Reading mit ihm durchführen, denn damit hätte ich ihm womöglich einen Riesenschrecken eingejagt. Außerdem halte ich nichts davon, einfach auf Menschen zuzugehen und ihnen Botschaften aus dem Jenseits zu übermitteln; schließlich weiß ich nichts über ihren Glauben und möchte auch nicht einfach plötzlich in ihre Privatsphäre eindringen. Das ist kein ethisch korrektes Verhalten; ich habe zwar Respekt vor der Geisterwelt, muss aber auch die Menschen auf dieser Welt respektvoll behandeln.

Also sandte ich dem Geistwesen stattdessen einen Gedanken: *Wenn du willst, dass ich deinem Bruder eine Botschaft übermittle, dann musst du schon selber einen Weg finden, um das hinzukriegen.*

An diesem Abend wurde dann doch keine Nachricht übermittelt! Aber Sie können sich darauf verlassen: Wenn ein Geistwesen will, dass jemand eine Botschaft von ihm erhält, überlegt es sich auch, wann, wo und wie das am besten geschehen soll. Zumindest hoffe ich, dass der verstorbene Bruder dieses Mannes in der Lage war, ihn zu irgendjemandem hinzuführen, der ihm eine Botschaft von ihm übermitteln konnte.

Wenn Sie es für Ihre Berufung halten, Hellseher oder Medium zu werden, empfehle ich Ihnen, sich intensiv mit dieser Materie zu beschäftigen. Sie müssen lernen, Ihre übersinnlichen und medialen Fähigkeiten richtig einzusetzen, und auch verstehen, wie das funktioniert. Außerdem gibt es ethische Grundsätze, an die jedes gute Medium sich halten sollte und auf die ich in Kapitel 11 noch näher eingehen werde. Wenn Sie das alles beherzigen, werden Sie automatisch zu einem selbstbewussteren, angesehenen Medium – nicht nur hier auf der irdischen Welt, sondern auch im Jenseits.

Und da wir gerade dabei sind, dass man sich in seinen medialen Fähigkeiten üben sollte, möchte ich Ihnen hier eine gute Anfängerübung vorstellen.

Übersinnliche Wahrnehmungsübung für Anfänger

Übersinnliche Fähigkeiten sind wie Muskeln: Man muss sie regelmäßig nutzen, damit sie wachsen. Diese Übung, die ich oft mit den Teilnehmern meiner Workshops mache, kann Ihnen bei der Entwicklung Ihrer übersinnlichen Wahrnehmung sehr weiterhelfen und macht gleichzeitig Spaß. Dabei fordere ich einen Teilnehmer auf, so zu tun, als besäße er bereits voll ausgebildete übersinnliche Gaben, und irgendjemanden im Seminarraum auszuwählen, zu dem er sich spontan hingezogen fühlt. Als Nächstes soll er sagen, welche Informationen er von diesem Menschen empfängt – auch wenn er das Gefühl hat, das alles existiere nur in seiner Fantasie.

Wenn man das Gefühl hat, frei agieren zu können, steht man nicht unter dem Druck, recht haben zu müssen – und dann macht das Ganze auch gleich viel mehr Spaß! Dann arbeiten Ihr Vorstellungsvermögen und Ihre übersinnliche Wahrnehmung Hand in Hand und erzeugen einen natürlichen Informationsfluss. Oft schiebt sich gerade in solchen Situationen, in denen Sie nicht unter dem Druck stehen, etwas »vorführen« oder stimmige Aussagen treffen zu müssen, die Seele eines geliebten verstorbenen Menschen in Ihr Bewusstsein.

Natürlich glaubt derjenige, der diese Übung macht, dann, sich das alles nur ausgedacht zu haben – und erfährt später, dass er tatsächlich zutreffende Informationen empfangen hat. Auch wenn seine Aussagen nur zu 50 Prozent stimmen und zu 50 Prozent falsch sind, sind er und die anderen Teilnehmer des Workshops doch angenehm überrascht davon, wie viele zutreffende Informationen bei dieser Übung durchgekommen sind. Das liegt daran, dass sie einfach mit Spaß und ohne jede Erwartungshaltung an die Sache herangehen und ihrer Fantasie freien Lauf lassen.

Hier ein paar einfache Übungen, mit denen Sie Ihre übersinnlichen Fähigkeiten weiterentwickeln können:

- Fragen Sie sich jeden Morgen, bevor Sie sich an Ihren Schreibtisch setzen: »Wie viele E-Mails werde ich heute erhalten?« oder »Was mein Chef heute wohl anhaben wird?«.
- Versuchen Sie, beim nächsten Klingeln des Telefons *vorauszuahnen*, wer am anderen Ende der Leitung sein könnte, bevor Sie nach der Nummer auf dem Display schauen.
- Versuchen Sie, bei der nächsten Strom- oder Gasrechnung zu *erraten*, wie hoch sie wohl ist, bevor Sie den Briefumschlag öffnen.
- Stellen Sie sich in einem Gebäude mit mehreren Aufzügen vor den, bei dem sie das *Gefühl* haben, dass er zuerst aufgeht.
- Falls Sie es sich zutrauen, versuchen Sie, ein oder zwei Wörter aus den Schlagzeilen der morgigen Tageszeitung zu *visualisieren*.

Aber versteifen Sie sich in dieser Phase, in der Sie sich erst noch im Einsatz Ihrer übersinnlichen Fähigkeiten üben und diese weiterentwickeln, nicht darauf, ob Sie mit einer Aussage richtig oder falsch lagen. In diesem Stadium kommt es nur auf den Versuch an; Sie müssen Erfahrungen darin sammeln, wie Ihre Intuition oder Ihre übersinnliche Wahrnehmung Informationen empfängt und interpretiert. Nun, am Ende dieses Kapitels, ist es mir wichtig, noch einmal zu wiederholen, dass jeder Mensch etwas anders mit seinen intuitiven und übersinnlichen Fähigkeiten arbeitet – also versuchen Sie niemals, einem anderen Medium nachzueifern!

Dokumentieren Sie Ihre Fortschritte

Ich habe bereits erwähnt, wie wichtig es ist, sich einen besonderen Platz für solche Aktivitäten einzurichten – einen Raum, an dem Sie Ihre Gedanken zur Ruhe bringen und sich in einen Zustand innerer Stille versetzen können. An dieser Zufluchtsstätte, diesem heiligen Ort, können Sie sich auch dem Studium Ihrer übersinnlichen oder medialen Tätigkeit widmen.

Außerdem empfehle ich Ihnen dringend, ein Tagebuch zu führen, in dem Sie Ihre Gedanken zu übersinnlichen Themen, aber auch Ihre Träume und Eingebungen aufzeichnen. Sie können auch mehrere Tagebücher an verschiedenen Stellen deponieren, um unabhängig von Ihrem Aufenthaltsort jederzeit Ihre Fortschritte und etwaige spontane Eingebungen Ihrer Intuition festhalten zu können. (Natürlich können Sie dafür auch eine Tagebuch-App auf Ihrem Handy oder einem anderen elektronischen Gerät verwenden.)

Denken Sie daran: Übersinnliche Wahrnehmungen oder Eingebungen können jederzeit und überall in Ihnen aufsteigen! Daher wird dieses Tagebuch Ihnen jetzt und in Zukunft, wenn Sie auf Ihre Fortschritte zurückblicken, eine wertvolle Hilfe sein. Es wird Ihnen wichtige Erkenntnisse dazu liefern, wann Sie mit Ihren Eingebungen richtig oder falsch lagen – und wer weiß: Vielleicht können Sie es später sogar bei der Ausbildung von Nachwuchsmedien verwenden. Ich bin immer noch im Besitz von Tagebüchern, die Jahre in die Vergangenheit zurückreichen und in denen ich Vorahnungen, Eingebungen, Übungen und natürlich auch meine Träume aufgezeichnet habe. Wenn ich diese Tagebücher heute durchblättere, erkenne ich, wie sich meine Fähigkeiten im Lauf der Jahre weiterentwickelt haben und stärker geworden sind – wie viel klarer sie jetzt sind und wie viel besser sie sich in mein körperliches Leben einfügen. Einige der Lehrmethoden, mit deren Hilfe ich heute junge Medien unterrichte, stammen aus diesen Tagebüchern!

Tipps für das Führen eines »übersinnlichen Tagebuchs«

Wenn Sie zum ersten Mal mit so einem Tagebuch arbeiten, denken Sie daran, Ihre Einträge mit Datum und Uhrzeit zu versehen, damit Sie Ihre Fortschritte auch Tage, Monate oder Jahre später immer noch genau zurückverfolgen können!

Hier ein paar Ideen dazu, was Sie in dieses Tagebuch alles hineinschreiben könnten:

- Alle unerwarteten Gedanken oder Eingebungen, die nichts mit Ihrem normalen Alltagsleben zu tun zu haben scheinen (auch wenn Sie sie nur für reine Hirngespinste halten).
- Zusammentreffen und Synchronizitäten, die in Ihrem Leben immer wiederzukehren scheinen.
- Zahlen, die immer wieder auftauchen, zum Beispiel auf Nummernschildern, Uhren, dem Display Ihres Telefons usw.
- Träume und die Bilder und Emotionen, die dabei in Ihnen aufgestiegen sind (und an die Sie sich am nächsten Morgen noch erinnern können).
- Bilder oder Symbole, die Ihnen einfallen (versuchen Sie diese nach Möglichkeit nicht zu deuten oder zu verändern).
- Ihre Wünsche und Ziele.
- Inspirierende Affirmationen (Sie können ruhig auch selbst welche erfinden).

Schon allein das Führen dieses Tagebuchs hilft Ihnen bei der Erweiterung Ihres Bewusstseins, denn dadurch lernen Sie Ihr inneres Führungssystem kennen und können anfangen, damit zu arbeiten. Das führt zu einem allmählichen Bewusstwerdungsprozess: Dadurch wird Ihnen klar, wie Ihr Verstand und Ihr Geist gemeinsam die Sprache Ihrer Seele deuten.

Kapitel 8:

WO LIEGEN IHRE ÜBERSINNLICHEN STÄRKEN?

Jeder kommt mit besonderen Gaben, Talenten und Fähigkeiten auf die Welt. Manche Menschen sind künstlerisch begabt, andere sind gute Lehrer, Bauarbeiter, Personal Trainer oder Schriftsteller. Das Gleiche gilt auch für unsere übersinnlichen Fähigkeiten.

Nachdem ich mich über zwei Jahrzehnte lang mit übersinnlicher Wahrnehmung und medialen Fähigkeiten beschäftigt habe, kann ich sagen: Wenn ich dabei überhaupt etwas gelernt habe, so ist es die Tatsache, dass wir alle irgendwelche übersinnlichen Gaben besitzen und jeder auf seine Weise damit arbeitet. Ich vermittle meinen Schülern ein solides Fundament und Verständnis dieser Fähigkeiten, erkläre ihnen, wie übersinnliche Wahrnehmung abläuft, und helfe ihnen auf diese Weise bei der Stärkung ihrer angeborenen übersinnlichen Gaben. Außerdem bringe ich Menschen auch bei, diese Fähigkeiten im Alltag – im privaten, beruflichen und sozialen Leben und bei der Gestaltung ihrer Beziehungen – einzusetzen. Sobald Sie beginnen, Ihre besonderen übersinnlichen Gaben zu entdecken und zu nutzen, sollten Sie sich regelmäßig darin üben; nur so können Sie feststellen, ob Sie für eine Arbeit als Medium geeignet sind oder nicht. Bevor ich meine Schüler in der Tätigkeit eines Mediums unterweise, ermuntere ich sie erst einmal dazu, sich gründlich mit ihrer übersinnlichen Wahrnehmung vertraut zu machen; denn nur so gewinnt man Zugang zu seinen medialen Fähigkeiten.

Obwohl es sehr verschiedene übersinnliche Wahrnehmungskanäle gibt, möchte ich mich in diesem Buch auf die drei häufigsten Kanäle beschränken: Hellfühlen, Hellsehen und Hellhören. Bei meiner medialen Tätigkeit kommunizieren die Geistwesen auf vielen verschiedenen Wegen durch mich; doch normalerweise kann ich die besten Ergebnisse und die klarsten Botschaften liefern, wenn ich mich dabei auf meine besonderen Stärken (Hellfühlen und Hellsehen) konzentriere.

So erkennen Sie Ihre speziellen übersinnlichen Gaben

Wenn Sie einem Hellseher oder einem Medium bei der Arbeit zusehen, können Sie sich einen guten Eindruck von seinen besonderen Stärken verschaffen, indem Sie einfach auf seine Wortwahl achten. Wenn das Medium immer wieder sagt: »Ich *fühle* oder *spüre* ...«, ist Hellfühlen seine größte Stärke. Sagt es dagegen häufig: »Ich *sehe* ...« oder »Mir wird *gezeigt* ...«, so sind seine hellseherischen Fähigkeiten besonders ausgeprägt; und wenn es immer wieder erklärt: »Ich *höre*...« oder »Mir wird *gesagt* ...«, liegt seine spezielle Gabe auf dem Gebiet des Hellhörens.

Einige von Ihnen wissen vielleicht schon, wo Ihre besonderen übersinnlichen Stärken liegen. Das ist ganz normal. Wenn Sie zum Beispiel glauben, im Bereich des *Hellfühlens* besonders sensibel zu sein, sollten Sie erst einmal daran arbeiten, diese Gabe weiter zu stärken, bevor Sie sich der Entwicklung anderer übersinnlicher Fähigkeiten zuwenden. Mir ist aufgefallen, dass viele Teilnehmer meiner Workshops zunächst das Hellsehen für ihren besten Kanal zum Empfang übersinnlicher Informationen halten. Doch auch gute Hellfühler können hervorragende Resultate erbringen. Mit etwas Zeit und Übung – und Geduld – werden Sie in der Lage sein, alle drei übersinnlichen Wahrnehmungskanäle so zu nutzen, dass sie in Einklang miteinander arbeiten. Doch indem Sie erst einmal Ihre besondere Stärke entdecken und weiterentwickeln, können Sie sich ein solides Fundament aufbauen, sich besser auf Ihre spezielle übersinnliche Gabe einstimmen, sensibler und aufnahmefähiger werden – und genau diese Eigenschaften braucht ein gutes Medium.

Falls Sie vorhaben, Ihre medialen Fähigkeiten weiterzuentwickeln, sollten Sie also innerlich offen und flexibel sein und einfach abwarten, welche Anlagen bei Ihnen zuallererst durchkommen und stärker werden, und die Entscheidung, wie die Seelen Verstorbener durch Sie kommunizieren möchten, einfach der Geisterwelt überlassen. Wahrscheinlich werden diese Stärken bei Ihnen immer wieder einmal wechseln. Inzwischen nutze ich bei meiner medialen Tätigkeit alle drei Wahrnehmungskanäle, während ich früher hauptsächlich mit der Fähigkeit des Hellfühlens arbeitete. Die Geisterwelt kennt Ihre Stärken und Schwächen. Deshalb halte ich es für eine gute Idee, ihr einfach ab und zu folgenden Gedanken zu senden: *Nutzt mich als Kommunikationskanal – aber nicht auf* meine *Art, sondern auf eure.* Auf diese Weise bleiben Sie zumindest bescheiden und innerlich offen für die Chance, Ihre medialen Fähigkeiten kontinuierlich weiterzuentwickeln.

Außerdem sollten Sie niemals versuchen, die Arbeitsweise anderer Hellseher oder Medien nachzuahmen. Warum nicht? Eigentlich liegt die Antwort auf der Hand: Wenn man jemand anderen nachmacht, kann man immer nur der Zweitbeste sein – an das Original reicht man niemals heran. Manche Schüler beobachten ein berühmtes, von ihnen bewundertes Medium bei seiner Tätigkeit und versuchen dann, eine ähnliche Arbeitsweise zu entwickeln. Doch damit behindern sie die Entfaltung ihrer eigenen medialen Fähigkeiten, schränken ihr Wachstumspotenzial ein und verbauen sich die Chance, ihre persönliche übersinnliche Wahrnehmungsfähigkeit zu entwickeln. Also bleiben Sie sich treu! Versuchen Sie, keinem Vorbild nachzueifern und nichts zu erzwingen, denn damit erweisen Sie sich keinen guten Dienst.

Vertrauen Sie auf die Geisterwelt!

Auch meine Fähigkeiten haben sich im Lauf der Jahre weiterentwickelt und verändert. Manchmal nutze ich – je nach den Bedürfnissen der Geistwesen – beim Empfang und bei der Weiterleitung von Botschaften alle drei Wahrnehmungskanäle gleichzeitig. Ich bleibe einfach innerlich offen und bitte die Geistwesen, auf *ihre* Weise durch mich zu kommunizieren und nicht auf meine. Ich habe hundertprozentiges Vertrauen zur Geisterwelt. Sie wissen schon, was sie tun; und zumindest *ich* habe bei meinen Jenseitskontakt-Demonstrationen stets die Erfahrung gemacht, dass sie sich durch große Menschenmengen nicht einschüchtern lassen!

Vor ein paar Jahren hielt ich einen Festvortrag in Kombination mit einer Jenseitskontakt-Demonstration für meinen Verlag, und der Vortragssaal war brechend voll: Über 2000 Leute waren gekommen. Damals wusste ich noch nicht, dass mein Vortrag für alle, die nicht persönlich daran teilnehmen konnten, live online übertragen wurde. Als mein Name aufgerufen wurde, trat ich ins Rampenlicht der Bühne, und mir fiel sofort auf, dass die Beleuchtung im Zuhörerraum heruntergedimmt worden war, sodass ich mein Publikum kaum erkennen konnte.

»Bitte drehen Sie die Beleuchtung auf. Ich möchte meine Zuschauer sehen«, flüsterte ich dem Technikerteam hinter den Kulissen zu und wartete; doch das Publikum blieb trotzdem weiterhin im Halbdunkel. Ich spürte, wie gespannt die Zuschauer darauf warteten, dass ich endlich begann; also bat ich noch einmal: »Bitte drehen Sie die Beleuchtung auf.«

Da flüsterten die Techniker mir durch den Vorhang hindurch zu: »Geht nicht! Das ist eine Liveübertragung. Die Beleuchtung muss so bleiben. Nur so können Sie die Zuschauer zu Hause vor dem Bildschirm richtig erkennen.«

Daraufhin fing ich nicht an zu schreien und geriet auch nicht in Panik, sondern sandte der Geisterwelt nur schnell den Gedanken: *Was sollen wir jetzt machen?*

Da spürte ich plötzlich, wie sich meine Fähigkeit des Hellhörens einschaltete, als hätte jemand die Lautstärke voll aufgedreht! An diesem Tag nutzte ich bei meinem 90-minütigen Vortrag und der anschließenden Jenseitskontakt-Demonstration meine Gabe des Hellhörens. Die Worte kamen schnell und klar aus dem Jenseits, als die Geistwesen sich beschrieben – wie sie aussahen, wie sie gestorben waren – und mir Namen und Orte nannten, an denen sie gelebt hatten. Ich empfing detaillierte Informationen über ihre Hobbys und ihre Beziehung zu den Zuschauern, konnte alle Geistwesen eindeutig zuordnen und ihre Identität bestätigen. Sämtliche Botschaften wurden von den Empfängern akzeptiert, und der Informationsfluss verlief reibungslos. Was ich an dieser schwachen Beleuchtung besonders ungewöhnlich und auch ein bisschen irritierend fand, war die Tatsache, dass ich die Zuschauer, die mir antworteten, nicht sehen konnte. Ich musste mich also voll und ganz auf meine Gabe des Hellhörens verlassen und dabei nicht nur auf die Stimmen der Geistwesen, sondern gleichzeitig auch auf die Antworten aus dem Publikum hören. Das war Hellhören in seiner reinsten Ausprägung – diesen Tag werde ich so schnell nicht wieder vergessen! Natürlich kann ich das Verdienst daran nicht ausschließlich für mich beanspruchen – schließlich bin ich nur der Kanal und nicht derjenige, der hinter den Kulissen die Strippen zieht. Also hatten an diesem Tag auch die Geistwesen einen ganz besonderen Applaus verdient!

Sie wussten, dass ich mein Publikum bei dieser Demonstration nicht sehen und daher auch nicht wie gewohnt arbeiten konnte; also haben sie einfach die Regie übernommen. Und ich blieb dabei ruhig, weil ich wusste, dass sie mich nicht im Stich lassen und die über 2000 Zuschauer, die auf Botschaften von ihren verstorbenen Angehörigen warteten, nicht enttäuschen würden. Also stand ich mir mit meinen Ängsten nicht weiter im Weg und setzte mein volles Vertrauen in die Geisterwelt.

Wie gesagt: Wenn Sie noch am Anfang der Entwicklung Ihrer medialen Fähigkeiten stehen, ist es sinnvoll, erst einmal herauszufinden, worin Ihre besonderen übersinnlichen Stärken liegen; aber versteifen Sie sich dabei bitte nicht auf einen einzigen Wahrnehmungskanal! Lassen Sie sich die Freiheit, alle drei Kanäle auszuloten und ihre Funktionsweise zu verstehen. Auch Sie werden in Zukunft noch viel dazulernen und sich weiterentwickeln – und zwar auf Wegen, die Sie nie für möglich gehalten hätten.

Doch nun wollen wir uns erst einmal ein bisschen näher mit den drei wichtigsten übersinnlichen Wahrnehmungskanälen beschäftigen und herausfinden, welche dieser Fähigkeiten Sie bereits besitzen.

Hellfühlen oder Klarfühlen

Hellfühlen ist so etwas wie ein inneres *Wissen* – eine der bekanntesten und wohl auch am leichtesten zugänglichen intuitiven Fähigkeiten. Haben Sie schon einmal einen Raum betreten, in dem kurz zuvor ein Streit stattgefunden hatte, und konnten diese Auseinandersetzung immer noch *spüren*? Wissen Sie, woher das kommt?

Wenn die Energie dieses Streits immer noch im Raum hängt, nehmen Sie die Emotionen und Umstände, die dazu geführt haben, mithilfe Ihrer Fähigkeit des Hellfühlens wahr: Sie können die tobende, negative Energie des Konflikts *fühlen*.

Noch ein Beispiel: Angenommen, Sie werden jemandem vorgestellt, und dabei überkommt Sie sofort ein Gefühl der Beklommenheit oder des Unbehagens. Eigentlich ist es gar nicht so schwer zu verstehen, was Sie da spüren: Sie *wissen* einfach, dass Sie zu dieser Person keinen richtigen Draht bekommen werden. Das ist eine

Bauchreaktion; aber normalerweise versuchen wir, solche Gefühle zu rationalisieren, indem wir uns sagen, dass wir mit diesem Menschen wahrscheinlich nichts gemeinsam haben. In Wirklichkeit empfangen Sie jedoch Gedanken und Gefühle aus der Aura der betreffenden Person, die dann durch Ihr Solarplexuschakra in der Bauchregion in Sie eintreten. (In Kapitel 10 werde ich noch genauer auf die zehn wichtigsten Chakren und ihr Zusammenspiel mit den drei übersinnlichen Wahrnehmungskanälen eingehen.) So entsteht das, was wir gemeinhin als »Bauchgefühl« bezeichnen; in diesem Fall also eine Form des Hellfühlens.

Und nun denken Sie bitte einmal über folgende Fragen nach. Jedes *Ja* ist ein deutliches Zeichen dafür, dass Sie über die Gabe des Hellfühlens verfügen:

* Fühlen Sie sich leicht gekränkt?
* Spüren Sie bei der Begegnung mit einem Menschen sofort intuitiv, ob mit ihm etwas nicht stimmt, auch wenn er eigentlich einen ganz zufriedenen Eindruck macht?
* Fühlen Sie beim Autofahren instinktiv, dass Sie eine bestimmte Route wählen sollten – und erfahren dann später, dass auf der ursprünglich geplanten Strecke ein Riesenstau den Verkehr lahmgelegt hat?
* Sind Sie der Mensch, an den sich alle Leute wenden, wenn sie niedergeschlagen sind oder sich etwas von der Seele reden möchten?
* *Spüren* Sie beim Betreten eines Zimmers sofort, ob die Möbel richtig angeordnet sind oder nicht?
* Ist Ihnen schon einmal aufgefallen, dass Ihre Mitmenschen sich unwillkürlich zu Ihnen hingezogen fühlen? Werden Sie oft um Rat gefragt? Oder werden Sie beim Einkaufen öfter um Auskünfte gebeten, weil man Sie für eine Verkäuferin oder einen Verkäufer hält?

Das sind nur ein paar mögliche Anzeichen dafür, dass Sie auf dem Gebiet des Hellfühlens besonders sensibel sind.

Zu solchen Menschen fühlt man sich automatisch hingezogen. Oft nehmen sie auch Informationen von anderen auf. Sofern Sie eine angeborene Gabe des Hellfühlens besitzen, empfangen Sie höchstwahrscheinlich Schwingungen von Ihren Mitmenschen, was sich auf Ihre seelische Verfassung auswirken kann.

Deshalb möchte ich an dieser Stelle eine Warnung aussprechen: Sollten Sie zu den Hellfühlern gehören, werden Sie wahrscheinlich positive und negative Gefühle anderer Menschen in sich aufnehmen. Wenn Sie also normalerweise ein fröhlicher, optimistischer Mensch sind und sich plötzlich aus unerfindlichen Gründen – ohne erkennbare Ursache – niedergeschlagen fühlen, sollten Sie versuchen, dieses Phänomen aus einem anderen Blickwinkel zu betrachten. Statt sich zu fragen »Was ist denn mit mir los?«, sollten Sie lieber überlegen: »An wem könnte es liegen?« Wahrscheinlich haben Sie sich auf Gefühle oder Schwingungen von einem anderen eingestimmt, ohne sich dessen bewusst zu sein. Denn mit Ihrer übersinnlichen Gabe des Hellfühlens können Sie Menschen helfen und haben auch das Bedürfnis, dies zu tun.

Wenn Ihnen so etwas wieder einmal passiert, halten Sie bitte ein paar Minuten inne, konzentrieren sich auf Ihr Solarplexuschakra und fragen sich: »Wessen Gefühle sind das?« Und dann achten Sie darauf, ob dabei das Bild einer bestimmten Person vor Ihrem inneren Auge aufsteigt. Das könnte jeder beliebige Mensch sein – vielleicht ein Familienangehöriger, ein guter Freund, Nachbar oder vielleicht sogar ein Kollege. Versuchen Sie, diese Person in Gedanken anzusprechen, und fragen Sie sie beiläufig, wie es ihr geht. Vielleicht wundert es Sie dann, wenn Sie herausfinden, dass in Wirklichkeit *diese Person* niedergeschlagen ist und nicht Sie!

In unserer heutigen Gesellschaft berühren oder umarmen sich die Menschen nicht mehr so oft. Doch ein hellfühlender Mensch hat das *Bedürfnis*, Dinge körperlich zu berühren und zu spüren. Das fördert ihre intuitive übersinnliche Gabe des Hellfühlens ans Tageslicht, denn dadurch können sie ihre Mitmenschen auf einer weit tieferen seelischen Ebene verstehen. Anders ausgedrückt: Mit solchen Berührungen stellen sie eine *Seelenverbindung* her.

Unsere Hände sind ausgezeichnete Energierezeptoren. Wenn Sie das nächste Mal jemanden kennenlernen, schauen Sie ihm in die Augen, ergreifen (und halten) seine Hand und stellen eine *echte* Verbindung zu diesem Menschen her; und wenn Sie einen Freund oder eine Freundin treffen, nehmen Sie ihn oder sie liebevoll in den Arm. Schon allein die Tatsache, dass Sie sich Ihrer Gabe des Hellfühlens und der subtilen Wege bewusst sind, auf denen Sie Informationen empfangen, wird Ihnen auf vielerlei Weise helfen; das ist für Sie ein wunderbares Werkzeug, um Antworten zu finden auf ungeklärte Fragen.

Wie setzen Medien die Gabe des Hellfühlens ein?

Arbeitet ein Medium mit dieser Fähigkeit, kann es die Energie des Geistwesens, mit dem es in Kontakt tritt, spüren oder fühlen – ganz gleich, ob es sich dabei um ein männliches oder weibliches, junges oder älteres Wesen handelt – und vielleicht auch erkennen, wo in seinem Körper sich die Krankheit befand, die es ins Jenseits befördert hat. Das Medium kann den Charakter des Verstorbenen beschreiben, empfängt einen Eindruck von seinen besonderen Eigenheiten und nimmt manchmal vielleicht sogar selbst Eigenschaften dieses Geistwesens an. Hellfühlen gehört zu den häufigsten Arbeitsmethoden von Medien, und die Geisterwelt kann ihnen auf diesem Weg unbegrenzt Informationen übermitteln.

Wenn sich mir ein Geistwesen nähert und mit meiner Aura verschmilzt, fange ich vielleicht an, genauso zu reden oder zu gehen wie dieser Verstorbene. Womöglich nehme ich sogar vorübergehend ein paar seiner Eigenheiten an, zum Beispiel ein nervöses Zucken oder

einen Gesichtsausdruck von diesem Menschen in seiner früheren körperlichen Gestalt. Ich freue mich immer wieder darüber, wie überrascht mein Klient guckt, wenn er sieht, wie die Seele des Verstorbenen
seinen vormaligen Charakter und seine Eigenschaften durch mich als
Kanal zeigt. Es ist fast so, als stünde dieser Mensch vor dem Klienten –
und auf spiritueller Ebene tut er das ja auch tatsächlich!

Ich habe übrigens auch gelernt, dass ich als Medium noch stärker
mit einem Geistwesen verschmelzen kann, wenn ich es auffordere, näher zu kommen und mit meiner Aura eins zu werden, so, als stünde es
in meinen Schuhen. Dann ist es tatsächlich so, als würde ich zu diesem
verstorbenen Menschen und sähe die Welt mit seinen Augen. Wenn ich
auf dieser Ebene des Hellfühlens mit der Seele eines Verstorbenen zu-
sammenarbeite, beherzige ich ein Prinzip, das ich bei meiner Tätigkeit
als Medium schon sehr frühzeitig gelernt habe, nämlich: Weniger von
mir – mehr vom Geistwesen.

Übung: So erschließt man sich die Gabe des Hellfühlens

Man kann seine übersinnlichen Fähigkeiten zu den verschiedensten
Zwecken einsetzen. Wenn Sie vor einer wichtigen Entscheidung stehen – egal, ob es dabei um eine neue Beziehung oder etwas Geschäft-
liches, einen Berufswechsel oder den Kauf eines Autos oder Hauses
geht –, konzentrieren Sie sich bitte auf Ihren Hellfühlkanal (Ihr Solarplexuschakra) und versuchen Sie mithilfe folgender Übung herauszufinden, wie Sie sich entscheiden sollen:

Machen Sie es sich an Ihrem Meditationsplätzchen zu Hause bequem. Schließen Sie die Augen und legen Sie die Hände leicht auf Ihren Solarplexus. Stellen Sie sich vor, wie dieser Bereich Ihres Körpers
langsam von einem wunderschönen gelben Licht erfüllt wird.

Sobald Sie ruhig und entspannt sind, fragen Sie sich: »Was empfinde ich im Hinblick auf diese Entscheidung (oder diese Person)?«

Und dann warten Sie ab, ob ein Gefühl oder Bild in Ihnen aufsteigt. Fragen Sie sich: »Fühlt sich das positiv oder negativ an?« Falls Sie daraufhin ein Gefühl des Unbehagens überkommt, haken Sie noch einmal nach: »Warum ist mir dabei so unwohl?« Je konkreter die Frage, umso genauer wird wahrscheinlich auch die Antwort sein, die Sie darauf erhalten. Diese Übung dauert nur ein paar Minuten und kann Ihnen sehr hilfreiche Erkenntnisse liefern!

Zweite Übung zur Entwicklung der Fähigkeit des Hellfühlens

Diese Übung hat es mir schon oft erspart, mir unnötige Vorwürfe wegen des Verhaltens anderer Menschen zu machen. Wenn Sie spüren, dass jemand eine negative Stimmung ausstrahlt, können Sie sich mithilfe dieser Technik Klarheit darüber verschaffen, was in diesem Menschen vorgeht – bevor Sie sich selbst die Schuld an dieser Stimmung geben.

Dazu müssen Sie aber zunächst einmal aufhören, sich selbst im Weg zu stehen. Schieben Sie alle Gedanken darüber, was Sie wahrnehmen oder spüren, beiseite. Entspannen Sie sich nur, schließen Sie die Augen und atmen Sie.

Und dann versuchen Sie sich vorzustellen, dass Sie im wahrsten Sinn des Wortes in den Schuhen dieses anderen Menschen stehen und sich in ihn verwandeln. Fühlen Sie das, was er fühlt. Verstehen Sie jetzt besser, was mit ihm *wirklich* los ist und wie Sie ihm möglicherweise helfen könnten?

***

Nun, da Sie ungefähre Grundkenntnisse über das Hellfühlen gewonnen haben und wissen, wie man sich diese Fähigkeit erschließt, können Sie damit in verschiedenen Lebensbereichen experimentieren. Mit dieser Fähigkeit kann man sich sehr gut auf höhere Schwingungsfrequenzen einstimmen; wenn nötig, können Sie sie aber auch auf eine niedrigere Frequenz einstellen und Ihre übersinnliche Sensibilität verringern, indem Sie sich auf Ihren Solarplexus konzentrieren und sich dabei vorstellen, wie das gelbe Licht immer schwächer wird. Sobald Sie ein bisschen Übung im Umgang mit dieser Fähigkeit des Hellfühlens haben, sollten Sie Spaziergänge machen und sich innerlich dafür öffnen, die freie Natur in ihrer Schönheit zu *spüren*. Da alles aus Energie besteht, werden Sie schnell lernen, diese Energie auch zu fühlen.

Hellsehen oder Klarsehen

Hellsehen bedeutet *inneres Sehen*. Dabei empfängt man Bilder, Symbole und Farben. Das hat aber nichts mit Sehen im körperlichen Sinn – also mit den Augen – zu tun; dabei geht es vielmehr darum, unser *inneres Auge* (besser bekannt unter dem Begriff »drittes Auge«) einzusetzen. Ich glaube, dass die Seele niemals ohne ein Bild zu uns spricht.

Lassen Sie sich von den weitverbreiteten Fehlvorstellungen über Hellseher nicht an Ihrer Weiterentwicklung hindern! Wir alle wissen, dass das Unbekannte manchen Menschen ein bisschen unheimlich ist; und die Macht des rationalen Verstandes kann ein starkes Abschreckungsmittel sein. Schon allein das Wort *Hellseher* stößt viele Menschen ab. Nur allzu leicht lässt man sich von TV-Sendungen beeinflussen, in denen Hellseher immer sehr klischeehaft dargestellt werden: in einem verräucherten Zimmer sitzend, eine Kristallkugel in den Händen. Ich denke, es ist höchste Zeit, endlich mit diesen Mythen aufzuräumen.

Ich habe einmal eine sehr schöne Geschichte von einem netten Ehepaar gehört, das mir berichtete, dass Hellsehen sogar eine alltägliche Erfahrung sein kann. Jack saß gerade in seinem Wohnzimmer und schaute zu einem neu gekauften Engelsbild hoch, dem seine Frau einen Ehrenplatz direkt über dem Kamin gegeben hatte. Beim Betrachten des neuen Bilds und als er sich fragte, ob es ihm gefiel oder nicht, bemerkte er, dass das Gesicht des Engels zu verschwimmen und sich zu verändern begann. Allmählich nahm ein neues Gesicht vor seinen Augen Gestalt an. Er blinzelte ein paarmal, um zu sehen, ob die Vision daraufhin wieder verschwinden würde; doch das Bild veränderte sich weiter, und der Engel begann seiner Tante Mary zu ähneln, die er schon seit einiger Zeit nicht mehr gesehen hatte. Natürlich sagte er sich, dass er sich das bestimmt nur einbildete; vermutlich handelte es sich dabei um ein Hirngespinst. Immerhin hatte er einen langen, anstrengenden Tag hinter sich; wahrscheinlich war er nur müde. Das redete ihm jedenfalls sein Verstand ein. Schließlich glaube er nicht an dieses »Zeug«, erklärte er mir mit schelmischem Lächeln, als er seine Geschichte erzählte.

Auch am nächsten Tag konnte Jack das Gesicht seiner Tante nicht aus dem Kopf bekommen. Das verwirrte ihn. Also rief er – immer noch skeptisch – Marys Tochter, seine Cousine Carol, an und erzählte ihr die Geschichte. Er wusste, dass Carol offener für übersinnliche Phänomene war als er. Und da Carol wusste, dass Jack kein Märchenerzähler war, rief sie gleich, nachdem er aufgehängt hatte, ihre Mutter an, um zu hören, wie es ihr ging. »Hallo, Mum, hier ist Carol. Ich weiß, es klingt seltsam, aber ich wollte einfach nur fragen, ob mit dir alles in Ordnung ist?« Daraufhin erklärte die Mutter, dass es ihr gut gehe; allerdings sei ihr in letzter Zeit etwas schwindelig. Carol beschloss, vorsichtshalber am nächsten Tag mit ihr zum Arzt zu fahren.

Wahrscheinlich ahnen Sie schon, was jetzt kommt: Der Arzt führte die üblichen Routineuntersuchungen durch und stellte fest, das Jacks Tante einen viel zu hohen Blutdruck hatte und sofort Medikamente brauchte. Dadurch, dass Jack dieses Bild gesehen und darauf reagiert hatte, konnte seine Tante behandelt werden, bevor sich ihr Gesundheitszustand verschlechterte.

Und nun denken Sie bitte einmal über folgende Fragen nach. Jedes *Ja* ist ein deutliches Zeichen dafür, dass Sie die Gabe des Hellsehens besitzen:

- Haben Sie oft lebhafte Träume, an die Sie sich hinterher noch genau erinnern können?
- Haben Sie einen Blick dafür, wie man Möbel so anordnet, dass ein Raum ästhetischer wirkt oder die Energie darin besser fließen kann?
- Haben Sie schon mal auf den ersten Blick erkannt, dass jemand im Begriff war zu erkranken, obwohl die betreffende Person eigentlich ganz gesund aussah?
- Können Sie sich vorstellen, wenn Sie mit jemandem telefonieren, wie er aussieht, obwohl Sie ihn noch nie gesehen haben?
- Haben Sie sich schon einmal etwas angeschaut (zum Beispiel ein Gemälde, ein Stück Holz oder eine Wolke), und Ihnen sind in diesem Objekt plötzlich andere Bilder erschienen?

Hellsehen bedeutet nichts anderes, als mit seinem inneren Auge zu sehen – oder um es etwas wissenschaftlicher auszudrücken: Ihr »Empfänger« für diese Fähigkeit befindet sich im Chakra des dritten Auges (zwischen den Augenbrauen) und steht mit der Hypophyse in Verbindung. Menschen, die besonders hellseherisch begabt sind, halten sich gerne in großen, offenen, hell erleuchteten Räumen auf; und wenn sie auf Reisen gehen, möchten sie unbedingt alles sehen – sie wollen sich einfach nichts entgehen lassen! Ebenso wie durch Hellfühlen können Sie auch mit hellseherischen Fähigkeiten viel Positives für sich und andere Menschen bewirken, wenn Sie lernen, sich diesen übersinnlichen Wahrnehmungskanal zu erschließen und die in Ihnen aufsteigenden Bilder und Symbole richtig zu deuten.

In den Anfangsstadien dieser Entwicklung erklären mir viele Schüler, dass die empfangenen Bilder und Symbole oft ziemlich subtil sind und nur ganz kurz vor ihrem inneren Auge aufblitzen. Wenn man noch keine Ausbildung zum Hellseher oder Medium absolviert und kein feines Gespür für solche übersinnlichen Phänomene entwickelt hat, entgehen einem solche Bilder oder Symbole leicht. Um diese hellseherische Fähigkeit zu entwickeln muss man üben, seine Gedanken zu fokussieren. Es gibt eine weitverbreitete Fehlvorstellung vom Hellsehen: Manche Menschen glauben, man würde dabei plötzlich ein klares, dreidimensionales Bild vor sich sehen. Doch die Realität ist weitaus weniger dramatisch: Man empfängt eher innere Bilder oder Symbole und manchmal auch Worte.

Die Menschen deuten Symbole ziemlich unterschiedlich; für den einen hat ein Bild oder Symbol vielleicht eine andere Bedeutung als für jemand anderen. Sobald Sie etwas mehr Übung darin haben, werden Sie bei der Ausübung Ihrer hellseherischen Fähigkeiten immer wieder die gleichen Symbole zu sehen bekommen und lernen, sie richtig zu deuten, indem Sie eigene Analogien oder persönliche Zusammenhänge herstellen. Es ist wichtig, sich diese Symbole in Ihrem Tagebuch zu notieren, um ihre Bedeutung besser zu verstehen. Fragen Sie sich: »Was bedeutet dieses Bild für mich?« Sobald Sie mehr Erfahrung beim Ausüben Ihrer hellseherischen Begabung gesammelt haben und über eine umfangreiche übersinnliche Datenbank verschiedener Bilder verfügen, werden Sie dem alten Sprichwort »Ein Bild sagt mehr als tausend Worte« voll und ganz zustimmen.

Hören Sie sich Meditations-CDs mit Visualisierungen an, die schöne Bilder vor Ihrem inneren Auge heraufbeschwören! Das ist eine sehr gute Methode, um Ihre hellseherische Gabe zu schärfen und weiterzuentwickeln. Außerdem sollten Sie versuchen, wenn Sie sich in der freien Natur aufhalten, genau auf Ihre Umgebung zu achten: das tiefe Blau des Himmels, das beruhigende Grün der Wiesen und Bäume usw. Versuchen Sie auch, die verschiedenen Kulturen der Menschen in sich aufzunehmen, die Ihnen täglich begegnen. Viele, die gerade erst dabei sind, diese Fähigkeit zu entwickeln, möchten am liebsten sofort mit ihrem inneren Auge sehen können; doch ich halte es für wichtig, sich erst einmal genau hier in der Körperwelt umzuschauen und auf seine Umgebung zu achten. Wenn Sie diesen Rat beherzigen, trainieren Sie Ihre Augen und Ihren Geist darauf, mehr wahrzunehmen. Das hilft Ihnen bei der Entwicklung Ihrer hellseherischen Fähigkeiten.

Wie setzen Medien die Gabe des Hellsehens ein?

Viele Hellseher und Medien sehen subjektiv – also mit ihrem inneren Auge. Vielleicht ist Ihnen schon mal aufgefallen, dass ein Hellseher oder Medium bei einer Sitzung manchmal beiseiteschaut oder knapp über den Kopf seines Klienten hinwegsieht. Das ist ganz normal. Wenn ich Verbindung zur Geisterwelt aufnehme, schaue ich beispielsweise immer nach links und richte meine Aufmerksamkeit auch dorthin, obwohl dort gar niemand ist (zumindest nicht in körperlicher Gestalt). Das liegt nicht daran, dass ich dem Blickkontakt mit meinem Klienten ausweichen möchte; ich versuche einfach nur, mit der Energie eins zu werden, die ich spüre oder wahrnehme. Das bezeichne ich als mein »übersinnliches Display«; für mich fühlt sich das fast so an, als laufe ein kleiner Film vor meinem inneren Auge ab, wenn ich dort hinschaue. Im Lauf der Jahre habe ich diese Fähigkeit immer mehr verfeinert, sodass ich jetzt immer deutlichere, klarer umrissene Bilder sehe.

Wenn ein Medium mithilfe seiner hellseherischen Fähigkeiten mit einem Geistwesen kommuniziert, sendet die Seele dieses Verstorbenen ihm Bilder – zum Beispiel von sich selbst oder dem Haus, in dem er zu Lebzeiten gewohnt hat. Dann beschreibt das Medium seinem Klienten, was ihm von dem Geistwesen gezeigt wird. Es ist erstaunlich, welche Informationen die Geisterwelt uns auf diesem Weg schicken kann. Unsere Aufgabe ist es, einfach das weiterzugeben, was wir empfangen – je detaillierter, umso besser.

Ich weiß nie im Voraus, was mir die Geisterwelt zeigen wird; aber die Geistwesen wissen genau, was sie mir schicken müssen, um mir ihre Botschaft verständlich zu machen. Bei solchen Sitzungen haben mich die Geistwesen schon öfter dazu gebracht, mich zurückzubeugen und zur Decke hochzuschauen. Für mich bedeutet das immer, dass die Seele des Verstorbenen oder der Empfänger der Botschaft etwas mit der Sixtinischen Kapelle in Italien zu tun hat. Dann sehe ich das wunderschöne Deckengemälde von Michelangelo, das diese Kapelle ziert – und zwar so, als betrachtete ich es mit den Augen des Geistwesens. Sobald Sie etwas mehr Übung und Erfahrung haben, schickt Ihnen die Geisterwelt Bilder, die normalerweise in allen Sitzungen dieselbe Bedeutung für Sie haben.

Übung: So erschließt man sich die Gabe des Hellsehens

Die nun folgende Übung soll Ihnen zeigen, wo Ihr übersinnliches Auge liegt, und Ihnen helfen, die Fähigkeit des inneren Sehens weiterzuentwickeln.

Bevor Sie damit anfangen, machen Sie es sich bitte an Ihrem Meditationsplatz bequem und entspannen Sie sich. Schalten Sie Computer und Telefon aus. Für diese Übung brauchen Sie eine kleine weiße Kerze.

Setzen Sie sich bequem hin und stellen Sie die brennende Kerze vor sich auf einen Tisch. Entspannen Sie Ihre Augen und schauen Sie in die Flamme. Dabei werden Ihre Augen zu tränen beginnen. Das ist ganz normal. Sobald Sie das spüren, schließen Sie die Augen und decken jedes Auge mit einer Handfläche ab, sodass Sie gar nichts mehr sehen.

Jetzt werden Sie wahrscheinlich merken, dass die Kerzenflamme vor Ihrem *inneren* Auge – zwischen Ihren Augenbrauen und ein paar Millimeter darüber – weiterflackert. Warten Sie, bis die Flamme verschwindet, und machen Sie diese Übung dann noch einmal 10 bis 15

Minuten lang. Sie dient dazu, Ihre hellseherischen Fähigkeiten zu trainieren und weiterzuentwickeln. (Dabei werden Sie feststellen, dass sich Ihr inneres Auge knapp oberhalb des Nasenrückens befindet – also nicht dort, wo Sie Ihren körperlichen Blick hinwenden, wenn Sie geradeaus schauen.)

Wenn Sie das nächste Mal durch Ihre hellseherischen Fähigkeiten eine Frage beantworten oder eine Entscheidung treffen möchten, schließen Sie die Augen und konzentrieren Sie sich sanft auf Ihr übersinnliches »drittes« Auge; und dann stellen Sie Ihre Frage. Denken Sie dabei immer daran, sie so konkret wie möglich zu formulieren. Danach schreiben Sie die Frage mit der Antwort in Ihr Tagebuch – egal, ob Sie dabei ein Symbol, ein Wort, eine Farbe, eine Person oder einen Gegenstand gesehen haben. Wenn Sie regelmäßig üben und experimentieren, können Sie diese Fähigkeit mit der Zeit immer mehr verfeinern. Fangen Sie mit ein paar einfachen Tests an! Sie können zum Beispiel Karten umgedreht auf den Tisch legen und versuchen, ihre Farbe zu erraten.

Weitere Übungen zur Entwicklung des Hellsehens

Als Kind habe ich gerne mit meiner Mutter dies einfache Spiel gespielt – ohne zu wissen, dass ich damit schon früh meine übersinnlichen Fähigkeiten trainierte: Bitten Sie einen Freund, sich eine Zahl von 1 bis 50 auszudenken, und versuchen Sie, diese dann zu visualisieren. Aber denken Sie nicht zu krampfhaft darüber nach, sondern entscheiden Sie sich für die erste Zahl, die vor Ihrem inneren Auge auftaucht. Seien Sie spontan!

Es gibt auch noch ein anderes sehr hilfreiches Experiment: Fordern Sie jemanden auf, sich in ein anderes Zimmer zu stellen und etwas in die Hand zu nehmen; und dann versuchen Sie zu erraten, welchen Gegenstand die betreffende Person in der Hand hält – egal, ob Sie dabei ein Bild oder nur einen Umriss sehen. Vertrauen Sie auf die Information, die Sie empfangen, und achten Sie darauf, dass Ihnen Ihr logisches Denken dabei nicht in die Quere kommt!

Auch wenn Ihnen diese Übungen noch so einfach vorkommen mögen: In Wirklichkeit entwickeln Sie Ihre hellseherischen Fähigkeiten dabei immer weiter. An dem alten Sprichwort »Übung macht den Meister« ist tatsächlich etwas Wahres dran! Sie können natürlich auch eigene Experimente erfinden. Sobald Sie lernen, diese erstaunliche Fähigkeit zu nutzen, werden Sie bald noch viel mehr Bilder vor Ihrem inneren Auge sehen.

Hellhören oder Klarhören

Das ist Ihr *inneres Gehör:* die Fähigkeit, Namen, Daten, Aussprüche, sogar Lieder oder Melodien zu hören. Manche Menschen hören *objektiv*, also Dinge außerhalb ihrer selbst. Wenn Sie *subjektiv* (mit Ihren inneren Ohren) hören, nehmen Sie diese Geräusche wie Worte wahr, die mit Ihrer eigenen Stimme gesprochen werden.

Haben Sie schon mal Ihren Namen rufen hören, obwohl gar niemand in der Nähe war? Das war vielleicht die Seele eines verstorbenen Freundes oder Angehörigen aus der Geisterwelt oder einfach nur jemand hier auf der Erde, der gerade an Sie gedacht hat. Falls Sie das Gefühl haben, dass Letzteres der Fall ist, rufen Sie diesen Menschen doch einmal an! Höchstwahrscheinlich werden Sie dann erfahren, dass er tatsächlich gerade an Sie gedacht hat.

Ein anderes gutes Beispiel für Hellhören sind Lieder oder Melodien, die Ihnen im Kopf herumgehen. Aber nicht der Song, den Sie gerade im Radio gehört haben, sondern einer, der unerwartet und aus scheinbar unerklärlichen Gründen vor Ihrem inneren Ohr auftaucht. Wenn so etwas passiert, halten Sie kurz inne und achten Sie auf diesen Song. Wie lautet der Titel? Hören Sie auf den Text oder versuchen Sie, ihn im Internet zu finden. Vielleicht handelt es sich dabei um den Lieblingssong eines geliebten Menschen, der verstorben ist, und er möchte Ihnen damit Hallo sagen. Höchstwahrscheinlich beinhaltet der Text einen Rat oder eine ermutigende Botschaft für Sie oder einen Ihnen nahestehenden Menschen, der gerade etwas Zuspruch oder eine helfende Hand braucht.

Bei telefonischen Readings nutze ich meine Fähigkeit des Hellhörens, indem ich mich mithilfe der Stimme meines Klienten auf seine Energie einstimme. Aus der Stimme eines Menschen kann man sehr gut intuitive Informationen ableiten. Wenn Sie das nächste Mal mit jemandem telefonieren, schließen Sie die Augen und hören Sie genau auf die Stimme am anderen Ende der Leitung. Lassen Sie den Tonfall und die Worte Ihres Gesprächspartners auf sich wirken, um nicht nur bewusst, sondern intuitiv darauf zu reagieren. Vielleicht werden Sie dabei Farben, Bilder oder gar Gefühle registrieren, die gar nichts mit Ihrem Gespräch zu tun haben. Hören Sie nicht nur mit Ihren Ohren, sondern mit Ihrer Intuition! Hellhören ist jene leise innere Stimme, die so oft in Ihrem Inneren erklingt – und auf die so viele Menschen nicht hören und dies später bereuen.

Ihr Empfänger für diesen übersinnlichen Wahrnehmungskanal liegt in der Kehle (Kehlchakra). Hellhörer können ihr *inneres Gehör* stärken, indem sie sich auf diesen Körperbereich konzentrieren.

Denken Sie einmal über folgende Fragen nach. Jedes *Ja* ist ein deutliches Zeichen dafür, dass Sie die Gabe des Hellhörens besitzen:

- Denken Sie nicht »laut«, sondern immer in Ihrem Kopf?
- Merken Sie es sofort, wenn jemand nicht die Wahrheit sagt?
- Haben Sie manchmal plötzlich einen hohen Ton im Ohr?
- Geht Ihnen hin und wieder ein Musikstück oder ein bestimmter Song im Kopf herum?
- Hören Sie manchmal, was andere Menschen denken?

Manchmal kann diese Gabe des Hellhörens auch ein bisschen verwirrend sein. Woran erkennt man, ob es sich um übersinnliche Eingebungen oder einfach nur eigene Gedanken handelt? Schließlich neigen wir alle dazu, in Gedanken Selbstgespräche zu führen. Wenn Sie Ihre Fähigkeit des Hellhörens weiterentwickeln möchten, müssen Sie also zunächst einmal lernen, zwischen übersinnlichen Informationen und Ihren alltäglichen Gedanken und inneren Dialogen zu unterscheiden. Im Lauf der Zeit werden die Informationen, die Ihnen Ihre *innere Stimme* vermittelt, zu fließen beginnen und immer klarer. Solche Informationen sollten stets positiv sein und dem höchsten Wohl dienen. Empfangen Sie negative Informationen, ist das wahrscheinlich nur Ihr rationaler Verstand, der dazwischenfunkt. Dann sollten Sie vielleicht überprüfen, ob Ihnen irgendwelche emotionalen oder psychischen Probleme zu schaffen machen, bevor Sie weiterüben.

Ich gebe Menschen, die noch am Anfang der Ausbildung ihrer übersinnlichen Fähigkeiten stehen, immer einen sehr wichtigen Rat mit auf den Weg: Wenn man das Gefühl hat, eine übersinnliche Information zu erhalten, sollte man innerlich einen Schritt zurücktreten und sich fragen: »Kommt diese Information *zu* mir oder *von* mir?« So können Sie Ihre übersinnlichen Gaben ausbalanciert entwickeln und sicher sein, stets subjektive Informationen zu erhalten.

Wie setzen Medien die Gabe des Hellhörens ein?

Als ich anfing, mich mit der Fähigkeit des Hellhörens zu beschäftigen, erwartete ich immer, eine dröhnende Stimme aus der Geisterwelt zu hören, die in klaren Worten zu mir sprach. Ich glaubte, ich würde Sätze außerhalb meines Kopfs hören, denn mir war nicht bewusst, dass man solche Botschaften viel häufiger subjektiv – also in seinem eigenen Kopf und mit seiner eigenen Stimme – hört. Immer wenn ich etwas höre, was nichts mit meinem Leben zu tun hat, weiß ich, dass diese Botschaft von einem Geistwesen kommt.

Es kann ein besonderes Erlebnis sein, einem Medium zuzusehen, wie es mit der seltenen Gabe des Hellhörens arbeitet. Das innere Gehör solcher Medien ist so scharf und aufnahmefähig, dass sie alles in Worte fassen können, was das Geistwesen ihnen mitteilt. Solche Medien nennen ihren Klienten Namen, Spitznamen, Daten, Adressen und Zahlen; und wenn ein Verstorbener ein bestimmtes Musikstück oder Lied besonders gerne mochte, hört das Medium diese Musik in seinem Kopf. Natürlich besteht dabei immer die Gefahr, dass der Verstand des Mediums die empfangenen Informationen filtert. Deshalb versuche ich, solche Botschaften immer genau so wiederzugeben, wie ich sie höre.

Als Beweis dafür möchte ich Ihnen eine interessante Geschichte erzählen. Einmal führte ich ein Reading für ein Ehepaar durch, das seinen Sohn verloren hatte. Die Sitzung lief reibungslos ab – so lange, bis mir immer wieder die Worte *zipper head* (engl.: *Reißverschluss*) im Kopf herumzugehen begannen. Ich fragte die Eltern, ob sie verstünden, was damit gemeint sei; doch sie schauten mich nur verwirrt an und sagten: »Nein, John. Das verstehen wir auch nicht.«

Manchmal erhalte ich aus der Geisterwelt auf hellseherischem Weg das Bild eines Reißverschlusses (engl.: *zip*) an einem Kopf; dieses Symbol steht bei mir für einen Gehirntumor. Doch diesmal sah ich kein Bild, sondern hörte immer nur die Worte *zipper head*. Mir blieb nichts anderes übrig, als diese Botschaft zu ignorieren, da der junge Mann seinen Eltern auch noch andere Dinge zu sagen hatte; also bat ich sie, sich das Wort *Schlitzauge* aufzuschreiben für den Fall, dass ihnen die Bedeutung später noch einfallen würde.

Kurz danach erhielt mein Büro einen Anruf von den Eltern, die uns mitteilten, dass ihnen auf der Heimfahrt doch noch klar geworden war, was ihr Sohn mit dieser Botschaft gemeint hatte. Er hatte zu Lebzeiten den Spitznamen Zip gehabt; und sein Benutzername für seinen Computer lautete tatsächlich *zipper head*!

Wie gesagt: Manchmal ist es schwierig, Botschaften, die wir auf dem Weg des Hellhörens empfangen, von unseren eigenen Gedanken zu unterscheiden; doch mit ein bisschen Übung werden Sie bald merken, ob das, was Sie hören, einfach nur ein innerer Dialog oder eine Botschaft der Geisterwelt ist. Wenn Sie die Fähigkeit des inneren Gehörs weiterentwickeln, kann sie Ihnen in vielen Lebensbereichen eine wertvolle Hilfe sein. Falls das Hellhören Ihre Stärke ist, können Ihnen die nun folgenden Übungen vielleicht weiterhelfen.

Übung: So erschließt man sich die Gabe des Hellhörens

Diesmal sollen Sie es sich nicht an ihrem Meditationsplatz zu Hause gemütlich machen, sondern sich ein bequemes Plätzchen im Freien – beispielsweise in einem Park oder am Strand – suchen. Das sollte ein Platz sein, an dem Menschen aller Altersgruppen zusammenkommen: zum Beispiel eine schöne Bank, ein Plätzchen unter einem Baum oder eine andere Stelle, an der Sie sich wohlfühlen.

Sobald Sie es sich dort bequem gemacht haben, schließen Sie die Augen, atmen langsam ein und entspannen sich. Atmen Sie einfach ein paarmal ganz langsam tief durch und seien Sie locker und entspannt. Und nun versuchen Sie bitte, sich nicht *umzuschauen*, sondern *umzuhören*, und zwar mit Ihrem körperlichen Gehör. Versuchen Sie, sich auf die Geräusche aus der Ferne zu konzentrieren. Können Sie den Straßenverkehr, das Brummen eines Flugzeugs oder die Stimmen von Menschen hören, die sich miteinander unterhalten? Versuchen Sie, mit Ihrem Gehör so weit wie möglich in die Ferne zu reichen.

Und nun holen Sie Ihren Hörsinn in Ihre nähere Umgebung zurück. Hören Sie Kinder spielen oder Menschen reden? Versuchen Sie, anhand ihrer Stimmen den Altersunterschied zu erkennen. Sind diese Leute jung oder alt? Hören Sie um sich herum Vögel zwitschern? Versuchen Sie, alle Geräusche – nah und fern – gleichzeitig zu hören.

Bemühen Sie sich bei dieser Übung auch, die Stille zwischen den Geräuschen wahrzunehmen; denn gerade dort ist der unterschwellige Strom intuitiver Informationen besonders häufig zu hören.

Das ist wahrscheinlich eine der schwierigsten Übungen; doch damit trainieren Sie Ihr körperliches Gehör darauf, Geräusche in unterschiedlichen Tonhöhen und Entfernungen wahrzunehmen. Auch wenn ich hier das Wort *Hören* verwende, geht es dabei in Wirklichkeit doch eher um ein *Zuhören*, ein Lauschen auf Eindrücke. Hier ein Beispiel dafür: Wenn Sie einen Song im Radio *hören*, nehmen Sie einfach nur die Musik wahr. Wenn Sie dagegen richtig *zuhören*, nehmen Sie alles daran in sich auf: vom Tempo, in dem der Text gesungen wird, bis hin zu den Instrumenten. Zwischen Hören und Zuhören besteht ein großer Unterschied; es lohnt sich, uns diesen Unterschied einmal klarzumachen. Dabei schärfen Sie zugleich Ihre Fähigkeit des Hellhörens und machen sich mit Ihrer leisen inneren Stimme vertraut. Für manche Menschen, die ihre hellhörerischen Fähigkeiten entwickeln möchten, kann es auch hilfreich sein, sich Stöpsel in die Ohren zu stecken, um die Geräusche der Außenwelt abzudämpfen. Dadurch wird das innere Gehör schärfer und akzentuierter.

Weitere Übungen zur Entwicklung des Hellhörens

Diese Übung hilft beim Abschalten des Denkens am Tagesende. Setzen oder legen Sie sich in einer bequemen Position ruhig hin. Atmen Sie tief ein und entspannen Sie sich. Lassen Sie den Tag aus Ihrer Erinnerung entschwinden, schließen Sie die Augen und werden Sie innerlich ganz entspannt.

Und nun stellen Sie sich ein paar Sekunden lang ein schönes himmelblaues Licht in der Gegend Ihres Kehlkopfs vor. Visualisieren Sie, wie sich dieses Licht langsam immer weiter ausdehnt, während Sie in Ihr Kehlkopfzentrum hineinatmen. Hier ist das Zentrum, in dem die Fähigkeit des Hellhörens ihren Sitz hat.

Stellen Sie eine Frage, zu der Sie gerne einen Rat oder mehr Klarheit hätten; aber bleiben Sie dabei mit Ihrem Bewusstsein in dieser Kehlregion und in dem himmelblauen Licht. Lassen Sie sich nicht entmutigen, wenn Sie nicht gleich etwas hören; irgendwann werden Sie doch ein Wort oder vielleicht sogar einen Satz empfangen. Fragen Sie sich, ob die Antwort, die Sie erhalten haben, zu Ihrer Frage passt. Falls Sie sie nicht verstehen sollten, fragen Sie sich als Nächstes: »Was bedeutet das für mich?« Vielleicht fließen Ihnen daraufhin noch mehr Informationen zu; es kann aber auch sein, dass Ihre innere Führung es bei der ersten Antwort bewenden lassen möchte. Vertrauen Sie auf die Botschaft, die Sie empfangen; vielleicht wird Ihnen später klar, dass das genau die richtige Antwort war.

Sobald Sie etwas mehr Übung in dieser Technik haben, können Sie sie auch für andere Zwecke einsetzen. Nehmen Sie sich zum Beispiel vor Ihrem nächsten Meeting ein paar Sekunden Zeit, um sich auf Ihre Kehlkopfregion zu konzentrieren, und fragen Sie sich: »Was muss ich für diese Besprechung wissen?« Daraufhin werden Sie vielleicht einen Ratschlag, einen Song oder ein Symbol empfangen, das auf seine Art in hörbarer Form zu Ihnen zu sprechen scheint. Solche Botschaften können Ihr Verhalten beeinflussen und zu einem besseren Ergebnis der Konferenz beitragen.

Denken Sie daran, dass auch Ihre Engel, Geistführer und Geisthelfer nur darauf warten, Ihnen hilfreich zur Seite zu stehen. Sie brauchen sie nur darum zu bitten und dann auf ihre Ratschläge zu hören. Dokumentieren Sie die Botschaften, die Sie empfangen, in Ihrem Tagebuch und denken Sie daran, sie mit Datum zu versehen, denn vielleicht erhalten Sie dabei Informationen, aus denen Sie zunächst nicht schlau werden, die aber später doch noch einen Sinn für Sie ergeben könnten.

***

Vielen meiner Studenten ist es wichtig, die Fähigkeit des Hellhörens zu erlernen. Falls Sie sich noch in der Entwicklungsphase Ihrer medialen Fähigkeiten befinden, arbeiten Sie einfach mit dem, was Sie bereits haben; eine der drei Fähigkeiten (oder eine Kombination daraus) wird Ihnen schon bei Ihrer medialen Arbeit helfen. Lernen Sie, spielerisch und mit Spaß an die Entwicklung Ihrer spirituellen Fähigkeiten heranzugehen. Ich kann Ihnen nicht beibringen, wie man ein Hellseher oder Medium wird – denn *das sind Sie bereits* –, aber ich kann Ihnen helfen, sich daran zu erinnern.

Übungswoche: Überlassen Sie sich ganz der Führung Ihrer übersinnlichen Fähigkeiten

Ich habe bereits erwähnt, dass mediale Tätigkeit eine Seinsform ist. Sich Zeit für Aktivitäten zu nehmen, die zu Ihrem spirituellen Wachstum und zur Entwicklung Ihrer übersinnlichen Fähigkeiten beitragen, hat nichts mit Egoismus zu tun – im Gegenteil: So etwas kann sich sehr positiv auf Ihr Wohlbefinden und Ihre spirituelle Lebendigkeit auswirken. Wenn Sie sich auf die Bedürfnisse Ihrer Seele konzentrieren, tun Sie etwas für Ihr Wohlergehen und erweitern Ihren spirituellen Horizont. Deshalb empfehle ich Ihnen, einmal eine Woche lang lauter Dinge zu tun, die untypisch für Sie sind – mit anderen Worten: Tun Sie genau das, was Sie normalerweise nicht tun würden!

Überlassen Sie sich in dieser Testwoche hundertprozentig der Führung Ihrer intuitiven übersinnlichen Fähigkeiten.

- Wenn Sie *das Gefühl haben,* dass Sie schon immer mit einem bestimmten Kollegen essen gehen wollten, sich bisher aber nie darum bemüht haben, nehmen Sie sich diese Woche Zeit, ihn darum zu bitten.

- Falls es Sie *dazu hinzieht,* einen Angehörigen anzurufen, mit dem Sie schon lange nicht mehr gesprochen haben – greifen Sie zum Telefon!
- Wenn Sie auf dem Heimweg schon immer einmal eine bestimmte Straße entlangfahren wollten, das bisher aber noch nie getan haben, dann tun Sie es jetzt!
- Gibt es ein Buch, das Sie schon immer lesen wollten oder zu dem Sie sich hingezogen fühlen, obwohl Sie sich normalerweise gar nicht für solche Themen oder Geschichten interessieren? Besorgen Sie sich dieses Buch.
- Wenn Sie schon immer den Wunsch hatten, einen bestimmten Kurs oder Workshop zu belegen, informieren Sie sich zumindest einmal darüber.

Sicher ist Ihnen inzwischen schon klar geworden, was ich Ihnen damit sagen möchte: dass Sie auf Ihr Bauchgefühl vertrauen, ihm folgen und all Ihre übersinnlichen Wahrnehmungskanäle nutzen sollen. Wenn Sie das eine Woche lang getan haben, vergessen Sie bitte nicht, alle neuen Entdeckungen oder Erkenntnisse, die Ihnen beim Folgen Ihrer inneren Führung gekommen sind, in Ihr Tagebuch einzutragen. Wenn man den Fingerzeigen seiner Seele folgt, eröffnen sich oft neue Chancen. Aus dieser spannenden Übung werden Sie lernen, wie intuitive oder übersinnliche Informationen durch Sie hindurchfließen und für Sie arbeiten. Mit dieser Übung möchte ich Sie davon überzeugen, sich in Ihrem Leben stärker von dieser Intuition und weniger von Ihrem analytischen Verstand leiten zu lassen. Lassen Sie sich ruhig auf dieses Experiment ein!

Und während Sie lernen, Ihre individuellen übersinnlichen Fähigkeiten – ob das nun Hellfühlen, Hellsehen oder Hellhören ist – wieder zum Leben zu erwecken und weiterzuentwickeln, vergessen Sie bitte nicht, trotzdem mit beiden Beinen auf dem Boden zu bleiben und ein harmonisches Leben zu führen. Sobald Sie diese Fähigkeiten gut entwickelt haben, können sie Ihnen in allen Bereichen – auch bei Ihrer spirituellen Entwicklung – eine große Hilfe sein. Vor allem aber sollte diese Übungswoche für Sie eine wunderbare Erfahrung und Entdeckungsreise auf dem Weg der Entwicklung Ihrer übersinnlichen Wahrnehmungskanäle sein.

Also lassen Sie die Muskeln Ihrer Intuition spielen! Je öfter man sie benutzt, umso mehr wachsen sie.

Psychometrie: Übersinnliche Berührung

Bei meiner medialen Ausbildung (in den USA wie auch in Großbritannien) führten meine Trainer das Wort *Psychometrie* ständig im Mund. Es wurde rasch zu einem wichtigen Bestandteil meiner Lehrzeit, und ich empfehle allen meinen Schülern, mit diesem wunderbaren Trainingswerkzeug zu arbeiten und zu experimentieren. Das Wort bedeutet nichts anderes als »Maß der Seele«.

Psychometrie ist ein hervorragendes Werkzeug zur Entwicklung Ihres übersinnlichen Bewusstseins; und die Arbeit damit macht zugleich auch noch Spaß. Von dieser kleinen Technik können Sie sehr profitieren, denn sie hilft Ihnen, über Ihre fünf Körpersinne hinauszuwachsen, indem Sie Ihren Verstand zur Ruhe oder zum Schweigen bringen, um eine Ebene der übersinnlichen Wahrnehmung zu erreichen. Bei psychometrischen Übungen setzen Sie eine oder mehrere Ihrer übersinnlichen Fähigkeiten ein – egal ob Hellfühlen, Hellsehen oder Hellhören.

Bei dieser Übung hält man einen persönlichen Gegenstand eines Menschen in der Hand und *liest* diesen dann im Rahmen eines Readings. Oder um das Ganze in einen größeren Zusammenhang einzuordnen: Dabei nutzen Sie Ihre übersinnlichen Fähigkeiten, um das Wesen und die Geschichte des Gegenstands oder Artikels, den Sie in der Hand halten, zu *spüren* oder zu erfahren. Es ist, als würden Sie durch die Berührung dieses Objekts irgendetwas *fühlen, sehen* oder *hören* und

Eindrücke empfangen. Aus der bloßen Berührung eines Gegenstands kann man Informationen über Menschen oder Ereignisse ableiten, die mit diesem Objekt zusammenhängen. Denken Sie daran, dass alles aus Energie besteht und seine eigenen aurahaltigen Emanationen aussendet. Der Gegenstand, den das Medium berührt, könnte zum Beispiel Ihr Lieblingsring, eine Uhr oder ein Hemd von Ihnen sein oder ein alter Sessel, auf dem Sie besonders gern sitzen.

Wenn Menschen diese Technik bei ihrer medialen Ausbildung zum ersten Mal ausprobieren, ist es natürlich spannend, zu beobachten und zu hören, welche Informationen sie von dem Gegenstand in ihrer Hand empfangen. Doch wenn ich sie dann hinterher frage, was sie bekommen haben, achte ich auch genau auf ihre Worte, um zu hören, ob sie dabei etwas *gesehen, gefühlt* oder *gehört* haben; denn daraus kann ich schließen, welchen ihrer drei übersinnlichen Wahrnehmungskanäle sie bei der Psychometrie einsetzen. Manchmal ist es nur ein einziger; doch meistens wirken alle drei übersinnlichen Fähigkeiten zusammen.

Eine meiner Freundinnen setzt diese Technik immer bei einem neuen Auftrag von einem Kunden ein. Sobald ihr jemand eine Visitenkarte in die Hand drückt und diese Karte wahrscheinlich die Energie ihres Besitzers in sich trägt, kann sie daraus übersinnliche Eindrücke gewinnen. Sie bleibt einfach stehen, hält die Karte in der Hand, stimmt sich darauf ein und fragt sich, wie sie sich dabei fühlt – positiv oder negativ? Das hilft ihr, die richtigen geschäftlichen Entscheidungen zu treffen.

Probieren Sie das beim nächsten Mal, wenn Sie irgendeinen Gegenstand in die Hand nehmen, ruhig einmal selbst aus. Denken Sie an das Objekt, das Sie in der Hand halten, und fragen Sie sich, ob es sich positiv oder negativ anfühlt. Haben Sie sich zum Beispiel schon einmal ein Hemd oder einen Pullover von jemandem ausgeliehen und sich in diesem Kleidungsstück ganz anders gefühlt als sonst? Das liegt daran, dass Sie dabei die Emotionen und die Essenz seines Besitzers in sich aufnehmen. Hier ein kleiner Tipp, der auf meiner Erfahrung beruht:

Ich habe festgestellt, dass das mit metallischen Gegenständen beson- ders gut funktioniert. Uhren, Ketten, Ringe und Schlüssel scheinen die Energie ihres Besitzers noch stärker zu speichern als andere Objekte. Je länger er den betreffenden Gegenstand getragen hat oder in seinem Besitz hatte, umso besser.

Ich habe auch schon öfter mit Blumen gearbeitet. Wenn man eine Blume nimmt, die vorher ein anderer in der Hand gehalten hat, spürt man die Energie, die dabei zwischen diesen beiden Lebewesen hin und her geströmt ist. Ich habe das Hellfühlen durch Blumen bei meiner Ausbildung am Arthur Findlay College in England kennengelernt. Da standen Blumen verschiedenster Formen, Größen und Farben in ei- ner Vase, und niemand aus dem Kurs wusste, wer welche mitgebracht hatte. Als Nächstes sollte jeder diejenige Blume auswählen, zu der er sich am stärksten hingezogen fühlte. Wir hielten die Blumen in den Händen und führten mithilfe unserer psychometrischen Fähigkeiten ein Reading für die Person durch, die die jeweilige Blume mitgebracht hatte. Dabei bauten wir eine starke Verbindung (oft auch zu den Seelen verstorbener Menschen in der Geisterwelt) auf. Es war, als öffne sich das Tor zu einer anderen Welt, wenn wir eine schöne Rose in der Hand hielten.

Durch Psychometrie können Sie sich eine gute Basis für Ihre über- sinnliche Tätigkeit schaffen. Ich empfehle Ihnen dringend, damit zu arbeiten, wenn Sie Ihre medialen Fähigkeiten weiterentwickeln möch- ten.

Psychometrische Übung

Bevor Sie mit dieser Übung beginnen, sollten Sie bereits alle bisheri- gen Übungen in diesem Buch absolviert haben. Inzwischen dürften Sie mindestens eine Ihrer übersinnlichen Gaben – Hellfühlen, Hellsehen oder Hellhören – entwickelt haben.

Diese einfache Übung beginnt damit, dass Sie einen Gegenstand in die Hand nehmen, der jemand anderem gehört und eine besondere Bedeutung für diesen Menschen hat. Versuchen Sie dabei, alle Gedanken beiseitezuschieben, um völlig objektiv zu bleiben. (Deshalb ist es besser, nicht viel über die Person zu wissen, deren Gegenstand Sie in der Hand halten.)

Konzentrieren Sie sich auf das Chakra, das der übersinnlichen Fähigkeit zugeordnet ist, mit der Sie dabei arbeiten möchten. Dadurch stärken Sie die betreffende übersinnliche Gabe. (Hier eine kleine Erinnerungsstütze: Hellfühlen = Solarplexus, Hellhören = Kehlchakra, Hellsehen = drittes Auge.)

Sie brauchen diesen Gegenstand nicht fest zu umklammern; halten Sie ihn einfach nur leicht in Ihrer dominanten Hand und bewegen Sie ihn hin und her, während Bilder und Gefühle in Ihnen aufzusteigen beginnen. Wenn möglich, schreiben Sie dabei die ersten Dinge auf, die Ihnen dazu einfallen; aber analysieren Sie sie nicht und lassen Sie sich Ihre Eingebungen nicht von Ihrem bewussten Verstand ausreden!

Während Sie dieses Objekt in der Hand halten, sollten Sie sich Fragen stellen, zum Beispiel:

- Ist der Besitzer dieses Gegenstands verheiratet?
- Hat er Kinder?
- Ist er glücklich? Was macht er beruflich?
- Ist er zu der Arbeit, mit der ich ihn beauftragen möchte, in der Lage?
- Mit welchem Ratschlag könnte ich diesem Menschen jetzt weiterhelfen?

Der Liste der Fragen, die Sie stellen können, sind keine Grenzen gesetzt. Anschließend teilen Sie dem Besitzer des Gegenstands mit, was Sie empfangen haben – egal, ob es sich dabei um Gefühle, Worte, Bilder oder Symbole handelt. Vielleicht werden Sie darüber staunen, inwieweit die Informationen, die Sie erhalten haben, den Tatsachen entsprechen!

Sobald Sie die Fähigkeit der Psychometrie ein bisschen besser beherrschen und erkennen, dass Sie sich für eine mediale Tätigkeit eignen, kann Ihnen diese Gabe beim Aufbau einer Verbindung zur Geisterwelt wertvolle Dienste leisten. Es ist fast so, als könnten Sie sich durch den Einsatz Ihrer übersinnlichen Gaben in Kombination mit der Technik der Psychometrie auf eine höhere Frequenz einstimmen, auf der man mit spirituellen Dimensionen und Wesen in Verbindung treten kann. Mit etwas Zeit und Übung werden Sie bald unterscheiden lernen, ob Sie diese Informationen mithilfe übersinnlicher oder medialer Fähigkeiten empfangen. Denken Sie daran: Das sind zwei verschiedene Dinge!

Hier noch einmal eine kurze Erinnerungshilfe: Hellseher *nehmen* Informationen in der Aura eines Menschen oder anhand von persönlichen Gegenständen der betreffenden Person *wahr*, während Medien Informationen aus der Geisterwelt *empfangen*.

Sollte Ihnen also jemand einen Gegenstand eines verstorbenen Menschen in die Hand drücken und Sie dabei das Gefühl haben, Kontakt zu einem Geistwesen zu bekommen, legen Sie diesen Gegenstand lieber weg, bevor Sie mit dem Reading weitermachen, um ganz sicherzugehen, dass Sie dabei keine *übersinnlichen* Informationen empfangen. Jemand, der sich in der Kommunikation mit der Geisterwelt nicht so gut auskennt, denkt vielleicht, dass die betreffende Information von einem Geistwesen kommt, obwohl er in Wirklichkeit immer noch die übersinnlichen Emanationen dieses Gegenstands auffängt. Sobald Sie das Objekt beiseitegelegt haben und trotzdem immer noch Beweise und Bestätigungen von einem Geistwesen erhalten, wissen Sie, dass Sie diese Botschaften nicht auf übersinnlicher, sondern auf medialer Ebene erhalten.

Viel Spaß beim Üben, und denken Sie daran, sich dabei nicht selbst im Weg zu stehen! Analysieren Sie nicht alles, was Sie empfangen, zu Tode – und vergessen Sie nicht, Ihre Eindrücke in Ihrem Tagebuch zu dokumentieren!

Kapitel 9:

DIE MENSCHLICHE AURA

Ich trete auf die Bühne und stehe vor einem Meer erwartungsvoller Gesichter: Alle sind gespannt darauf, zu hören, was ich zu sagen habe oder welche Botschaften die Geisterwelt ihnen wohl gleich übermitteln wird. Unruhig sitzen sie da und warten darauf, dass ich endlich mit meiner Jenseitskontakt-Demonstration anfange, in der Hoffnung, zu den glücklichen Empfängern einer Nachricht von einem geliebten Verstorbenen zu gehören.

Ich habe mich schon oft gefragt, ob diese Leute wohl auch gerne wissen würden, wie es einem Medium geht, wenn es einem erwartungsvollen Publikum gegenübertritt, oder wie die Kommunikation mit der Geisterwelt funktioniert? Sicher hat jeder von Ihnen irgendwelche Angewohnheiten oder Rituale. Ich natürlich auch. Vor jeder öffentlichen Demonstration oder Privatsitzung bemühe ich mich, einen klaren Kopf zu bekommen und der Geisterwelt nicht den Weg zu versperren. Danach ist meine Aura geöffnet, und ich bin offen und bereit für die Botschaften aus dem Jenseits. Da ich inzwischen schon so lange als Medium tätig bin, brauche ich keine besonderen Techniken mehr, um meine Aura zu öffnen; ich muss nur an die Geisterwelt denken und ein Gebet sprechen, und schon geht alles wie von selbst. Ich ziele mit meinen Gedanken einfach auf die Geisterwelt wie mit einem Laser und teile den Geistwesen mit, dass ich bereit bin, mit meiner Arbeit zu beginnen und ihnen und ihren geliebten Angehörigen hier auf der Erde zu Diensten zu sein.

Den meisten Menschen ist vielleicht gar nicht klar, dass die Kommunikation, die sie jetzt gleich miterleben werden, nicht *von* mir kommt, sondern *durch* mich hindurchfließt. Oft *spüre* ich bei meinen einführenden Worten bereits, wie die Wesen aus der Geisterwelt näher kommen, weil meine Aura ihre Gegenwart wahrzunehmen beginnt. Dann aktiviert sich das entsprechende Chakra und schaltet meine Fähigkeit des Hellfühlens, Hellsehens oder Hellhörens ein, damit ich die Botschaften aus dem Jenseits empfangen kann. Damit ist die Brücke zwischen den beiden Welten errichtet, und das große Wiedersehen kann beginnen!

Bei der Entwicklung Ihrer übersinnlichen oder medialen Fähigkeiten spielen Ihre Aura und Ihre Chakren eine wichtige Rolle. Deshalb möchte ich in den nächsten beiden Kapiteln darauf eingehen, wie Aura und Chakren uns dabei helfen können, über die Beschränkungen unseres irdischen Ichs hinauszuwachsen.

Bei diesem Prozess wirken Aura und Chakren zusammen: Die Aura empfängt spirituelle und übersinnliche Energie, die sie an die Chakren weiterleitet. Ihre übersinnlichen Gaben, Ihre Aura und Ihre Chakren – all das gehört zu dem »Werkzeugkasten«, mit dessen Hilfe Sie Ihre angeborenen übersinnlichen Fähigkeiten verstärken und Ihr Potenzial als Medium weiterentwickeln können, das Ihnen den Kontakt zur Geisterwelt ermöglicht.

Ich glaube, ich sollte hier noch einmal wiederholen, dass es in diesem zweiten Teil meines Buchs zwar um die Entwicklung spiritueller Fähigkeiten geht, dass aber auch die meiner Leser davon profitieren können, die kein Hellseher oder Medium werden möchten. Wenn Sie tiefere Einblicke in Ihre Innenwelt gewinnen, hilft Ihnen das nicht nur in Ihrem spirituellen, sondern auch in Ihrem körperlichen Leben weiter.

Was ist eine Aura?

Bei unserer Reise durch dieses irdische Leben senden und empfangen wir ständig Energie: Mit jedem Wesen, mit dem wir hier in der Körperwelt oder im Jenseits in Kontakt kommen, findet ein Energieaustausch statt. Sind schon einmal wie aus heiterem Himmel Bilder und Gefühle in Ihnen aufgestiegen, als Sie einem Menschen zum ersten Mal begegneten? Manchmal weiß man sofort, ob man jemanden, den man gerade kennengelernt hat, sympathisch findet oder nicht. Oft ist das ein sehr starkes Gefühl. Vielleicht erscheint dabei auch plötzlich ein Bild vom Leben dieses Menschen vor Ihrem inneren Auge, oder Sie haben das Gefühl, zu wissen, was er beruflich macht. Womöglich empfangen Sie sogar noch weitere Informationen, zum Beispiel ob er verheiratet ist oder allein lebt. In diesem Bruchteil einer Sekunde, in dem Sie diesen Menschen kennenlernen, scheinen Sie alle möglichen Informationen über ihn herunterzuladen, und Ihr Geist beginnt diese Botschaften zu entziffern und zu deuten. In Wirklichkeit lesen und deuten Sie in solchen Momenten die *Aura* Ihres Gegenübers.

Hier noch ein weiteres Szenario: Haben Sie schon einmal die Gegenwart eines verstorbenen Freundes oder Angehörigen *gespürt* oder mussten ganz plötzlich an ihn denken? Obwohl die Seele dieses Verstorbenen sich jetzt in der spirituellen Dimension befindet, besitzt sein spiritueller Körper immer noch eine Aura, die liebevoll mit Ihnen in Kontakt treten möchte.

Wir alle haben schon religiöse Gemälde von Heiligen und Engeln gesehen, die auf solchen Bildern oft mit einem goldenen Heiligenschein dargestellt werden. Das ist das spirituelle Licht ihrer Aura. Aber man muss kein Engel oder Heiliger sein, um eine solche Aura zu haben: Jeder Mensch besitzt seine eigene, unverwechselbare Aura. Diese Auren wurden schon auf verschiedene Art und Weise beschrieben. Um es so einfach wie möglich auszudrücken, handelt es sich dabei um das Energiefeld, das *jede* Materie umgibt. Die menschliche Aura dehnt sich von unserem Körper aus in alle Richtungen aus, ist normalerweise oval und manifestiert sich als Magnetfeld. Diese Energie befindet sich – je nach unserer Stimmung – in einem Zustand ständigen Flusses und permanenter Veränderung. Sie passt sich an unsere emotionale, seelische und körperliche Verfassung an. Sogar unsere Lebensgeschichte – zum Beispiel Erinnerungen, Ideen, Ziele, Erkrankungen und der Mensch, der wir sind – wird in unserer Aura aufgezeichnet und gespeichert! Keine Patientenakte kann so viele Informationen enthalten wie die menschliche Aura.

Diese besteht aus vielen verschiedenen Schichten, die nur ein ausgebildeter Hellseher erkennen kann. Die *ätherische Schicht* liegt unserem Körper am nächsten; dann folgen die *Astralschicht*, die *Mentalschicht* und schließlich die *spirituelle Schicht*. Je ausgeprägter Ihre übersinnliche Wahrnehmungsfähigkeit ist, umso besser werden Sie diese Schichten in dem menschlichen Energiefeld sehen und spüren. In Wirklichkeit sind wir *alle* in der Lage, Auren von Menschen und Orten wahrzunehmen; doch nur wenige sind sich dessen überhaupt bewusst.

Folgende Situationen sind Beispiele für die Wahrnehmung von Auren:

- Sie stehen bei der Bank oder beim Postamt in einer Schlange und *wissen*, dass jemand hinter Sie getreten ist, ohne sich umgedreht zu haben.
- Sie spüren, wie jemand Sie vom anderen Ende des Raumes aus anstarrt.
- Sie fühlen sich unwillkürlich zu bestimmten Farben hingezogen.
- In bestimmten Räumen überkommt Sie plötzlich ein unbehagliches Gefühl, oder Sie fühlen sich darin auf Anhieb wohl.
- In Gegenwart bestimmter Menschen geht es Ihnen gut, während andere Sie innerlich zu erschöpfen und auszulaugen scheinen.
- Sie spüren die Gegenwart eines verstorbenen Freundes oder Angehörigen, der neben Ihnen steht.

Ich glaube, dass unsere prähistorischen Vorfahren – zum Beispiel die ersten, noch primitiven Menschen – mithilfe ihrer Aura drohende Gefahren spüren, wahrnehmen und erkennen konnten. Schließlich besaßen sie keine anderen Hilfsmittel zur Entdeckung solcher Bedrohungen; also mussten sie sich bei der Unterscheidung zwischen Freund und Feind auf ihre Sinne und Fähigkeiten verlassen. Im Lauf der Zeit haben wir leider einen Teil dieser ursprünglichen sensorischen Fähigkeiten verloren; doch man kann sie wieder zum Leben erwecken und nutzen.

An der farblichen Intensität und Helligkeit der Aura eines Menschen kann man seinen Gesundheitszustand, aber auch seine geistige und emotionale Verfassung ablesen. Jede Aura ist einmalig und schwingt auf einer besonderen Frequenz. Mit etwas Übung können Sie Ihre aurahafte Schwingung vielleicht sogar erhöhen und Ihre Aura ausdehnen oder näher zu sich heranziehen. Sobald Ihre Aura geöffnet ist und Sie auf derselben Frequenz schwingen wie ein anderer Mensch oder Gegenstand (oder womöglich sogar ein physischer Ort), werden Sie vielleicht eine Art *Verbindung* zu diesem Menschen oder Objekt spüren. Und wenn Sie das Gefühl haben, dass jemand nicht auf Ihrer Wellenlänge liegt, kommt das normalerweise daher, dass dieser Mensch auf einer anderen Frequenz schwingt als Sie. Dann haben Sie vielleicht das Gefühl, keinen richtigen Draht zu dieser Person zu bekommen. Ich bezeichne dieses Phänomen gerne als *kollidierende Auren*. Aber natürlich dauert es manchmal auch einfach nur ein bisschen länger, so weit mit der Energie eines anderen Menschen zu verschmelzen, dass man sich in seiner Gegenwart wohlfühlt.

Und nun wollen wir einmal versuchen, selbst Auren zu spüren oder wahrzunehmen. Menschen mit hellseherischen Fähigkeiten können Auren sehen, während Hellhörer Worte vernehmen, die der Aura entströmen; und Hellfühler spüren Auren. Egal, welcher übersinnliche Wahrnehmungskanal bei Ihnen am stärksten ausgeprägt ist: *Jeder* Mensch kann einen Weg finden, Auren zu lesen und zu verstehen.

Beispiel für eine Aura

Wie entwickelt man die Fähigkeit des Aurensehens?

Ich glaube, dass sich manche Menschen zu Licht *hingezogen fühlen,* während andere Licht *ausstrahlen.* Bei einer Jenseitskontakt-Demonstration in Rhinebeck (New York) hatte ich einmal ein unglaubliches Erlebnis, das mich in dieser Überzeugung bestätigt.

Ich hatte gerade die Bühne betreten, um einem Publikum, das schon gespannt auf mich wartete, meine medialen Fähigkeiten vorzuführen. Ich begann meine Demonstration mit der üblichen Erklärung, wie ich als Überbringer von Botschaften aus der Geisterwelt arbeite, und erläuterte meinen Zuhörern gerade den Beschleunigungsprozess, bei dem ich meine Schwingungsfrequenz erhöhe, während die Geistwesen gleichzeitig ihre Schwingung senken, damit unsere Energien miteinander verschmelzen können. Noch bevor ich mit der Beschreibung dieses subtilen Prozesses fertig war, fühlte ich mich plötzlich sehr stark zu einer Frau in der Mitte des Zuschauerraums hingezogen. Ich konnte meine Augen gar nicht mehr von ihr abwenden!

An dieser Stelle möchte ich betonen, dass ich vor solchen Demonstrationen nicht die leiseste Ahnung habe, zu wem es mich hinziehen wird, in welcher Beziehung die Geistwesen, die sich melden, zu den anwesenden Personen stehen und welche Botschaften sie ihnen übermitteln werden. Doch diese Frau schien irgendwie von innen heraus zu strahlen. Es war ein außergewöhnlicher Anblick, und mir war bewusst, dass ich gerade etwas Besonderes erlebte. Ich sah, dass sie ein blendend helles Licht verströmte, vor dem das übrige Publikum zu verblassen schien. Ihre Aura strahlte im wahrsten Sinn des Wortes! Bis zum heutigen Tag habe ich noch nie ein so wunderbar erleuchtetes Wesen gesehen.

Wie sich herausstellte, hieß die Frau Elizabeth, und ich erfuhr ziemlich rasch, dass ihr Mann vor ein paar Jahren gestorben war. Er war eine sanfte, liebevolle Seele, und seine Liebe zeigte sich in der schönen Botschaft, die er an diesem Abend für sie hatte und die mühelos durch mich hindurchströmte, während sie lächelnd und nickend all meine Informationen bestätigte.

Elizabeth hatte sich in der Hoffnung, von ihrem verstorbenen Mann zu hören, zu dem Workshop angemeldet, den ich an diesem Wochenende abhielt – und dieser Wunsch hatte sich zu ihrer vollen Zufriedenheit erfüllt. Ich wusste, dass ihr Mann direkt neben ihr stand und das Licht ihrer Aura mit seiner Liebe und Energie irgendwie verstärkt hatte. Später berichteten andere Teilnehmer, die neben Elizabeth gesessen hatten, sie hätten dabei eine Art Kribbeln in ihrem Körper gespürt. Offensichtlich waren diese Menschen mit ihrer Aura verschmolzen und hatten die spirituellen Emanationen dieser wunderbaren Frau und die Liebe ihres verstorbenen Ehepartners gespürt.

Das Auralesen ist einer der wichtigsten Bestandteile meiner Workshops. Sie dürfen sich das aber nicht so vorstellen, dass Sie eines Tages aufwachen und in der Lage sein werden, diese Energiefelder zu sehen, als sei das etwas Selbstverständliches – genauso wenig, wie man so etwas aus einem Buch lernen kann. Doch sobald Ihnen klar wird, dass man Auren nicht unbedingt mit seinen körperlichen Augen, sondern vielmehr mit seinen *übersinnlichen inneren Augen* sieht, haben Sie eine bessere Vorstellung davon, wie man dieses aurahafte Licht, das alle Lebewesen und Dinge umgibt, wahrnimmt. Stellen Sie sich einfach vor, ein Wesen aus Licht und Energie zu sein – denn das sind Sie tatsächlich! Das wird Ihnen beim Auralesen sehr weiterhelfen.

Übung: So nimmt man das aurahafte Licht wahr

Führen Sie diese Übung am besten in einem schwach erleuchteten Raum mit möglichst wenig direkter Sonneneinstrahlung durch. Dadurch erhöht sich Ihre Chance, dabei eine Aura zu sehen. Sie können die Übung sogar an Ihrem Meditationsplatz bei sich zu Hause machen, falls sich die Beleuchtung entsprechend einstellen lässt. Außerdem brauchen Sie eine leere Wand, vor die sich Ihr Übungspartner stellen soll. Diese sollte nach Möglichkeit von neutraler Farbe sein, und es sollten auch keine Bilder oder Dekorationsgegenstände daran hängen. Der Übungspartner, dessen Aura Sie wahrnehmen möchten, sollte am besten helle oder pastellfarbene Kleidung tragen. Ich weiß, dass es nicht ganz einfach ist, all diese Bedingungen zu erfüllen; doch es lohnt sich, diese Voraussetzungen zu schaffen, damit die Übung gut funktioniert.

Dann schließen Sie die Augen und atmen ein paarmal tief durch. Sobald Sie entspannt sind, konzentrieren Sie Ihr Bewusstsein auf Ihr drittes Auge. Meiner Überzeugung nach ist die Aura eine Art »Bildschirm« für Ihr drittes Auge, und mit etwas Übung können Sie Ihre innere Sicht so sehr stärken, dass Sie ständig Auren sehen. Danach schlagen Sie Ihre körperlichen Augen wieder auf, bleiben mit Ihrem Bewusstsein jedoch an dem Punkt zwischen Ihren Augenbrauen. (Das bedeutet aber nicht, dass Sie schielen sollen!) Nehmen Sie sich ruhig Zeit für diesen Teil der Übung.

Sobald Sie das Gefühl haben, innerlich bereit zu sein, fordern Sie Ihren Freund auf, sich vor die leere Wand zu setzen oder zu stellen. Positionieren Sie sich so weit von ihm weg, dass Sie seinen ganzen Körper sehen können. Denken Sie daran: Sie betrachten ihn mit Ihren übersinnlichen Augen; also bleiben Sie mit Ihrem Bewusstsein zwischen Ihren Augenbrauen. Schauen Sie zunächst seitlich an Kopf und Schultern Ihres Freundes vorbei. Seine Gestalt sollte also in Ihrem peripheren Gesichtsfeld liegen – konzentrieren Sie Ihren Blick nicht krampfhaft darauf.

Schauen Sie weiterhin *an Ihrem Übungspartner vorbei* und entspannen Sie Ihre Augen. Halten Sie Ihr Bewusstsein dabei mithilfe Ihrer Atmung im Chakra Ihres dritten Auges und fordern Sie Ihren Freund auf, seinen Körper langsam vor und zurück zu bewegen. Dabei dürfte Ihnen ein weißlichblauer Schimmer rund um seinen Kopf und seine Schultern auffallen, der sich mit ihm mitbewegt.

Diesen weißlichen Schimmer sehen die meisten Menschen als Erstes. Sobald Sie etwas sensibler sind und mehr Übung haben, erkennen Sie darin vielleicht auch verschiedene Farbtöne.

Achten Sie einmal darauf, ob die Aura Ihres Freundes an bestimmten Stellen besonders weit nach außen reicht oder ob sie unterschiedliche Farben enthält. Aus der Aura eines Menschen kann man viele übersinnliche Eindrücke gewinnen; also lassen Sie den dabei in Ihnen aufsteigenden intuitiven Informationen einfach freien Lauf!

Am Ende dieser Übung schließen Sie die Augen, atmen noch einmal tief durch und lassen Ihr Bewusstsein wieder nach unten zu Ihren körperlichen Augen zurückkehren. Nehmen Sie sich einen Moment Zeit, einfach nur zu atmen und sich zu entspannen. Wenn Sie wollen, können Sie nun mit Ihrem Übungspartner die Plätze tauschen, damit er *Ihre* Aura sehen kann. Danach versuchen Sie, Ihre Erfahrungen in Ihrem Tagebuch festzuhalten. Wenn es Ihnen nichts ausmacht, bei dieser Übung gleichzeitig auch zu sprechen, versuchen Sie, Ihrem Freund zu erklären, was Sie sehen, damit er Ihnen Feedback dazu geben kann.

Um es noch einmal zu wiederholen: Sie erwachen bestimmt nicht eines Tages und sind sofort in der Lage, Auren zu sehen. Es ist überhaupt kein Problem, wenn Sie am Anfang nichts erkennen können – schließlich erlernen Sie gerade eine neue Art des Sehens, also lassen Sie sich Zeit und geben Sie die Hoffnung nicht auf. Als ich mit dem Aurensehen anfing, habe ich auch erst mal etwas Zeit gebraucht, um es richtig hinzubekommen. Machen Sie diese Übung immer wieder! Sobald es Ihnen einmal gelungen ist, eine Aura zu sehen, werden Sie plötzlich überall Auren erkennen, und es wird Sie immer weniger anstrengen. Mit der Zeit wird Ihre Fähigkeit des Aurensehens sich so sehr verstärken, dass Sie immer mehr verschiedene Schichten in diesen Auren erkennen und die Farben immer deutlicher, lebhafter und intensiver werden.

Beschränken Sie sich bei dieser Übung nicht auf Menschen! Versuchen Sie, auch die Auren von Pflanzen (beispielsweise Bäumen) zu erkennen, wenn Sie sich draußen in der Natur aufhalten. Ich weiß noch, wie ich an einem völlig wolkenlosen Tag zum ersten Mal die Aura einer Kiefer vor dem Hintergrund des tiefblauen Himmels sah. Ich stand minutenlang wie gebannt da. Dieses Bild werde ich nie wieder vergessen.

Wie man Auren spürt

Auren existieren *tatsächlich* – auch wenn Sie sie vielleicht nicht gleich auf Anhieb sehen können! Vielleicht ist die Fähigkeit des Hellfühlens bei Ihnen stärker ausgeprägt als die des Hellsehens, sodass Sie eine Aura eher *spüren* als sehen können. Vielleicht haben Sie auch schon Heilern bei der Arbeit an der Aura eines Klienten zugeschaut und gesehen, wie diese mit ihren Händen oberhalb eines Klienten entlangstreichen, um sein Energiefeld zu glätten, wieder ins Gleichgewicht zu bringen und zu heilen. Unsere Hände sind hervorragende Energierezeptoren, mit denen man übersinnliche Eindrücke und Erkenntnisse empfangen kann.

Wie gesagt: Ihre Aura reicht weit über die Grenzen Ihres physischen Körpers hinaus. Durch diese Übungen werden Sie eine immer feinere Antenne dafür entwickeln, wie es ist, wenn sich ein Ort oder eine Situation für Sie nicht richtig anfühlt. Bei sozialen oder geschäftlichen Anlässen wird Ihnen auffallen, dass Sie sich plötzlich zu bestimmten Menschen hingezogen fühlen oder das Bedürfnis haben, sich von ihnen zu distanzieren. Halten Sie in solchen Situationen kurz inne und versuchen Sie zu registrieren, wie Sie sich dabei fühlen und was Sie wahrnehmen. Achten Sie auch darauf, welche Farben Sie dabei sehen! Dadurch geben Sie Ihrer inneren Führung eine Chance, Ihnen übersinnliche Erkenntnisse zu vermitteln, die in dieser Situation vielleicht hilfreich für Sie sein könnten.

Sie können übrigens auch lernen, Ihre Aura *auszudehnen*. Es gibt viele Gründe dafür, so etwas zu tun: zum Beispiel vor einem Reading, aber auch bei einem Konzert oder einem Spaziergang in der freien Natur, um die Schönheit der Musik oder Landschaft noch intensiver zu erleben. Wir alle bestehen aus Energie; also können Sie Ihre Aura auch mit derjenigen eines anderen Menschen, Geistwesens, einer Pflanze, ja sogar eines Haustiers verschmelzen lassen, zu dem Sie eine enge, vertraute Beziehung haben. Ebenso wichtig ist es jedoch, zu wissen, dass Sie lernen können, Ihre Aura zu *kontrahieren* (also zurückzuziehen), wenn Sie weniger sensibel auf Ihre physische Umgebung oder auf übersinnliche und mediale Emanationen reagieren möchten. So lernen Sie, Ihre übersinnlichen Fähigkeiten zu beherrschen, statt sich von ihnen beherrschen zu lassen. Es gibt verschiedene Methoden, Ihre Aura zurückzuziehen, wieder neu aufzuladen und zu erweitern, zum Beispiel durch Ihre Atmung oder durch Meditation; außerdem können Sie durch die bloße Kraft Ihrer Gedanken und Ihrer Fantasie Farben in Ihre Aura hineinbringen. Es bringt Ihnen so unendlich viel, wenn Sie wissen, wie Sie Ihre Aura beeinflussen können.

In den nächsten beiden Übungen werden wir lernen, die aurahafte Energie zu spüren, die den menschlichen Körper umgibt.

Übung: Die Energie spüren

Setzen oder stellen Sie sich wie immer bequem hin. Tun Sie einen tiefen, reinigenden Atemzug, atmen Sie dann wieder aus und entspannen Sie sich. Einfach nur ein- und ausatmen.

Nun reiben Sie Ihre Handflächen ungefähr 20 bis 30 Sekunden lang schnell aneinander. Dadurch werden Ihre Hände noch sensibler und aufnahmefähiger. Dann strecken Sie Ihre Handflächen in einer Entfernung von ungefähr 30 Zentimetern so vor sich aus, dass sie zueinander zeigen. Schieben Sie Ihre Handflächen langsam näher zueinander, ziehen Sie sie dann wieder auseinander und schieben Sie sie erneut zusammen. Sie dürfen sich dabei aber nicht berühren. Jedes Mal, wenn Sie Ihre Handflächen auseinanderziehen, sollte ein Abstand von etwa 30 Zentimetern dazwischenliegen.

Dabei müssten Sie eigentlich spüren, wie sich ein leichter Druck zwischen Ihren Händen aufbaut (wie bei zwei Magneten, die sich gegenseitig abstoßen). Vielleicht spüren Sie auch eine leichte Temperaturveränderung oder ein Kribbeln. Das ist völlig normal. Sie können sogar eine sogenannte Energiekugel formen: Das ist nichts anderes als eine Kugel aus Energie, die zwischen Ihren Händen entsteht. Auch andere Menschen in Ihrer Nähe spüren diese Energie vielleicht, vor allem, wenn sie ihre Hände langsam zwischen Ihre beiden Handflächen schieben.

Das ist eine hervorragende Übung, die Ihnen bei der Wahrnehmung Ihres Energiefelds helfen kann. Wenn Sie sie regelmäßig machen, werden Ihre Hände dadurch zu äußerst sensiblen Rezeptoren für solche feinen Schwingungen.

Wie immer sollten Sie Ihre Beobachtungen und Erfahrungen bei dieser Übung in Ihrem Tagebuch dokumentieren.

Übung: Einstimmung auf die Aura

Hier führen Sie das, was Sie in der vorigen Übung gelernt haben, noch einen Schritt weiter. Jetzt zeige ich Ihnen, wie man die Aura eines Menschen spürt und daraus übersinnliche Eindrücke und Wahrnehmungen ableitet. Bei dieser Übung müssen zwei Partner zusammenarbeiten; also bitten Sie wieder Ihren Freund von vorhin dazu und stellen Sie außerdem einen bequemen, niedrigen Stuhl bereit.

Vereinbaren Sie, wer von Ihnen der »Klient« und wer der Hellfühler sein soll. Dann setzt sich der Klient hin, stellt die Füße flach auf den Boden und legt seine Hände mit den Handflächen nach oben in den Schoß. Sobald er sich in dieser Position befindet, sollte er tief durchatmen und sich entspannen. Der Hellfühler soll sich aufrecht und doch entspannt direkt hinter den Stuhl stellen. Dann atmet der Klient noch einmal tief durch. Anschließend sollte der Hellfühler ungefähr 15 Sekunden lang seine Hände aneinanderreiben, so wie in der vorigen Übung.

Jetzt beginnt der Klient, an eine unangenehme Situation in seinem Leben zurückzudenken. Bitte sagen Sie ihm, dass er nicht lange daran zu denken braucht; außerdem handelt es sich dabei ja nur um eine Erinnerung! Der Hellfühler bewegt seine Handflächen dabei in einer Entfernung von ungefähr 25 Zentimetern *langsam* um den Kopf des Klienten herum, ohne diesen jedoch zu berühren. Dann soll er seine Hände zum Schulterbereich des Klienten absenken und die Handflächen langsam auseinanderziehen und wieder zueinanderschieben. Es ist wichtig, sich auf diese Übung zu konzentrieren; wenn Sie also der Hellfühler sind, achten Sie genau darauf, wo die Aura des Klienten beginnt und wie weit sie sich ausdehnt.

Jetzt sollten Sie allmählich etwas in Ihren Händen spüren. Können Sie wahrnehmen, ob sich die Aura des Klienten ausgedehnt hat oder immer noch eng um ihn herum zusammengezogen ist? Fallen Ihnen Temperaturveränderungen auf, und wenn ja, wo? Können Sie Farben spüren oder wahrnehmen? Versuchen Sie, sich das alles zu merken, damit Sie es Ihrem Klienten hinterher erklären können.

Jetzt sollte der Hellfühler seine Hände in einer Position verharren lassen, und zwar am besten ein paar Zentimeter über dem Kopf des Klienten. Schließen Sie die Augen, konzentrieren Sie sich auf Ihr drittes Auge und versuchen Sie, auf hellseherischem Weg etwas von dem wahrzunehmen, was der Klient ausstrahlt. Erkennen Sie Bilder, Symbole oder Farben? Prägen Sie sich alles so genau wie möglich ein. Jetzt darf der Klient seinen unangenehmen Gedanken wieder *loslassen* (es handelt sich dabei nur um eine Erinnerung) und ihn mit einem heilenden weißen Licht umgeben. Der Hellfühler sollte seine Hände von sich und dem Klienten weg zum Boden hin ausschütteln.

Die Erde nimmt die Energie des unangenehmen Gedankens in sich auf und reinigt sie. Verraten Sie dem Klienten noch nicht, welche eine Information Sie von ihm empfangen haben!

Anschließend soll der Klient an einen der schönsten Tage seines Lebens zurückdenken. Dann wird der gleiche Vorgang noch einmal wiederholt: Der Hellfühler reibt seine Handflächen aneinander und beginnt, die Aura rund um Kopf und Schultern seines Klienten zu er-

spüren. Achten Sie dabei auf Veränderungen. Ist die Aura Ihres Gegenübers diesmal kontrahiert oder ausgedehnt? Gibt es Veränderungen in
Farbe oder Temperatur? Haben Sie das Gefühl, dass Ihre Hände jetzt
sensibler geworden sind und stärker kribbeln als vorher? Anschließend
bleiben Sie mit Ihren Händen wieder in einer bestimmten Position und
versuchen, Eindrücke vom glücklichsten Tag im Leben Ihres Übungs-
partners aufzufangen. Zum Schluss schütteln Sie die Energie von Ihren
Händen ab und geben alle erhaltenen Informationen an ihn weiter.

. Bei der Entwicklung Ihrer übersinnlichen Wahrnehmung brauchen
Sie unbedingt Feedback, um festzustellen, ob Sie auf dem richtigen
Weg sind. Experimentieren Sie ruhig ein bisschen damit herum und
machen Sie die Übungen an verschiedenen Orten! Geben Sie auch dem
»Klienten« die Möglichkeit, *Ihre* Aura zu spüren und zu lesen, wenn er
möchte. Aber denken Sie bitte daran, dass jeder eine etwas andere Aura
hat. Das ist eine hervorragende Methode, Ihre übersinnliche Sensibilität zu stärken und gleichzeitig mehr Selbstvertrauen beim Erspüren
und Lesen von Auren zu gewinnen, auch wenn Sie diese nicht sehen
können.

Übung: Aurenlesen im Rahmen der medialen Ausbildung

Sobald Sie Ihre eigene Aura sowie die Auren anderer spüren können
und sich innerlich bereit fühlen, mithilfe Ihrer Aura Kontakt zur Geisterwelt aufzunehmen, ist die nun folgende Übung ein sehr guter Ausgangspunkt dafür.

Dazu brauchen Sie wieder einen Übungspartner – am besten jemanden, dessen Familie Sie nicht kennen. Stellen Sie zwei Stühle einander
gegenüber und fordern Sie Ihren Partner auf, sich bequem hinzusetzen.
Erklären Sie ihm, dass Sie jetzt gleich seine Aura lesen und versuchen,
mit der Energie eines ihm nahestehenden Menschen zu verschmelzen,
der verstorben ist. Ich empfehle Ihnen, die Eindrücke, die Sie während

dieser Übung empfangen, schriftlich festzuhalten. (Ein Notizblock hat übrigens auch den positiven Nebeneffekt, dass Ihr Klient oder Übungspartner dann nicht so nervös wird, weil Sie ihn nicht ständig anschauen!)

Holen Sie zunächst das weiße Licht des Universums herbei und lassen Sie es in Ihre Herzregion hineinströmen. Nehmen Sie sich Zeit und atmen Sie dieses Licht einfach in Ihr Herz hinein. Warten Sie, bis dieses wunderschöne Licht Ihr Herz ganz ausgefüllt hat, und lassen Sie es dann allmählich den Rest Ihres Körpers erfüllen – als sei Ihr ganzes Ich hell erleuchtet. Nun stellen Sie sich vor, wie sich dieses Licht über die Grenzen Ihres Körpers hinaus ausdehnt und auch den Menschen, der vor Ihnen sitzt, umschließt. Es ist fast so, als säßen Sie beide in einer Art unsichtbarer Luftblase. Ihr Ziel besteht nun darin, Ihre Aura auszudehnen und mit der Aura der vor Ihnen sitzenden Person verschmelzen zu lassen.

Mit dieser Technik helfen Hellseher ihren Klienten bei der Erfüllung ihres wichtigsten Bedürfnisses. Öffnen Sie sich innerlich und *sehen, fühlen* oder *hören* Sie (je nachdem, worin Ihre besondere übersinnliche Stärke liegt), ob Sie Eindrücke aus seiner Aura empfangen. Das könnte zum Beispiel eine Farbe, ein Bild, eine Szene, ein Wort oder eine Situation sein, die sich im Leben dieses Menschen gerade abspielt. Notieren Sie sich alles, was Sie erhalten. Ich empfinde es als hilfreich, dabei über die Schultern des Klienten hinwegzuschauen, sodass seine Aura zu einer Art Bildschirm für mich wird. Der Klient sollte bei dieser Übung nicht versuchen, Ihnen irgendwelche Informationen zu senden; es ist Ihre Aufgabe, ihn zu lesen. Seien Sie innerlich offen und schreiben Sie weiter alles auf, was Sie empfangen. Und wie immer sollten Sie dabei auch darauf achten, die erhaltenen Informationen nicht zu stark zu analysieren.

Nun wollen wir den Schwierigkeitsgrad ein bisschen erhöhen. Diesmal sollen Sie Ihr Bewusstsein nicht auf die vor Ihnen sitzende Person konzentrieren, sondern Sie versuchen, mit den Geistwesen

Kontakt aufzunehmen, die möglicherweise in einer Beziehung zu Ihrem Gegenüber stehen. Teilen Sie der Geisterwelt und Ihren Geistführern Ihren Wunsch mit, dass bei dieser Übung ein Geistwesen zum Vorschein kommen soll – und zwar jemand, den Ihr Klient kennt und dessen Identität er bestätigen kann. Haben Sie Geduld. Nach einiger Zeit werden Sie vielleicht tatsächlich ein Geistwesen spüren, sehen oder hören. Solche medialen Botschaften müssen nicht unbedingt sonderlich dramatische Formen annehmen. Vielleicht empfangen Sie nur ein ganz subtiles Zeichen. Anfangs werden Sie vielleicht nur das Geschlecht des Verstorbenen wahrnehmen. Sobald Sie spüren, dass Sie eine gute Verbindung zu dem Geistwesen aufgebaut haben, fragen Sie es, ob es zum Zeitpunkt seines Todes jung oder alt war, und versuchen Sie, Klarheit über seine Todesart zu gewinnen. Vielleicht spüren Sie dabei etwas in Ihrem Körper. Was auch immer es ist: Geben Sie diese Information genau so an Ihren Klienten weiter, ohne sie durch eigene Interpretationen zu ergänzen. Leiten Sie einfach alles Empfangene weiter und versuchen Sie, es nicht infrage zu stellen. Bitten Sie den Klienten, die Identität des Geistwesens und die Richtigkeit Ihrer Informationen zu bestätigen.

Denken Sie daran, Ihre Aufmerksamkeit bei dieser Übung nicht auf den Klienten, sondern auf die Geisterwelt zu konzentrieren. Bitten Sie die Geistwesen sanft und liebevoll, näher zu kommen und noch stärker mit Ihnen zu verschmelzen. Denken Sie daran: Es hat nichts damit zu tun, von den Geistwesen vollkommen eingenommen zu werden; es findet einfach nur ein Prozess der Verbindung und Verschmelzung statt, sobald das Geistwesen Ihren spirituellen Körper mit seiner Aura überschattet. Hier noch ein hilfreicher Tipp (unabhängig davon, ob Sie mit einem Klienten oder einem Publikum arbeiten): Versuchen Sie, sich bei diesem Prozess auch des Chakras bewusst zu bleiben, welches mit Ihrer besonderen übersinnlichen Fähigkeit verbunden ist. Meiner Erfahrung nach hilft Ihnen das bei der Einstimmung auf die Informationen, die die Geisterwelt Ihnen sendet (ähnlich wie auf ein

Radiosignal). Doch keine Sorge: Wenn Sie sich als Medium betätigen, werden die Geistwesen – wie gesagt – höchstwahrscheinlich alle drei übersinnlichen Wahrnehmungskanäle für ihre Kommunikation nutzen. Natürlich wird Ihre stärkste Fähigkeit dabei immer im Vordergrund stehen.

Wenn Sie gerade erst damit beginnen, im Rahmen Ihrer medialen Tätigkeit mit der Aura von Klienten zu arbeiten, empfehle ich Ihnen, das zunächst immer nur ein paar Minuten lang zu praktizieren, bis Ihnen dieser Vorgang (mit den in Ihnen dabei aufsteigenden Wahrnehmungen) vertrauter geworden ist. Am allerwichtigsten ist es, dem Geistwesen für sein Erscheinen zu danken, sobald es einen Schritt zurückzutritt, während auch Sie Ihre Energie (Aura) langsam wieder zurückziehen, bis sie wieder ganz bei Ihnen und Ihrem physischen Körper ist. Und vergessen Sie auch nicht, Ihre Chakren zu schließen! (Wie das geht, erkläre ich Ihnen im nächsten Kapitel.) Jetzt ist die Verbindung zwischen Ihnen und der Geisterwelt getrennt, und Sie befinden sich wieder hier in der Körperwelt und sind darin geerdet.

Falls Sie die Veranlagung dafür mitbringen, werden Sie die Ausübung Ihrer medialen Fähigkeiten im Lauf der Zeit immer besser beherrschen. Wenn Sie das Gefühl haben, nichts aus der Geisterwelt zu empfangen, könnte das daran liegen, dass Sie sich erst noch mehr sensibilisieren müssen. Es ist besser, sich für die Entwicklung Ihrer übersinnlichen Fähigkeiten Zeit zu nehmen und erst einmal eine solide Ausbildung auf diesem Gebiet zu durchlaufen, bevor Sie beginnen, Ihre Anlagen als Medium zu erforschen und weiterzuentwickeln. Auch ich musste erst einmal mehrere Jahre lang mit meinen übersinnlichen Fähigkeiten arbeiten, bevor die Geisterwelt sich bei mir meldete! Und auch danach habe ich noch eine zweijährige Ausbildung durchlaufen, in der ich mich mit den komplexen Prozessen beschäftigte, auf der die mediale Tätigkeit beruht. Sie können die Entwicklung Ihrer spirituellen Fähigkeiten nicht beschleunigen oder erzwingen! Solche Versuche könnten Sie in Ihrer natürlichen Entwicklung behindern und Sie auf physischer, emotionaler oder geistiger Ebene beeinträchtigen. Deshalb ermahne ich meine Schüler stets: »Immer mit der Ruhe, liebe Freunde. Habt Geduld.«

So stärken und reinigen Sie Ihre Aura

Eine starke, ausgewogene, gereinigte Aura zu besitzen ist für jeden Menschen wichtig – auf physischer wie auf spiritueller Ebene. Versuchen Sie, so viel wie möglich über diese wichtige Energiequelle zu lernen und sie richtig zu verstehen. Sie sollten bewusst danach streben, sich ein starkes Aurafeld aufzubauen.

Wir werden ständig von äußeren und inneren Einflüssen bombardiert. Viele dieser Einflüsse können sich auf Ihre Aura auswirken: zum Beispiel Ihre geistige und körperliche Verfassung, Ihre Emotionen, die Menschen um Sie herum und Ihr näheres Umfeld. Wenn Ihre Aura zu schwach wird, kann es sein, dass Sie sich müde, ausgelaugt oder in besonders schweren Fällen sogar außerstande fühlen, Entscheidungen zu treffen. Dann werden sich auch körperliche Symptome bemerkbar machen. Es kann zu gesundheitlichen Problemen, geistigen und emotionalen Unausgewogenheiten kommen. In solchen Fällen sollten Sie wie immer Ihren Arzt um Rat fragen.

Ihre Aura ist ein ausgezeichnetes Frühwarnsystem für Probleme, sodass Ihnen noch genügend Zeit bleibt, etwas dagegen zu tun. Ist Ihre Aura stark und gesund, wirkt sie wie ein Schutzschild. Es gibt verschiedene Möglichkeiten, seine Aura zu stärken. Das ist nicht anstrengend und kann Ihnen dabei helfen, gesund und sicher zu sein, dass Sie Ihre übersinnlichen und medialen Fähigkeiten stärken und nur Dinge anziehen, die ausschließlich Ihrem Wohl dienen.

Viele Therapeuten und Medien (auch ich selbst) reinigen ihre Aura mithilfe von Himalaya-Salzbädern. Schließlich stammen wir ursprünglich alle aus dem Meer, und viele Menschen fühlen sich ihr

Leben lang dazu hingezogen. Wir suchen immer nach dem nächstgelegenen Ozean. Wie oft haben Sie sich nach einem Strandtag schon ganz entspannt und erholt gefühlt? Das liegt nicht nur an der Sonne oder dem Rauschen der Wellen, sondern auch am Meersalz und der Luft, die Ihre Aura ionisiert und so reinigt und stärkt. Nach solch einem Tag am Meer fühlen Sie sich so erfrischt, als seien alle Probleme wie weggewaschen. Kein Wunder, dass Salzbäder so beliebt sind!

Natürlich tragen auch regelmäßige körperliche Aktivität und der Aufenthalt an der Sonne, wobei Sie frische Luft atmen (die reichlich Sauerstoff und Prana enthält), dazu bei, Ihre Aura zu stärken und zu beleben. Wenn Sie in einem Büro mit Klimaanlage und künstlicher Beleuchtung arbeiten, sollten Sie zumindest versuchen, in der Mittagspause einen kleinen Spaziergang zu machen, auch wenn er nur zehn Minuten dauert.

Außerdem empfehle ich, die regenerierende Wirkung der Natur durch verschiedene Heilverfahren wie etwa Massage, Reiki, Therapeutic Touch, Polarity, Aromatherapie und Akupunktur zu ergänzen. All diese naturheilkundlichen Behandlungsmethoden können Ihr Energiefeld sehr stärken und regenerieren. Wie immer sollten Sie dabei ruhig ein bisschen herumprobieren, um herauszufinden, was sich für Sie am besten anfühlt und Ihnen am meisten hilft.

Auch eine vernünftige Ernährung und gesunde Lebensweise leisten einen wichtigen Beitrag dazu, Ihre Aura in einem harmonischen Zustand zu erhalten. Deshalb predige ich stets, dass man alles in Maßen tun sollte! Zu viel Alkohol, Tabak oder Fast Food wirkt sich negativ auf Ihre Aura aus und schwächt Ihr Energiesystem.

Es ist schon ein guter Anfang, sich Ihrer Aura einfach nur *bewusst* zu werden. Schließlich ziehen Sie sich ja auch jeden Morgen etwas an, um sich vor dem Einfluss der Elemente zu schützen, oder etwa nicht? Das ist ein guter Zeitpunkt, um auch Ihrer Aura einen schützenden Gedanken zu senden. Tun Sie das am besten, bevor Sie in Ihren hektischen Alltag starten; so ziehen Sie nicht nur Positives an, sondern weisen gleichzeitig auch Negatives ab, egal, ob diese Negativität nun von einem Menschen oder Ort ausgeht. Betrachten Sie Ihre Aura einfach als strahlend weißes Licht, das wie ein unsichtbarer Schutzschild wirkt und Sie den ganzen Tag über vor unerwünschten Einflüssen abschirmt. Nehmen Sie sich möglichst viel Zeit zum Ausruhen und Entspannen! Natürlich schöpfen Sie auch jedes Mal, wenn Sie meditieren, neue übersinnliche Kraft und erweitern und stärken dabei zugleich Ihre wertvolle Aura.

Kapitel 10:

LICHTRÄDER

Wir suchen die Erleuchtung immer wieder an anderen Plätzen: in Kirchen, Synagogen oder einer der zahlreichen heiligen Stätten dieser Welt. Ebenso, wie wir in unserem Inneren unablässig nach unserer Seele suchen, neigen wir auch dazu, außerhalb nach Anleitung und Unterweisung, ja sogar nach Antworten auf unsere Fragen zu suchen. (Vielleicht sollte ich hier betonen, dass mir klar ist, wie wichtig solche Andachtsstätten für viele Menschen sind; auch ich besuche gerne Kirchen aufgrund ihrer Atmosphäre von Frieden, Weisheit und Abgeschiedenheit, die mich tröstet und innerlich aufbaut.) Doch wenn wir beginnen, uns mit unserem Chakrensystem zu beschäftigen und damit zu arbeiten, wird uns bald deutlich, dass unser Körper im wahrsten Sinn des Wortes unser Tempel ist.

Ich stelle mir diese Chakren wie wunderschöne, sich drehende Räder aus spirituellem Licht vor. Ich weiß noch genau, wann ich das Wort *Chakra* erstmals gehört habe: Es faszinierte mich in jeder Hinsicht – von seinem Klang her bis hin zu seinen Ursprüngen und seiner Bedeutung. Damals wusste ich natürlich noch nicht, welch wichtige Funktion Chakren bei der Entwicklung unserer übersinnlichen Fähigkeiten und für unser Wohlbefinden erfüllen. Aufgrund der durch sie hindurchströmenden Lebenskraft nenne ich diese sieben wichtigsten Energiezentren auch gerne »spirituelle Batterien«. Mir ist bewusst, wie wichtig Chakren sind und welche Rolle sie bei Ihrer übersinnlichen »Ausstattung« spielen – und diese Ausstattung sind Sie selbst!

Was sind Chakren?

Es gibt sieben Hauptchakren (und zahlreiche Nebenchakren). Die Hauptchakren haben für unser körperliches und spirituelles Leben eine wichtige Funktion. Jedes Chakra entspricht einer endokrinen Drüse unseres Körpers. Im Anfangsstadium der Entwicklung Ihrer übersinnlichen Fähigkeiten sollten Sie sich nur auf diese sieben wichtigsten Energiezentren konzentrieren.

Die Chakren sind entlang der Wirbelsäule angeordnet, und die Energie strömt von vorn und hinten in sie hinein und konzentriert sich darin. Chakren bilden die Verbindung zwischen Ihrem *physischen Körper* und Ihrer *Aura* und stehen in ständiger Wechselwirkung miteinander. Jedem Chakra sind eine bestimmte Aurafarbe und eine spezielle Funktion zugeordnet. Diese sieben Energiezentren wirken als sehr sensible Kontaktpunkte oder Brücken, an denen die körperliche und die spirituelle Welt einander begegnen. Die unteren Chakren haben mit unserem physischen Körper und sämtlichen Aspekten unseres Lebens in der materiellen Welt zu tun: mit Überleben, Gesundheit, Karriere, Sicherheit. Den oberen oder höheren Chakren sind unsere übersinnlichen und spirituellen Fähigkeiten zugeordnet.

Ihr Handeln und Ihre Gedanken spielen bei der Kontrolle dieses Energieflusses und der Funktionen Ihrer verschiedenen Chakren eine wichtige Rolle. Obwohl die durch diese Zentren hindurchfließende Energie konstant bleibt, kann sie doch stärker oder schwächer werden – je nachdem, wie ausgewogen Ihr Leben ist. Machen Sie sich zum Beispiel Sorgen über finanzielle Probleme (also irdische, *physische* Belange), wirkt sich das wahrscheinlich negativ auf Ihre *unteren* Chakren aus: Ihre *Geschwindigkeit* und *Umdrehung* verlangsamen sich dadurch. Dann fließt auch die Energie an diesen Stellen langsamer, was dazu führen kann, dass Sie sich träge und lustlos oder unausgeglichen fühlen. Haben Sie dagegen Mitgefühl mit jemandem oder konzentrieren sich auf höhere spirituelle Gedanken, können sich Ihre *oberen* Chakren ungehindert drehen, und die Energie kann frei durch sie hindurchfließen, was ein Gefühl der inneren Harmonie und Vitalität erzeugt. Also achten Sie bei der Aktivierung Ihrer Chakren und Ihrer Arbeit mit diesen Energiezentren auf *Ausgewogenheit*! Sie sollten niemals nur ein Chakra stimulieren; alle sieben Chakren sollten sich in einem Zustand von Harmonie befinden, damit die Energie gleichmäßig durch Ihren Körper fließen kann.

Meiner Überzeugung nach sollten Sie im Grunde über grenzenlose Energie verfügen und Ihre kreativen Begabungen mühelos nutzen können; außerdem sollten Sie ein Leben der Liebe, des Mitgefühls und – was am allerwichtigsten ist – des inneren Friedens führen können. Sobald Sie sich nach innen wenden und Ihre innere Weisheit um Rat fragen, können Sie eine gute Führung und Orientierung für Ihr Leben empfangen; und wenn Sie die Energie in natürlichem, harmonischem Zustand durch Ihre spirituellen Batterien (dort, wo jede wahre innere Wandlung beginnt) fließen lassen, können Sie die Stimme Ihres höheren Selbst und die Wesen in der Geisterwelt deutlicher *hören, sehen* und *spüren*.

Die sieben Energiezentren

Allen Chakren sind bestimmte Farben, Klanglaute, Drüsen und Schlüsselbegriffe zugeordnet, die sie zum Schwingen bringen. Wenn Sie diese Bezugspunkte kennenlernen, werden Sie Ihren physischen und Ihren spirituellen Körper sehr viel besser verstehen.

Und nun sehen wir uns die sieben wichtigsten Chakren einmal etwas genauer an.

Chakra	Farbe	Laut	Drüse
Basischakra (Wurzelchakra)	Rot	Lam	Nebennieren
Sakralchakra	Orange	Vam	Hoden, Eierstöcke
Solarplexus-chakra	Gelb	Ram	Bauchspeicheldrüse, Nebennieren
Herzchakra	Grün	Yam	Thymusdrüse
Kehlkopfchakra	Hellblau	Ham	Schilddrüse
Drittes Auge	Indigo	Om	Hypophyse
Kronenchakra	Violett	Stille	Zirbeldrüse

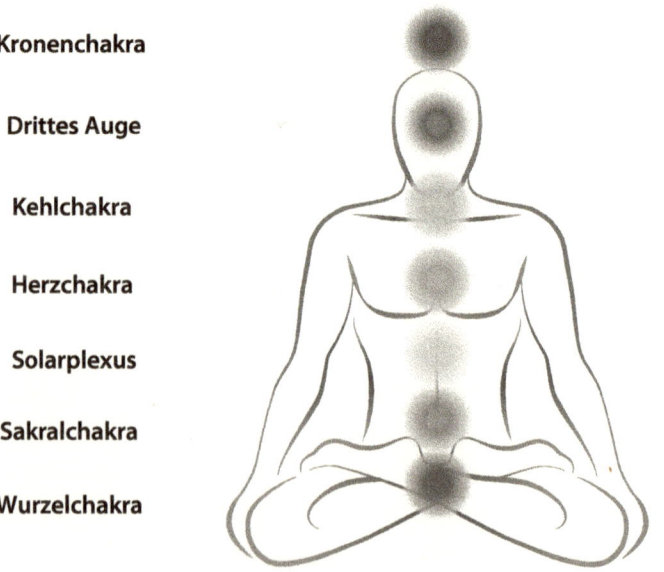

Kronenchakra

Drittes Auge

Kehlchakra

Herzchakra

Solarplexus

Sakralchakra

Wurzelchakra

1. Das Basis- oder Wurzelchakra

- *Farbe*: Rot
- *Laut*: Lam
- *Drüse*: Nebennieren

Das Basis- oder Wurzelchakra liegt an der Wirbelsäulenbasis und hängt besonders eng mit allen Aspekten unserer irdischen Existenz, wie Überleben, dem physischen Körper, finanziellen Dingen, Nahrung, Sicherheit und Schutz zusammen. Hier ziehen wir Energie in unseren Körper hinein, um uns zu ernähren und zu erhalten.

Ist die Energie dieses Chakras blockiert oder erschöpft, fühlen Sie sich vielleicht nicht richtig geerdet und meinen: »Heute bin ich irgendwie nicht auf der Höhe« oder »Es geht mir gerade nicht so gut«. Vielleicht fühlen Sie sich dann müde, abgeschlagen, lethargisch oder antriebslos, suchen nach Anerkennung durch andere oder sind übervorsichtig.

Ist Ihr erstes Chakra dagegen überaktiv, so sind Sie vielleicht wütend oder übermäßig aggressiv, impulsiv, hyperaktiv, womöglich sogar leichtsinnig und draufgängerisch.

Dieses Chakra lässt sich durch Yoga, Tanzen oder leichte körperliche Bewegung, wie etwa Tai-Chi, sehr gut ausgleichen; all das trägt dazu bei, die Energie in diesem Bereich gleichmäßig fließen zu lassen.

Wenn Sie sich etwas benommen oder »nicht ganz da« fühlen, versuchen Sie sich vorzustellen, wie sich Wurzeln von Ihrer Wirbelsäulenbasis nach unten ausstrecken und in die Erde graben wie bei einem Baum. Ich weiß, dass das etwas seltsam klingt; doch diese einfache Visualisierung hilft Ihnen, im Jetzt geerdet zu bleiben. Außerdem sollten Sie daran denken, wie wichtig es ist, sich gut um Ihren Körper und seine Bedürfnisse zu kümmern; das hilft Ihnen nicht nur im *außen*, sondern auch *innen* weiter. Denn diese Art der Selbstfürsorge wirkt nicht nur nach außen, sondern auch nach innen!

2. Das Sakralchakra

- *Farbe*: Orange
- *Laut*: Vam
- *Drüse*: Hoden, Eierstöcke

Das Sakralcchakra befindet sich zwei Fingerbreit unter dem Nabel und steht in Verbindung mit Gefühlen, Wünschen, Kreativität und Sexualität.

Ist Ihr Sakralchakra nicht aktiv genug, so ist Ihre Libido vielleicht weniger stark als sonst, oder Sie sind introvertiert oder machen sich Sorgen darüber, was andere von Ihnen denken. Ist dieses Chakra dagegen überaktiv, so sind Sie womöglich sexuell fordernd, eifersüchtig, besitzergreifend, leiden unter Kreuzschmerzen oder Nierenproblemen.

Wenn Ihr Sakralchakra sich in einem harmonischen, ausgewogenen Zustand befindet, genießen Sie das Leben und alles, was es zu bieten hat, mit Leidenschaft und Begeisterung. Um die Energie in diesem Bereich im Fluss zu halten, sollten Sie verschiedene Tanzformen ausprobieren, bei denen man Hüften und Unterleib bewegt. Um dieses Chakra zu stimulieren, können Sie zum Beispiel eine Farbmeditation machen, Yoga praktizieren und Ihre Sexualität ungeniert leben, so, wie Sie es gerne möchten; vor allem aber sollten Sie sich Zeit nehmen, gut für sich selbst und Ihr Wohlbefinden zu sorgen. Denken Sie daran: Sie sind wichtig!

3. Das Solarplexuschakra

- *Farbe*: Gelb
- *Laut*: Ram
- *Drüse*: Bauchspeicheldrüse, Nebennieren

Das Solarplexuschakra liegt zwischen Nabel und Brustkorb und steht für Kraft, Vitalität, Selbstbeherrschung, Selbstwertgefühl und Selbstvertrauen. In diesem Zentrum werden all Ihre Gefühle und Emotionen erfasst; außerdem steht dieser wichtige übersinnliche »Empfänger« mit der Fähigkeit des Hellfühlens in Verbindung.

Bei der Entwicklung Ihrer übersinnlichen oder medialen Anlagen sollten Sie sich dieses sensiblen Energiezentrums bewusst sein und lernen, wie man es richtig »schließt«, um nicht übersensibel zu werden oder unerwünschte Energien von bestimmten Menschen oder Orten zu empfangen. (An späterer Stelle in diesem Kapitel finden Sie eine Übung dazu.)

Ist dieses Chakra in einem harmonischen, ausgewogenen Zustand, wirken Sie sehr selbstbewusst – als seien Sie bereit, es mit der ganzen Welt aufzunehmen. Ist es dagegen nicht ausbalanciert, so kann das zu Voreingenommenheit und der Neigung führen, Dinge zu planen, ohne sie zu Ende zu führen, oder sich zu viele Sorgen zu machen; vielleicht leiden Sie dann sogar unter nervöser Erschöpfung. Bleibt dieses Energiezentrum zu lange in Dysbalance, so können Magen- und Verdauungsprobleme wie etwa Geschwüre auftreten.

Um dieses Chakra auszugleichen und zu öffnen, könnten Sie eine Energieheilungssitzung nehmen oder Kurse oder Workshops für ein selbstbestimmteres Leben besuchen. Auch Atemübungen in Kombination mit Farbvisualisierungen können hilfreich sein.

Und hier noch ein letzter Ratschlag: Hüten Sie sich vor Menschen, die Ihnen Ihre Energie *rauben*!

4. Das Herzchakra

- *Farbe*: Grün
- *Laut*: Yam
- *Drüse*: Thymusdrüse

Das Herzchakra liegt, wie sein Name schon sagt, in der Herzgegend und steht für bedingungslose Liebe, Mitgefühl, Freude, inneres Gleichgewicht, zwischenmenschliche Beziehungen und Heilung. Angeblich bildet dieses Chakra die Verbindung zwischen unserem Verstand, unserem Körper und der Geisterwelt. Wenn ich Medien mit ihrem Herzzentrum arbeiten sehe und beobachte, wie sie Botschaften aus dem Jenseits überbringen, spürt der Empfänger der Nachricht diese in seinem Herzen; und bei Jenseitskontakt-Demonstrationen fühlen *alle Anwesenden* die Liebe, die dabei übermittelt wird.

Das dem Herzen zugeordnete Chakra ist oft so voller Glück und Freude und wird von so starken Gefühlen durchströmt, dass Ihnen beim Meditieren vielleicht sogar Tränen übers Gesicht laufen werden. Denn in dieser Körperregion sind auch alle früheren Verletzungen, Enttäuschungen und emotionalen Narben gespeichert; und sobald Energie durch dieses Zentrum hindurchfließt, versucht sie, alle Blockaden zu beseitigen, die sich dort womöglich befinden. Wenn das Herzchakra zu Beginn der Entwicklung Ihrer übersinnlichen oder medialen Fähigkeiten aktiviert wird, sind Sie vielleicht deprimiert oder missmutig. Deshalb habe ich vorhin geschrieben, wie wichtig es ist, gut für sich selbst zu sorgen und in einer positiven emotionalen und geistigen Verfassung zu sein, während Sie an der Entwicklung dieser Fähigkeiten arbeiten.

Wenn Sie Ihr Herzchakra ins Gleichgewicht bringen, können Gefühle, die von früheren Problemen herrühren, geheilt werden, sodass Sie Ihr Leben ohne diesen emotionalen Ballast fortsetzen können. Bleibt es dagegen im Ungleichgewicht, so kann es zu Zorn, Eifersucht

und Herzbeschwerden kommen. Ist Ihr Herzchakra zu inaktiv, so bekommen Sie möglicherweise Probleme mit Ihrem Selbstwertgefühl,
fühlen sich ungeliebt oder können kein Mitgefühl für andere Menschen
aufbringen.

Es kann eine Weile dauern, die Herzregion ins Gleichgewicht zu
bringen; also nehmen Sie sich genügend Zeit für diesen Prozess, bei
dem die heilende Energie frei und ungehindert durch Ihr Herzzentrum
hindurch- und zu Ihren Chakren hinfließen kann. Um dieses Zentrum
ins Gleichgewicht zu bringen, können Sie verschiedene Dinge tun:
zum Beispiel sich und andere lieben, sich mitfühlend verhalten, verzeihen lernen und sich möglichst viel im Freien in der Schönheit der
Natur aufhalten. Auch ein Atemtherapeut, der über eine Ausbildung in
der Technik des *Transformational Breath* verfügt, und andere Therapeuten oder Lebensberater können Ihnen dabei helfen, Blockaden in
Ihrem Herzchakra zu beseitigen. Das wird sehr zu Ihrem allgemeinen
Wohlbefinden und Ihrer emotionalen Heilung beitragen.

5. Das Kehlkopfchakra

* *Farbe*: Hellblau
* *Laut*: Ham
* *Drüse*: Schilddrüse

Wie zu erwarten, befindet sich dieses Chakra in der Kehlkopfregion
und steht mit Kommunikation, Klang, Kreativität und der Fähigkeit
des Hellhörens in Verbindung. Viele Künstler, Redner, Schriftsteller,
Sänger und andere kreative Menschen besitzen ein sehr aktives, sensi-
tives Kehlkopfchakra.

Ist Ihnen schon einmal aufgefallen, dass manche Menschen sich
ständig räuspern? Wenn ich so etwas bemerke, frage ich die betreffende Person normalerweise, ob sie irgendetwas sagen möchte. Viele

Menschen halten Dinge zurück, die eigentlich gesagt werden müssen. So entsteht ein »Energiestau« in der Kehlregion. Daher kommt übrigens auch die Redensart, dass einem Worte »im Hals stecken bleiben«. Wenn das Kehlkopfchakra nicht ausbalanciert ist, kann das zu Halsschmerzen, Hautreizungen und Ohreninfektionen führen. So bauen sich Verspannungen im Schulter-Nacken-Bereich auf. Ist Ihr Kehlkopfchakra nicht aktiv genug, so scheuen Sie wahrscheinlich Veränderungen, reagieren eher langsam oder lassen sich leicht von anderen beeinflussen.

Wenn Sie dieses Zentrum aktivieren und ins Gleichgewicht bringen, wird es Sie dazu inspirieren, die Wahrheit zu sagen und zu hören – nicht nur für sich selbst, sondern auch für andere Menschen. Versuchen Sie, vor sich hinzusummen, Worte oder Laute vor sich hinzusprechen oder laut zu singen – und was am allerwichtigsten ist: Wenn Sie etwas zu sagen haben, dann nehmen Sie bitte kein Blatt vor den Mund! Sobald Sie dieses Chakra aktiviert haben, werden Ihnen vielleicht plötzlich kreative Inspirationen kommen. Wundern Sie sich nicht darüber!

6. Das dritte Auge

- *Farbe*: Indigo
- *Laut*: Om
- *Drüse*: Hypophyse

Das dritte Auge – das Chakra, von dem man am meisten hört und liest – ist mit Intuition, der Fähigkeit des Hellsehens und höheren Bewusstseinsstufen assoziiert. Es liegt zwischen den Augenbrauen, direkt oberhalb des Nasenrückens, und hilft Ihnen in enger Zusammenarbeit mit dem Kehlkopf- und Kronenchakra bei der Entwicklung Ihrer übersinnlichen und intuitiven inneren Führung. Die meisten Hellseher, Künstler und Menschen mit lebhafter Fantasie haben ein gut entwickeltes drittes Auge. Wenn dieses Chakra richtig ausgebildet ist, können Sie weit über die Grenzen Ihres normalen Sehvermögens hinaus->>schauen<< und zu Lösungen und Entscheidungen kommen, die nicht unbedingt auf der Hand liegen.

Bleibt dieses Chakra dagegen unterentwickelt, so kann es sein, dass Sie Angst vor Erfolg haben und die größeren Zusammenhänge nicht erkennen. Das ist häufig darauf zurückzuführen, dass Sie sich nicht als glücklichen, erfolgreichen Menschen vorstellen können.

Befindet sich dieses Energiezentrum in einem unausgewogenen Zustand, leiden Sie vielleicht unter müden, überanstrengten Augen, Sehproblemen, Kopfschmerzen oder Vergesslichkeit oder machen sich unnötige Sorgen. Wenn ich zu viel übersinnliche Arbeit leiste, legt sich die innere Anspannung wie ein Band um meinen Kopf. Das ist ein Zeichen dafür, dass mein drittes Auge überaktiv ist und ich unbedingt mal wieder ins Fitnessstudio gehen oder einen Spaziergang mit meinem Hund machen sollte: Denn dann ist es an der Zeit, die Energie wieder in meine unteren Chakren zurückzuholen, damit kein zu großes Ungleichgewicht entsteht.

Um das dritte Auge ins Gleichgewicht zu bringen, empfehle ich Gehmeditationen, Atemübungen und Farbvisualisierungen. Aber konzentrieren Sie sich bei Ihrer Entwicklung als Hellseher oder Medium nicht nur auf dieses eine Chakra; denken Sie daran, dass sich *alle* Chakren in Balance befinden müssen, um in einem synchronisierten Zustand von Einklang und Harmonie arbeiten zu können!

7. Das Kronenchakra

- *Farbe*: Violett
- *Laut*: Stille
- *Drüse*: Zirbeldrüse

Das Kronenchakra auf dem Scheitelpunkt des Kopfs ist auch unter dem Namen »Tausendblättriger Lotos« oder »Lichtempfänger« bekannt. Es steht im Mittelpunkt Ihrer Verbindung zum Universum und zu Ihrem höheren Bewusstsein. Mit anderen Worten: Dieses Chakra ist Ihr Bindeglied zu Weisheit und spiritueller Erkenntnis. Über das Kronenchakra nehmen Sie spirituelles Licht und spirituelle Energie in sich auf; dieses Licht und diese Energie werden dann über Ihre ganze Aura verteilt zur Erzeugung von hundertprozentigem Wohlbefinden.

Ist dieses Chakra angeregt und befindet sich in ausgewogenem Zustand, kann die Energie an der Wirbelsäule hoch- und durch dieses Zentrum aus Ihrem Körper hinausfließen wie ein wunderschöner Springbrunnen, der Sie mit positiver Energie erfüllt und Ihre Seele beglückt und bereichert. Ist es sich dagegen nicht ausbalanciert, fühlt man sich häufig isoliert, frustriert, deprimiert oder unglücklich, und es können Selbstzweifel auftreten. Sogar zu einer Schreibblockade kann es kommen, wenn die Energie nicht frei und ungehindert in dieses Zentrum hineinfließen kann; denn dann fehlt es Ihnen an Inspiration. Doch in ausgewogenem Zustand dehnt sich das Kronenchakra so weit aus, dass es Ihnen Zugang zu den tiefsten Quellen universaler Weisheit bietet.

Dieses Chakra können Sie beispielsweise durch Meditation, Atemübungen, Yoga, Geistheilung, Akupunktur und Farbvisualisierungnen ins Gleichgewicht bringen.

Chakren und Ihre übersinnlichen Fähigkeiten

Sobald Sie Ihre übersinnlichen oder medialen Anlagen weiterentwickeln und immer mehr Erfahrung in der Ausübung dieser Fähigkeiten gewinnen, wird es Ihnen naturgemäß auch immer leichter fallen, Ihre Chakren zu öffnen. Falls Sie noch ganz am Anfang der Entwicklung dieser Fähigkeiten stehen, empfehle ich Ihnen, sich mit dem Chakrensystem zu beschäftigen und so viel wie möglich darüber zu lernen. Da die Chakren an Ihrer Wirbelsäule liegen, bilden sie zusammen so etwas wie eine große übersinnliche Antenne. Gehen Sie bei der Arbeit mit diesen Energiezentren langsam voran. Sie besitzen diese Zentren zwar schon immer; doch jetzt aktivieren Sie sie und arbeiten viel intensiver damit als früher.

Ihre übersinnlichen Fähigkeiten hängen eng mit den Chakren zusammen; daher können Sie diese übersinnlichen Zentren schon durch die bloße Kraft Ihrer Gedanken stimulieren. Zu viel übersinnliche Arbeit, ja sogar das Sprechen über übersinnliche Dinge kann Sie innerlich öffnen und dazu führen, dass Sie müde, missmutig, vielleicht sogar reizbar werden. Daher ist es für Ihre persönliche Entwicklung wichtig, Ihre Energiezentren rein zu erhalten, zu schützen und richtig schließen zu können.

Vergessen Sie nicht: Sie sind ein *spirituelles* Wesen, das in einer *physischen* Welt lebt. Also sollten Sie nicht nur dem spirituellen, sondern auch dem körperlichen Teil Ihrer Existenz gleichermaßen Zeit und Energie widmen und sich darum kümmern. Nur so können Sie geerdet und ausgeglichen bleiben, sodass Ihr Geist und Ihr Körper in Einklang miteinander leben und arbeiten. Denken Sie stets daran, dass Ihre innere Führung nicht Ihr *ganzes* Ich ausmacht, sondern nur ein Teil davon ist!

Wenn Sie Ihre Chakren komplett öffnen, dehnen Sie dabei gleichzeitig auch Ihr Aurafeld aus. Wie gesagt: In diesem Zustand werden Sie für alle Schwingungen in Ihrer Umgebung empfänglicher. Sie werden merken, wie Sie allmählich sensibler werden und sich immer stärker auf alle Menschen und Dinge in Ihrem Umfeld einstimmen.

Bei meinen Jenseitskontakt-Demonstrationen spüre ich *alles*: die Geistwesen im Jenseits, die Menschen im Publikum und meine eigenen Gefühle. Es ist, als würden alle meine Sinne mit Eindrücken bombardiert, aber gleichzeitig auch mit Emotionen aufgeladen. Zum Glück habe ich gelernt, mit diesen Gefühlen, die da auf mich einstürmen, richtig umzugehen; ich kann meine Energiezentren schließen und diesen Zustrom bewältigen. Meine Tätigkeit als Medium bringt es mit sich, dass ich oft innerlich offen und sehr sensitiv bin; deshalb führt es bei mir häufig zu einer Überlastung an übersinnlichen Eindrücken, wenn ich mich länger in Großstädten mit all ihrem Lärm, ihrer Hektik und ihrem Chaos aufhalte.

Deshalb lebe ich jetzt auf dem Land, wo das Leben langsamer und gemächlicher abläuft, und lasse mich vom Kontakt zur Natur erden. Ich habe genügend Zeit, um zu meditieren, körperlich aktiv zu sein und ein gesundes, ausgewogeneres Leben zu führen. Denn ich weiß aus eigener Erfahrung, wie wichtig es ist, gut für sich selbst zu sorgen, wenn man seine übersinnliche »Ausstattung« entwickelt und damit zu arbeiten beginnt.

So arbeitet man mit Chakren

Bei dieser letzten, sehr wichtigen Übung werden Sie alle sieben wichtigen Chakren einsetzen. Sie werden sich diese sieben Energiezentren als kleine, farbige, leuchtende Lichtwirbel vorstellen, werden visualisieren, wie diese Lichter sich ausdehnen und wieder verkleinern, und Ihre Chakren auf diese Weise öffnen und schließen. Dadurch erfüllen Sie die Chakren nicht nur mit Energie und Vitalität, sondern erhöhen und erweitern (ebenso wie in einigen anderen Übungen in diesem Buch) zugleich auch Ihr übersinnliches Bewusstsein.

Dabei werden Sie mit dem Basischakra beginnen und sich dann nach und nach bis zum Kronenchakra hocharbeiten. Denken Sie daran, dass Ihr Basis- und Ihr Kronenchakra stets *offen* und *ausgewogen* sein sollten, damit diese Zentren zu einem Kanal für die wertvolle lebenspendende Energie werden können, die auf körperlicher wie auf spiritueller Ebene durch Ihr gesamtes System hindurchfließt. Visualisieren Sie alle Chakren als farbiges Licht und senden Sie ihnen den Gedanken, sich zu öffnen oder zu schließen. Oft reicht das schon aus, um Ihre übersinnlichen Fähigkeiten zu stärken und zu erweitern.

Das ist eine sehr wirkungsvolle Übung, bei der Sie sich an drei wichtige Regeln halten sollten:

1) Öffnen Sie Ihre Chakren nicht alle auf einmal, sondern der Reihe nach;
2) konzentrieren Sie sich auf jedes einzelne Chakra
3) und denken Sie daran, all Ihre Chakren wieder richtig zu schließen.

Übung: Aufsteigen der Energie

Setzen Sie sich bequem und aufrecht hin. Ihre Wirbelsäule sollte dabei eine gerade Linie bilden. Atmen Sie ein paarmal langsam und tief ein und aus und entspannen Sie sich.

Öffnen der Chakren: Und nun stellen Sie sich an der Basis Ihrer Wirbelsäule ein rotes Licht vor. Visualisieren Sie, wie sich dieses Licht allmählich ausdehnt und immer größer wird. Dabei stellen Sie sich gleichzeitig vor, dass ein strahlendes weißes Licht aus der Erde hervorkommt, durch die Fußsohlen in Ihren Körper eintritt, an Ihren Beinen entlangwandert und schließlich mit dem roten Licht in Ihrem

Basischakra verschmilzt. Während dieses weiße Licht sich der Reihe nach mit all ihren Chakren vereinigt, erweitert und energetisiert es sie. Nehmen Sie sich für diesen Teil der Übung genügend Zeit. Sie hat eine sehr starke Wirkung; daher sollte man hier nichts überstürzen.

Nun visualisieren Sie ein kleines orangefarbenes Licht in Ihrem Sakralzentrum und sehen vor Ihrem inneren Auge, wie es sich langsam ausdehnt und immer größer wird. Lassen Sie wieder das weiße Licht nach oben wandern; diesmal sollte es jedoch *durch* Ihr rotes Basischakra hindurch in Ihr orangefarbenes Sakralchakra hineinfließen.

Durchlaufen Sie auf diese Weise nacheinander all Ihre Chakren. Lassen Sie das weiße Licht aus der Erde zuerst durch Ihr Basischakra und dann der Reihe nach durch alle anderen Chakren hindurchfließen. Achten Sie darauf, wie wunderbar es sich anfühlt, wenn alle Ihre Energiezentren gleichzeitig geöffnet sind und pulsieren.

Und nun lenken Sie Ihr Bewusstsein in Ihr Kronenchakra und stellen sich vor, dass sich dort ein großer Trichter befindet, der sich zum Universum hin öffnet. Diesmal sehen Sie ein *neues* strahlendes weißes Licht, das sich über Ihrem Kopf zu bilden beginnt, langsam durch dieses Energiezentrum in Sie hineinströmt und auf das von unten aufsteigende weiße Licht trifft. Lassen Sie diese beiden weißen Lichter miteinander verschmelzen und visualisieren Sie, wie die Intensität dieses Lichts Ihre übersinnlichen Zentren mit noch mehr Energie erfüllt.

Nehmen Sie sich ein bisschen Zeit, darauf zu achten, wie sich Ihre Aura von selbst ausdehnt, sodass Sie das Gefühl haben, als würden alle natürlichen Grenzen einfach verschwinden. Jetzt sind Sie *innerlich offen*.

Sie können so lange in diesem Zustand bleiben, bis Sie bereit dafür sind, mit dem Schließen Ihrer Chakren zu beginnen.

Schließen der Chakren: Auch diesmal setzen Sie wieder die Kraft Ihrer Gedanken ein, um Ihre Chakren der Reihe nach zu schließen.

Sobald Sie innerlich bereit dazu sind, lenken Sie Ihre Aufmerksamkeit zu dem weißen Licht hin, das immer noch von oben durch Ihr offenes Kronenchakra hindurchfließt. Dann richten Sie Ihr Augenmerk auf Ihr drittes Auge. Lassen Sie das ausgedehnte indigofarbene Licht (die diesem Chakra zugeordnete Farbe) allmählich immer kleiner werden. Dabei sollten Sie spüren, wie die Energie immer schwächer wird, während Sie nun in Gedanken zu Ihrem Kehlkopfchakra und seinem hellblauen Licht hinunterwandern. Konzentrieren Sie sich darauf, wie auch dieses Licht immer kleiner wird, und steigen Sie dann noch weiter hinab: zu Ihrem Herz-, Solarplexus- und Sakralchakra. All diese verschiedenen Lichter sollten jetzt kleiner sein, denn die ihnen zugeordneten Chakren sind nun *geschlossen*. Aber denken Sie daran: Ihr Kronen- und Ihr Basischakra müssen offen bleiben, damit die Energie weiterhin durch Ihr System fließen kann.

Dieses Öffnen und Schließen Ihrer Energiezentren ist für Sie eine sehr wichtige Übung, wenn Sie Ihre übersinnlichen und intuitiven Fähigkeiten weiterentwickeln möchten, ohne dabei in Gefahr zu geraten. Glauben Sie mir: Darum kommen Sie nicht herum. Das ist die wichtigste Übung, die ich (vor und nach jeder übersinnlichen oder medialen Arbeit) mache und auch meinen Workshopteilnehmern beibringe.

***

Ihre übersinnlichen Stärken, Ihre Aura und Ihre Chakren spielen beim Üben oder Ausüben Ihrer übersinnlichen oder medialen Fähigkeiten eine wichtige Rolle. Ich glaube, inzwischen eindringlich genug betont zu haben, welch hohen Stellenwert ich einer gründlichen medialen Ausbildung beimesse: Sie müssen verstehen, welche Mechanismen Ihren spirituellen Fähigkeiten zugrunde liegen. Wenn Sie das beherzigen, werden Sie nicht nur ein starkes, innerlich gesundes Medium sein, das mit beiden Beinen fest auf der Erde steht, sondern auch ein sehr kluges!

Kapitel 11:

UND WIE GEHT ES JETZT WEITER?

Die meisten Menschen sind ständig auf der Suche danach, wer sie sind und was sie wollen. Wir alle verfolgen in unserer Lebenszeit in dieser physischen Dimension unsere eigene Mission, und es gibt viele Wege, die uns dort hinführen können. Es gibt Hilfe, die uns auf den richtigen Weg führt; wir müssen nur erkennen, begreifen und darauf vertrauen, dass wir in unserer irdischen Existenz niemals wirklich allein sind. Ihre Intuition, bestimmte Menschen, Geistwesen, Geistführer, ja sogar Synchronizitäten werden Ihnen bei der Suche danach helfen, was Sie wollen und brauchen, um Ihre spirituellen Fähigkeiten weiterentwickeln zu können. Sie können auf diesem Weg Ihre Partner sein.

Kann man diese Unterstützung in sein Leben hineinholen oder manifestieren? Oh ja!

Ich weiß sicher, dass alle Lebewesen und Dinge von einer Aura aus magnetischer Energie umgeben sind. Diese Aura enthält all unsere Gedanken, Emotionen und Gefühle und sendet sie ins Universum. Oder um es ein bisschen einfacher auszudrücken: *Wir ziehen das an, woran wir denken.* Wenn Sie zum Beispiel Angst haben, ziehen Sie Angst in

Ihr Leben; wenn Sie gültig sind, ziehen Sie Güte an; wenn Sie dankbar sind, ziehen Sie Wohlstand an; und wenn Sie nach Wissen suchen, das dem höchsten Wohl der Welt dient, werden wie von selbst die richtigen Lehrer und Wege in Ihrem Leben auftauchen. Diesen wichtigen ersten Schritt zu tun ist Ihre eigene freie Entscheidung.

Als ich in England meine medialen Fähigkeiten weiterentwickelte und verfeinerte, wurde ich genau zu den Orten und Menschen geführt, die ich zur Unterstützung auf dieser wunderbaren Entdeckungsreise brauchte. Damals richtete ich all meine Gedanken darauf, zu verstehen, welche Gesetzmäßigkeiten übersinnlichen und medialen Fähigkeiten zugrunde liegen, und dem GEIST so gut zu dienen, wie ich konnte. Die Geisterwelt und bestimmte Synchronizitäten führten mich genau dorthin, wo ich hinmusste, und zeigten mir, was ich als Nächstes zu tun hatte. Doch ich wusste, dass nur ich den ersten Schritt tun konnte: nämlich auf diese Führung zu vertrauen, die ich so dringend brauchte. Ich musste der Geisterwelt auf halbem Weg entgegenkommen, und zwar nicht nur, indem ich mich theoretisch mit medialen Fähigkeiten befasste, sondern indem ich diese Arbeit tatsächlich *machte*. Ich vergleiche das gern mit dem Besuch einer Schauspielschule: Man kann noch so viel Schauspielunterricht nehmen – doch irgendwann muss man sich auf die Bühne wagen und in einem Stück mitspielen, um sich in seinen schauspielerischen Fähigkeiten zu vervollkommnen! Nur so erkennt man, an welchen persönlichen Schwachstellen man noch arbeiten muss.

Lernen Sie immer weiter!

Normalerweise fragen mich meine Schüler nach der Teilnahme an meinen Wochenend-Workshops oder fünftägigen Retreats: »Und was sollen wir jetzt tun?« Darauf gebe ich ihnen immer die gleiche Antwort: »Lernt einfach weiter und macht eure Arbeit.«

Seine Arbeit zu machen bedeutet, an einem medialen Zirkel teilzunehmen und sich in der Tätigkeit eines Mediums zu üben. Falls Sie den Weg zur professionellen Medialität weiter beschreiten möchten, müssen Sie lernen und üben, zwischen Eingebungen Ihres eigenen Gehirns und Botschaften aus spirituellen Dimensionen zu unterscheiden. Das ist manchmal schwierig; doch mit der Zeit wird es Ihnen leichter fallen.

Sobald Sie sich eine solide Wissensbasis erarbeitet haben und wissen, welche Mechanismen und Gesetzmäßigkeiten hinter Ihren Fähigkeiten stecken, können Sie anfangen, Readings für andere Menschen abzuhalten. Führen Sie Ihre medialen Fähigkeiten am besten zuerst einmal an einem Abend für Nachwuchsmedien in einer spiritistischen Kirche, einer esoterischen Buchhandlung oder einem spirituellen Zentrum vor, das Kurse zur Entwicklung übersinnlicher und medialer Fähigkeiten anbietet. Viele spiritistische Kirchen und Esoterikzentren veranstalten Abende, an denen angehende Medien ihre Fähigkeiten an einem Publikum erproben und Erfahrungen darin sammeln können, wie es ist, mit der Energie der Geisterwelt zu verschmelzen.

Halten Sie so viele Readings ab wie möglich, auch wenn Sie kein Geld dafür bekommen! Glauben Sie mir: Sobald Sie diese Fähigkeit richtig beherrschen, wird es sich herumsprechen, und dann werden sich immer mehr Hilfesuchende an Sie wenden. Inzwischen weiß ich, wie viel ich aus jedem Reading, das ich damals in meiner Übungsphase hielt, gelernt habe, und bin sehr dankbar dafür.

Außerdem sollten Sie versuchen, bei möglichst vielen verschiedenen Lehrern zu lernen. Wenn Schüler immer wieder zu mir kommen, erkläre ich ihnen, dass eine einzelne Person ihnen niemals alles beibringen kann, was sie brauchen, und empfehle ihnen, auch mit anderen erfahrenen Lehrern und Medien zusammenzuarbeiten. Dadurch lernen sie eine Vielfalt verschiedener Unterrichtsstile und Techniken kennen. Denn vielleicht ist Ihr jetziger Lehrer gar nicht der richtige für Sie, oder Sie haben inzwischen schon alles von ihm gelernt und brauchen eine neue Perspektive.

Es ist Ihre eigene Entscheidung, ob Sie sich um die Weiterentwicklung Ihrer spirituellen Gaben bemühen wollen oder nicht. Wenn Sie Ihre übersinnlichen oder medialen Fähigkeiten ausgebildet und sich darin geübt haben, werden Sie auch begreifen, wie das funktioniert, und das wird wiederum Ihr Selbstvertrauen als Medium oder Hellseher stärken. Verlieren Sie niemals das Interesse daran, etwas Neues zu ergründen und zu lernen! Ein chinesisches Sprichwort, das ich einmal gehört habe, bringt das sehr schön auf den Punkt: »Lernen ist ein Schatz, der seinem Besitzer überallhin folgt.« Ich habe noch nie wahrere Worte gehört. In diesem Kapitel möchte ich Ihnen ein paar hilfreiche Ratschläge dazu geben, wie Ihre Reise weitergehen könnte.

Welche Rolle spielen Geistführer?

Genau wie wir in unserem irdischen Leben Freunde und Lehrer haben, die uns helfen, unterstützen und inspirieren, erhalten wir auch Hilfe von Geistwesen in der spirituellen Dimension, die mit uns zusammenarbeiten. Sie stehen uns in Gestalt von Geistführern und Geisthelfern zur Seite. Ihre Aufgabe ist es, Sie zu unterstützen und anzuleiten und Ihnen bei Ihrer spirituellen Weiterentwicklung zu helfen. Diese Geistwesen sind *nicht* dazu da, Ihnen in alltäglichen Angelegenheiten weiterzuhelfen; mit solchen Dingen müssen Sie selbst fertigwerden. Geistführer können Sie inspirieren und dafür sorgen, dass Sie zur richtigen Zeit am richtigen Ort sind. Sie finden sie in jenem stillen Raum, jener leisen Stimme in Ihrem Kopf oder in dem Bauchgefühl, das manchmal wie aus heiterem Himmel in Ihnen aufsteigt.

Geistführer bringen auch Menschen in Ihr Leben, die Ihnen weiterhelfen können. Wenn Sie gerade dabei sind, Ihre übersinnlichen oder medialen Fähigkeiten weiterzuentwickeln, haben Sie das Wirken dieser Geistführer in Ihrem Leben wahrscheinlich schon bemerkt.

Wir alle haben einen Hauptgeistführer, der uns ein Leben lang begleitet. Bei mir ist es ein tibetischer Mönch, der mich bereits seit meiner Geburt anleitet und belehrt. Diesen Geistführer haben mir im Lauf der Jahre schon viele Medien beschrieben; ein Malmedium hat ihn sogar gezeichnet. Viele Menschen würden gern die Namen ihrer Geistführer erfahren. Falls Ihnen das wichtig sein sollte, versuchen Sie, diese Information auf übersinnlichem Weg zu empfangen – oder geben Sie ihnen einfach selbst Namen! Den Geistwesen ist es egal, ob Sie ihre Namen kennen oder nicht. Ihnen kommt es nur darauf an, dass Sie sich ihrer Gegenwart bewusst sind und anfangen, mit ihnen zusammenzuarbeiten.

Neben diesem Hauptgeistführer haben wir aber auch noch andere Geistführer, die verschiedene Aufgaben und Funktionen in unserem Leben erfüllen. Im Gegensatz zum Hauptgeistführer kommen und gehen diese anderen Geistführer je nach Bedarf. Ich weiß zum Beispiel, dass ich einen »Inspirationsgeistführer« habe, der mir bei meiner Autorentätigkeit hilft und mir oft gerade dann weise Worte eingibt, wenn ich am allerwenigsten damit rechne. Und ich bin sicher, dass auch Malmedien von Geistführern inspiriert werden, die in ihrem früheren irdischen Leben höchstwahrscheinlich selbst Künstler waren oder anderen kreativen Tätigkeiten nachgingen.

Außerdem gibt es Heiler, die von medizinischen Geistführern oder Geistärzten bei ihrer Arbeit unterstützt werden. Und wahrscheinlich haben auch viele Ärzte dieser Welt einen medizinischen Geistführer oder Geistarzt an ihrer Seite, der mit ihnen zusammenarbeitet, ohne dass sie sich dessen bewusst sind.

Angenommen, ein Arzt operiert gerade einen Patienten. Doch obwohl ihm alle medizinischen Daten, Labortestergebnisse und Diagnosen des Patienten vorliegen, hat er irgendwie das *Gefühl*, dass etwas nicht stimmt. Also führt dieser Arzt erst noch eine Untersuchung durch und merkt, dass bei der Laboruntersuchung etwas übersehen wurde – und zwar, wie sich im Nachhinein herausstellt, die Hauptkrankheitsursache des Patienten. Hat der Arzt diese Erkenntnis nun seinem Medizinstudium, seiner Ausbildung und Intuition zu verdanken, oder stammt diese Eingebung von einem Geistführer, der mit ihm zusammenarbeitet? Diese Frage stelle ich mir in solchen Situationen immer wieder – und das macht mich sehr neugierig.

Mithilfe meiner Meditation »Aufsteigen der Energie« in Kapitel 10 (Seite 253) können Sie mit Ihren Geistführern in Kontakt treten. Aber gehen Sie bitte nicht mit vorgefassten Erwartungen an diese Übung heran! Vielleicht erscheinen Ihnen diese Geistführer in ganz anderer Gestalt als erwartet: zum Beispiel als Bild, Farbe oder Emotion – oder Sie spüren plötzlich ein angenehmes Gefühl der Wärme um Ihre Schultern herum. Ihre Geistführer werden auf ihre besondere, persönliche Art und Weise zu Ihnen durchkommen.

Aber natürlich dürfen Sie Ihre Geistführer während der Meditation fragen: »Woran kann ich euch erkennen?« Sobald Sie eine Verbindung zu Ihrem Geistführer aufgebaut haben, meldet er sich normalerweise jedes Mal auf dieselbe Art bei Ihnen, sodass Sie sofort wissen, dass er da ist. Wenn Sie das Gefühl haben, mit einem Ihrer Geistführer zu sprechen, und sich einen Beweis dafür wünschen, dass er es auch wirklich ist, bitten Sie ihn einfach, Ihnen ein Zeichen zu geben. Ich sehe vor meinen Jenseitskontakt-Demonstrationen zum Beispiel oft die Zahl 419 vor mir. Das hat nichts mit Aberglauben zu tun; mir ist einfach aufgefallen, dass dieses besondere Zeichen bei meiner medialen Arbeit jedes Mal vor meinem inneren Auge erscheint. Das ist die ganz persönliche Art meiner Geistführer, mir zu sagen: »Wir sind da, John!«

Informationen und Inspirationen von Ihren Geistführern sollten *immer* positiv und aufbauend sein. Wenn ein sogenannter Geistführer Sie zu etwas auffordert, was Sie normalerweise nicht tun würden, steckt dahinter höchstwahrscheinlich eher Ihre Fantasie, eine Angst oder ein psychisches, behandlungsbedürftiges Problem. Es gibt viele Bücher und Webseiten zum Thema Geistführer; ich empfehle Ihnen, sich intensiv mit diesem Thema zu befassen, wenn Sie dabei sind, eine Beziehung zu Ihren Geistführern aufzubauen. Vielleicht *spüren* Sie diese Führer nicht immer; doch hinter den Kulissen sind sie trotzdem immer da, arbeiten für Sie und warten darauf, dass Sie sie erkennen und um ihren göttlichen Beistand bitten. Also lernen Sie Ihre Geistführer kennen und lassen Sie sich von Ihnen leiten und unterstützen!

Die Gesichter seiner Geistführer sehen – ein besonderes Erlebnis!

Und nun möchte ich Ihnen erzählen, wie ich zum ersten Mal in meinem Leben die Chance hatte, das Gesicht meines Geistführers zu sehen. Ich habe das britische Malmedium Coral Polge, mit der ich vor ihrem Tod einige Zeit verbringen durfte, ja bereits erwähnt. Mithilfe dieser Frau ist mir meine Beziehung zu meinen Geistführern und die Rolle klar geworden, die sie in meinem spirituellen Leben spielen.

Ich weiß noch genau, wie ich in dem kleinen Zimmer der Spiritualist Association of Great Britain (SAGB) in London saß und dachte: Es gibt keine bessere Möglichkeit, einen meiner Geistführer kennenzulernen, als ihn mir von Coral zeichnen zu lassen!

Ich saß ganz ruhig da; sie wusste nichts über mich, und ich hatte auch keine Ahnung, wen sie zeichnen würde. Zuerst skizzierte sie eine ältere Frau, die zur mütterlichen Seite meiner Familie in Beziehung stand. Sie wusste sogar, dass diese freundliche ältere Dame aus Italien kam – dem Land der Familie meiner Mutter. Sie reichte mir das Bild, griff dann nach ihren Pastellkreiden und begann mit einer neuen Zeichnung, wobei sie mir erklärte, dass sich mir ein Geistführer zeigen wolle. Ich war begeistert!

Als mein Geistführer mit Coral in Kontakt trat, spürte ich plötzlich ganz deutlich, dass sich die Atmosphäre im Raum veränderte. Eine Stimmung unendlichen Friedens erfüllte meinen Körper, und ich fühlte buchstäblich, wie er mich mit einem Gefühl reiner Liebe in seine Arme schloss. Der Großstadtlärm, der durch die Fenster zu uns hereindrang, schien abzuebben, und es wurde still im Zimmer. Ich spürte, dass mein Geistführer seine Gedanken auch an Coral sandte. Sie zeichnete weiter und sprach dabei gleichzeitig in sanftem, liebevollem Ton zu mir: »Dieser Geistführer begleitet dich schon dein ganzes Leben lang, John. Er ist in deiner jetzigen irdischen Existenz dein Lehrer und hilft dir auch bei der Ausübung deiner medialen Tätigkeit.«

Während sie zeichnete, musste ich die ganze Zeit daran denken, dass es mich schon immer nach Tibet und in die wunderschöne Gebirgslandschaft des Himalaya gezogen hatte. Irgendwie schienen mich das Land und die Menschen dort besonders anzusprechen. Schon als Kind hatte ich oft von betenden Männern mit kahl rasierten Köpfen und leuchtend orangefarbenen Gewändern geträumt; inzwischen weiß ich, dass das tibetische Mönche waren. (Allerdings hätte ich mir nie träumen lassen, dass einer davon tatsächlich mein Geistführer ist!) Damals schwor ich mir, dieses außergewöhnliche Land eines Tages zu bereisen. Ich weiß auch nicht, warum – aber noch heute habe ich das Gefühl, früher einmal dort gelebt zu haben. Höchstwahrscheinlich war ich damals selbst ein tibetischer Mönch.

Während Coral an ihrer Zeichnung arbeitete, schien die Zeit stillzustehen. Kurz bevor sie fertig war, gab sie mir weitere Informationen darüber, wohin mich die Geisterwelt und meine medialen Fähigkeiten führen würden und welche Arbeit noch vor mir lag.

Als sie ihren Zeichenblock dann umdrehte und mir das Porträt meines tibetischen Geistführers in die Hand drückte, kam mir sein Gesicht ungeheuer bekannt vor. Vor allem seine Augen fielen mir auf: Es waren die sanftesten, liebevollsten Augen, die ich je gesehen hatte. Ich spürte, wie mir eine Träne übers Gesicht lief. Als mir klar wurde, dass mich dieses wunderbare Geistwesen mein Leben lang begleitet hatte, wurde ich von meinen Gefühlen überwältigt. Irgendwie war er immer da gewesen, hatte sich mir aber nie aufgedrängt und auch nie irgendwelche Forderungen an mich gestellt, sondern mich einfach nur sanft und behutsam geleitet.

Als Coral sah, wie überwältigt ich war, fragte sie mich mit sanfter Stimme, ob mit mir alles in Ordnung sei. »Ja, Coral. Es stürmen nur gerade so viele Gefühle auf mich ein: Erstens ist es mir eine große Ehre, diese Sitzung bei dir erleben zu dürfen; und dann sehe ich auch noch zum ersten Mal in meinem Leben das Gesicht meines Geistführers«, erklärte ich ihr. »Ich weiß, dass wir alle Geistführer haben; aber irgendwie war dieses Erlebnis genau das, was ich in diesem Augenblick meines Lebens am dringendsten gebraucht habe.«

Dann erzählte ich ihr, dass ich in Großbritannien lebte – weit weg von meinem Zuhause und meiner Familie. Ich gestand ihr sogar, dass ich mich in letzter Zeit öfter gefragt hatte, ob ich wirklich das Richtige tat. Ich war mir nicht ganz sicher, wo diese Arbeit mich hinführen würde; doch als ich dann zum ersten Mal in das Gesicht meines Geistführers sah, rückte alles wieder in die richtige Perspektive. Plötzlich empfand ich meine mediale Arbeit als sehr viel wahrhaftiger. All meine Ängste lösten sich in Nichts auf, und ein Gefühl von Leichtigkeit und Sorglosigkeit überkam mich. Hier zeigte sich wieder einmal, welche Lektion ich zu lernen hatte, nämlich: Lass einfach los und hab Vertrauen. Ich wusste, dass ich auf dem richtigen Weg war.

Ich wollte schon aufstehen; doch Coral erklärte mir, sie wolle noch einen anderen Geistführer für mich zeichnen, dem es wirklich sehr wichtig sei, sich mir vorzustellen. Ich ließ mich nicht lange überreden, sondern blieb sitzen. Coral nahm wieder ihre Pastellkreiden und sagte, diesmal handele es sich um einen afrikanischen Schamanen, der mich ebenfalls schon seit Langem begleite.

»Er erklärt mir, dass es seine Aufgabe ist, dich zu beschützen und dir in schwierigen Lebensphasen Kraft zu geben, John.« Zehn Minuten später zeigte sie mir, wie dieser Geistführer ihr erschienen war: mit der Gesichtsbemalung eines afrikanischen Schamanen. Er war groß und von kräftiger Statur, hatte aber ebenso wie mein tibetischer Mönch ein erstaunlich freundliches Gesicht. Jetzt weiß ich, warum bei mir zu Hause so viele afrikanische Masken und andere Kunstgegenstände von diesem Kontinent hängen! Der Anblick dieser Werke gibt mir innere Kraft. Ich bin überzeugt davon: Wenn wir uns zu Kunstwerken und typischen Gerichten anderer Länder oder zur Architektur oder Kultur eines bestimmten Ortes hingezogen fühlen, liegt das vielleicht daran, dass Erinnerungen an ein früheres Leben in uns aufsteigen; oder es rührt einfach vom Einfluss unserer Geistführer her.

Als ich das Porträt meines afrikanischen Geistführers betrachtete, wurde mir klar, dass er in meinem Leben schon seit einiger Zeit eine wichtige Rolle spielte. Das war für mich inzwischen schon so selbstverständlich geworden, dass ich mich gar nicht mehr fragte, woher dieser Einfluss rührte.

Als meine Sitzung mit Coral zu Ende war, stand ich auf, um mich von ihr zu verabschieden, und hielt meine beiden Porträts fest an mich gedrückt. Ich bedankte mich wortreich bei ihr und ging zur Tür, weil ich wusste, dass draußen schon der nächste Klient auf seine Sitzung wartete. »Machen Sie weiter mit Ihrer guten Arbeit, junger Mann«, bat sie mich in warmherzigem Ton und warf mir noch einen letzten Blick zu. »Das werde ich tun – nun, da ich weiß, wie viel Hilfe ich dabei bekomme«, versicherte ich ihr. »Auf Wiedersehen, und Gott segne Sie.«

Ich habe die beiden Zeichnungen meiner Geistführer rahmen lassen und ihnen einen Ehrenplatz in meinem Meditationsraum gegeben, das mir gleichzeitig auch als Studio für meine wöchentliche Radiosendung dient. Coral würde sich sicher freuen, wenn sie wüsste, dass diese beiden Geistwesen über mich wachen, wenn ich auf Sendung bin! Jedes Mal, wenn ich mir die Bilder anschaue, überkommt mich ein Gefühl innerer Ruhe. Sie gehören aus den verschiedensten Gründen zu meinen wertvollsten Schätzen.

Tausende von Menschen, die Coral bei der Demonstration ihrer Fähigkeiten als Malmedium zugesehen haben – vor allem Leute wie ich, die ihr persönlich begegnen durften –, vermissen diese Frau. Ich hoffe, dass Coral jetzt jemandem hier auf der Erde – vielleicht sogar einem Künstler – als Geistführerin dient und diesen Menschen inspiriert, unterstützt und auf den richtigen Weg führt. Ihre Bilder sind ein weiterer Beweis dafür, dass wir alle ewig leben, dass wir schon vor der Geburt existiert haben und auch nach dem Verlassen unseres physischen Körpers weiterexistieren werden.

Mediale Zirkel

In den Anfangsstadien der Entwicklung Ihrer übersinnlichen Fähigkeiten werden Sie einen klareren Bewusstseinszustand erreichen, als Sie es vorher gewohnt waren. Während Sie lernen, in diesem erhöhten Bewusstseinszustand immer leichter mit Geistwesen in Kontakt zu treten und zu verschmelzen, gehen Sie eine lebenslange Beziehung mit der Geisterwelt ein. Ich will Ihnen nun erzählen, wie ich mich auf diesen Zustand geschärften Bewusstseins vorbereitet habe.

Die beste Schulung und Übung erhielt ich während meiner medialen Ausbildung in England in einem medialen Zirkel. Das kann ich all meinen Schülern und auch Ihnen, liebe Leser, nur wärmstens empfehlen, wenn Sie Ihre medialen Fähigkeiten entwickeln und erweitern möchten.

In einem medialen Zirkel meditiert man mit einer Gruppe anderer Medien und lernt, Kontakt zur Geisterwelt aufzunehmen und eine Beziehung zu ihr aufzubauen. Solche Zirkel sollten am besten von einem erfahrenen Medium angeleitet werden, das den Teilnehmern bei der Kommunikation und Kooperation mit Geistwesen und Geistführern helfen kann. Außerdem können Medien im Anfangsstadium ihrer Entwicklung mit Unterstützung erfahrener Medien herausfinden, ob die Botschaft, die sie empfangen, von der Geisterwelt oder aus ihrem eigenen Kopf kommt. Mir hat die Meditation mit Gleichgesinnten sehr bei der Stärkung meiner medialen Fähigkeiten geholfen. Ich erinnere mich noch genau an das erste Mal, als ich an so einem Zirkel teilnahm, und weiß auch noch, wie sehr mich die Vorstellung fasziniert hat, dass alle

Anwesenden dabei ihre übersinnliche Energie miteinander verschmelzen lassen, – so etwas wollte ich unbedingt einmal miterleben.

In so einem Zirkel erleben viele Menschen (auch ich) verschiedene Formen übersinnlicher Manifestationen: von einem kalten Windhauch oder einem leichten Luftzug rund um Füße und Beine bis hin zu funkelnden Lichtern, Stimmen oder sogar dem Gefühl, als strichen einem Spinnweben über die Haut. Diese Phänomene rühren daher, dass die Geistwesen die gemeinsame übersinnliche Energie der Gruppe dazu nutzen, sich den Medien zu nähern und ihre Verbindung zu ihnen zu stärken. Als ich das zum ersten Mal erlebte, hatte ich keine Angst – schließlich meditierte ich mit einer Gruppe erfahrener Medien.

Mediale Zirkel müssen in *jeder* Hinsicht ausgewogen und harmonisch sein, und Sie müssen auch einen Zirkel finden, der zu Ihnen passt. Es gibt mediale Zirkel verschiedenster Art: von offenen Zirkeln, die jedem zugänglich sind und oft in Kirchen oder im Rahmen von Kursen zur Entwicklung übersinnlicher Fähigkeiten abgehalten werden, bis hin zu Gruppen, die sich im Haus oder in der Wohnung eines Teilnehmers treffen und für die man eine Einladung braucht. Ich bekomme viele E-Mails von Leuten, die enttäuscht darüber sind, dass es in ihrer Gegend keine spiritistischen Kirchen und Esoterikzentren oder -buchhandlungen gibt. Solchen Leuten empfehle ich, einfach noch etwas genauer zu recherchieren. Vielleicht werden sie darüber staunen, wie viele solche Treffpunkte es tatsächlich gibt!

Außerdem gibt es dank der modernen Technologien ja auch Online-Gruppen, die sich mit übersinnlichen Phänomenen befassen und sich mit ihren Fähigkeiten gegenseitig weiterhelfen. »Kann ein fleißiger, lernwilliger Student seine übersinnlichen Fähigkeiten auch allein weiterentwickeln?«, wurde ich einmal gefragt. Ja, natürlich ist das möglich; doch man kann seine Gaben als Medium besser entwickeln, wenn man dabei mit einer Gruppe Gleichgesinnter zusammenarbeitet und seine Energie mit den Energien dieser anderen Menschen verschmelzen lässt. Außerdem kann man Informationen aus der Geisterwelt, die man für ein anderes Mitglied des Zirkels erhält, leicht überprüfen und bestätigen, während das in einem Online-Forum viel schwieriger ist. Auch deshalb ist es sinnvoller, seine medialen Fähigkeiten zusammen mit anderen Menschen weiterzuentwickeln. Das Üben in einem Liveumfeld gibt Ihnen Selbstvertrauen und das sofortige Feedback zeigt Ihnen außerdem, ob die betreffende Information aus der Geisterwelt oder aus Ihrem Kopf – Ihrer Fantasie – stammt.

Wenn Sie beim besten Willen keinen solchen medialen Zirkel finden können, sollten Sie vielleicht selbst einen gründen. Zu diesem Thema gibt es ein hervorragendes Buch von Gordon Smith, einem sehr guten schottischen Medium, das bei meinem Englandaufenthalt zu meinen Lehrern und Mentoren gehörte. Das Buch trägt den Titel *Intuitive Studies: A Complete Course in Mediumship* und ist ebenfalls im Hay House Verlag erschienen.

Während meines Englandaufenthalts hatte ich das Glück, über zwei Jahre an einem medialen Zirkel teilnehmen zu dürfen, der im Haus eines Mediums stattfand. Dort erhielt ich mit sieben weiteren Mitgliedern eine sehr gründliche, intensive Ausbildung. Für mich war das eine wunderbare Chance, mich in einem geschützten Umfeld weiterzuentwickeln, zu experimentieren, Erfahrungen auszutauschen und innerlich zu wachsen: Dort konnten wir unsere Erlebnisse in einer kleinen Gruppe besprechen und analysieren. Dieser mediale Zirkel war der beste spirituelle Unterricht, den ich je genossen habe.

Wir trafen uns jeden Dienstagabend pünktlich um sechs, und ich weiß noch genau: Wenn man zu spät kam, stand man vor verschlossener Tür! Ich betrachtete diesen medialen Zirkel als Verabredung mit der Geisterwelt und meinen verstorbenen Angehörigen, Geistführern und -helfern. Wenn diese Geistwesen es schafften, pünktlich da zu sein, konnte ich das auch! Ich fuhr mit dem Bus von zu Hause dorthin und nahm sicherheitshalber lieber oft einen früheren Bus, nur um nicht zu spät zu kommen!

Ich erinnere mich noch genau an die ersten Wochen, in denen ich in diesem Zirkel die Grundlagen medialer Tätigkeit erlernte: was man als Medium tun oder lassen sollte, wie man sich in dieser Rolle verhält und vieles andere mehr. Man empfahl uns, ein paar Stunden vor diesen Treffen eine leichte Mahlzeit zu uns zu nehmen; denn wenn man meditiert, die spirituelle Kraft der Gruppe auf sich wirken lässt und diese wunderbare Atmosphäre von Ruhe und Gelassenheit genießt, gibt es nichts Schlimmeres als einen knurrenden Magen, der die Stimmung kaputtmacht!

Zuerst brachte man uns bei, unsere Aura auszudehnen und mit den Auren der anderen Teilnehmer verschmelzen zu lassen. Die erfahrene Leiterin des Zirkels zeigte mir, wie man seine Gedanken und Gefühle in eine positive Richtung lenkt. Sie hatte einen sehr angenehmen, natürlichen Unterrichtsstil und wiederholte eine Übung oft mehrmals, bis sie sicher war, dass ich sie richtig beherrschte. Diese Treffen dauerten immer nur eine Stunde, in der wir Unterricht erhielten und uns Ziele für die Weiterentwicklung unserer medialen Techniken setzten. Außerdem fand dabei stets eine Gruppenmeditation statt, um unser Bewusstsein zu erhöhen und die Geistwesen in unseren Kreis einzuladen. In der zweiten Hälfte des Treffens übermittelten wir dann die Botschaften, die wir erhalten hatten. Manchmal waren das Nachrichten für ein Mitglied des Zirkels, manchmal aber auch inspirierende Worte, die wir von unseren Geistführern empfingen. Jedes Treffen war anders.

Diesem medialen Zirkel verdanke ich eine Menge: Er bildete die Basis vieler meiner Lehren, denn dort habe ich gelernt zu *spüren*, wie es ist, wenn die Geistwesen zu einem kommen. Man brachte mir bei, mit ihnen in Kontakt zu treten und mit ihrer Energie zu verschmelzen; außerdem übte ich, empfangene Informationen und Botschaften an andere Teilnehmer weiterzugeben, um sie von ihnen überprüfen und bestätigen zu lassen. Ich lernte zu erkennen, wann meine Geistführer anwesend waren, und auf ihre Inspirationen und Anleitungen zu hören. Ich bin überzeugt davon: Wenn es Ihnen bestimmt ist, als Medium zu arbeiten, werden Sie von der Geisterwelt auch dorthin geführt werden, was Sie als Nächstes tun und wohin Sie sich wenden sollen. Wenn Sie auf der Suche nach einem medialen Zirkel sind, denken Sie bitte daran, dass Sie vielleicht nicht jede Gruppe als passend empfinden. Wenn Sie das Gefühl haben, dass sich ein Zirkel nicht für Sie eignet, suchen Sie sich lieber eine andere Gruppe, die eher Ihren Vorstellungen entspricht. Solche Zirkel sollten stets von einem erfahrenen Medium oder Lehrer geleitet werden, und der Meditationsraum sollte gereinigt und bequem sein und die richtige Beleuchtung und Hintergrundmusik bieten, um eine gute Energie für die Meditation zu schaffen. Auch die anderen Mitglieder sollten eine positive Energie ausstrahlen, gute Absichten haben und bereit sein, sich gegenseitig zu unterstützen und zu helfen. Finden Sie einen guten Lehrer, der Sie in der Ausübung Ihrer medialen Fähigkeiten unterweist und Ihnen sichere mediale Praktiken und gute ethische Prinzipien vermittelt! Manche Lehrer haben das Gefühl, dass es reicht, bei diesen Treffen einfach nur zu meditieren; doch ich bin fest davon überzeugt, dass es dabei auch um die Entwicklung medialer Fähigkeiten geht. Ich habe auch schon gehört, dass manche Teilnehmer mit ihrem Ego die Gruppenenergie stören. Es ist Aufgabe des Leiters, die Gruppe so zu gestalten, dass sie ausgewogen ist und positive spirituelle Ziele verfolgt. Keine Sorge: Sie werden schon zur richtigen Zeit den für Sie richtigen medialen Zirkel finden!

Falls Sie sich in so einem Umfeld anfangs noch nervös oder befangen fühlen, wird Ihnen ein guter Leiter Tipps dazu geben können, wie Sie sich am besten in die Gruppe einfügen. Höchstwahrscheinlich wird er Ihnen empfehlen, immer schon etwas früher zu kommen, um von Ihrer Arbeit oder Ihrem Alltag abschalten zu können, damit Sie sich geerdet und weniger gestresst fühlen, wenn die Meditation beginnt. Hier noch ein paar weitere hilfreiche Tipps: Tragen Sie stets bequeme, frische Kleidung; benutzen Sie nach Möglichkeit kein Parfüm oder Eau de Cologne, da manche Teilnehmer vielleicht überempfindlich darauf reagieren; lassen Sie Ihren Alltag und Ihre Erwartungen an der Türschwelle zurück und betreten Sie den Meditationsraum mit offenem, aufnahmefähigem Geist und Verstand.

Seine übersinnlichen Fähigkeiten zusammen mit anderen Menschen weiterzuentwickeln kann sehr aufbauend sein und wird Ihnen auch ein Gefühl der Geborgenheit schenken. Erstens haben Sie dabei die Möglichkeit, mit einer Gruppe Gleichgesinnter eine Brücke zur Geisterwelt zu schlagen. Dadurch werden Sie immer offener und empfänglicher für Jenseitskontakte. Zweitens werden Sie so Teil einer spirituellen Gemeinschaft von Menschen, die sich gegenseitig unterstützen, und können von anderen Teilnehmern lernen und Erfahrungen mit ihnen austauschen. Vielleicht werden einige Mitglieder dieses Zirkels zu Ihrer spirituellen Familie, und Sie schließen lebenslange Freundschaften.

Hier noch etwas Wichtiges, woran Sie denken sollten: Wenn man an seinen medialen Gaben arbeitet, kann es sein, dass dieser Entwicklungsprozess sich nach einer gewissen Zeit zu verlangsamen scheint oder vielleicht sogar völlig zum Stillstand kommt. Das kann sogar Menschen passieren, die bereits als Medium tätig sind. Auch ich habe das schon erlebt und andere mir bekannte Medien ebenfalls; doch ich gerate dabei nie in Panik, sondern erkläre mir das einfach so, dass ich nun eine bestimmte Stufe in der Ausübung meiner medialen Fähigkeiten erreicht habe und sich jetzt eben etwas daran verändert. Für mich ist das eine Chance, mir darüber klar zu werden, was ich bereits gelernt habe und wie weit ich gekommen bin, und zu überlegen, ob es vielleicht Lernaufgaben gibt, mit denen ich mich noch einmal genauer beschäftigen sollte. Auch in Ihrer Entwicklung als Medium wird es sicherlich Höhen und Tiefen geben. Das ist ganz normal, denn Medialität spielt sich auf energetischer Ebene ab, und Energie befindet sich (genau wie Ihre medialen Fähigkeiten) in einem Zustand ständiger Bewegung, Veränderung und Ausdehnung. Jedes Mal, wenn Sie als Medium arbeiten, ist das eine Chance für Sie, etwas Neues zu lernen und innerlich zu wachsen.

Wenn Sie schon seit einiger Zeit einen medialen Zirkel oder Kurs besuchen und das Gefühl haben, dass dabei nicht genug »passiert« oder Ihre Fähigkeiten sich nicht nennenswert weiterentwickeln, kann das verschiedene Gründe haben: Vielleicht bemühen Sie sich zu krampfhaft darum – oder Ihre medialen Fähigkeiten sind einfach nicht stark genug. Wie ich bereits erwähnt habe, kann es aber auch sein, dass dieser Zirkel nicht zu Ihnen passt; oder vielleicht sind Sie in Ihrem Leben gerade so sehr mit anderen Dingen beschäftigt, dass Sie momentan keine geistigen Kapazitäten für die Entwicklung Ihrer medialen Fähigkeiten frei haben.

Zunächst einmal möchte ich Ihnen raten: Machen Sie sich keine Sorgen! Jeder Mensch kommt mit besonderen, einzigartigen Begabungen auf die Welt. Ich weiß, dass einige von Ihnen jetzt vielleicht sagen werden: »Ich dachte, dass das meine Lebensaufgabe ist. Ich weiß gar nicht, welche Talente ich sonst noch habe.« Gehen Sie in Gedanken einmal in Ihre Kindheit zurück und fragen Sie sich, was Sie damals besonders gern getan haben – oder was Sie heute begeistert. Gott hat jedem Menschen individuelle Begabungen geschenkt, die er weiterentwickeln und zum Wohl der Allgemeinheit einsetzen soll. Auch Sie haben ein besonderes Talent – die Signatur, die Sie auf der Welt hinterlassen.

Mediale Fähigkeiten sind nur eine dieser Gaben; es gibt aber noch viele andere: zum Beispiel Schreiben, Musizieren, Kunst, die Fähigkeit, Menschen zu heilen oder mit mitreißenden Vorträgen zu inspirieren. Falls Sie in Ihrem Herzen den brennenden Wunsch verspüren, anderen zu helfen und zu dienen, wird die Geisterwelt Sie schon zu den richtigen Möglichkeiten hinführen, diese Fähigkeit weiterzuentwickeln und auszuüben. Nur weil Sie nicht als Medium tätig sind, bedeutet das noch lange nicht, dass Sie nicht mit der Geisterwelt in Kontakt stehen. In Wirklichkeit kommt es nur darauf an, was Sie mit Ihren Begabungen anfangen. Versuchen Sie, eigene Erfahrungen zu sammeln; dann wird Ihnen auch bewusst werden, welche besonderen Fähigkeiten

Sie besitzen, und Sie werden die richtige Antwort auf die Frage finden, auf welche Weise Sie Ihrem spirituellen Weg folgen möchten.

Die Energie und Struktur der Botschaft

Fast alle mir bekannten Medien haben ihre eigene Arbeitsweise. Für unsere Tätigkeit gibt es kein allgemeingültiges Rezept!

Als ich mit meinen Jenseitskontakt-Demonstrationen begann, hatte ich einen etwas anderen Arbeitsstil als heute. Damals wusste ich noch nicht, wie die Geisterwelt mit mir zusammenarbeiten wollte, und war ständig in Sorge, dass die Verbindung abbrechen könnte, bevor ich überhaupt richtig mit meiner Demonstration begonnen hatte. Daher wirkte ich oft etwas hektisch und gehetzt und tigerte nervös auf der Bühne auf und ab. Die Energie, die meinen Körper durchströmte, war so stark, dass ich mich unwillkürlich dauernd bewegte, als hätte ich das Bedürfnis, diese Energie zu verbrennen. Damals wirkte ich auf der Bühne beinahe wie ein Hundertmeterläufer. Dieses Anfangsstadium meiner medialen Tätigkeit, in dem ich meine optimale Arbeitsweise noch nicht entwickelt hatte, war nicht nur für mich selbst anstrengend; ich bin sicher, dass auch mein Publikum dabei manchmal das Gefühl hatte, einem Tennismatch zuzusehen. Im Lauf der Zeit und mithilfe meiner Lehrer und Geistführer lernte ich schließlich, dass man die Energie, die einen bei der medialen Arbeit durchströmt, nicht verbrennen muss; es macht viel mehr Sinn, sparsam und effektiv damit umzugehen.

So arbeitete und lernte ich etliche Jahre, verfeinerte meine Fähigkeiten, und mir wurde immer klarer, wie die Geisterwelt mit mir zusammenarbeiten wollte. Meine damalige Arbeitsweise war zwar nicht unbedingt falsch – jeder hat seinen Stil. Doch am Ende meiner Jenseitskontakt-Demonstrationen, wenn die Euphorie des Kontakts mit der Geisterwelt abgeklungen war, fühlte ich mich oft völlig erschöpft und ausgelaugt. Ich betrachte mich als lebenslangen Schüler, der bei seiner Arbeit immer wieder Neues dazulernt; und obwohl ich inzwischen auf eine langjährige Erfahrung mit Jenseitskontakt-Demonstrationen und Kursen für Nachwuchsmedien zurückblicken kann, bin ich immer noch der Meinung, dass auch ein Schüler hin und wieder vergisst, was man ihm beigebracht hat.

Bei meiner Ausbildung zum Medium habe ich gelernt, sparsam mit meiner Energie umzugehen, um bei der Übermittlung meiner letzten Botschaft aus dem Jenseits immer noch genauso viel Power zu haben wie bei der ersten. Nur leider vergaß ich manchmal, diesen klugen Ratschlag zu beherzigen. Doch wie immer spürten die Geistwesen es irgendwie, wenn ich wieder einmal einen kleinen *Auffrischungskurs* brauchte! Dann fanden sie eine Gelegenheit, um mir dieses wichtige Prinzip erneut vor Augen zu führen. Eine dieser Gelegenheiten erlebte ich erst vor ein paar Jahren. Damals war die Geisterwelt offensichtlich fest entschlossen, mir eine Lektion zu erteilen.

Da ich mir den Fuß gebrochen hatte, musste ich ein paar Monate lang einen Gips tragen. Natürlich wurde ich bei meinen Veranstaltungen immer wieder darauf angesprochen; doch damit musste ich leben. Schließlich musste ich arbeiten und konnte meine öffentlichen Auftritte nicht einfach absagen. Einmal war ich zu einem Vortrag mit anschließender Jenseitskontakt-Demonstration an der Südküste von Massachusetts eingeladen. Das war die erste Veranstaltung, bei der ich mit Gips auftrat, also von vornherein wusste, dass ich diesmal nicht wie ein Verrückter auf der Bühne hin und her rennen konnte. Doch irgendwie vertraute ich einfach darauf, dass die Geisterwelt einen Ausweg aus diesem Dilemma finden würde. Also humpelte ich auf die Bühne und erklärte meinem (leicht belustigten) Publikum, warum ich den Gips trug und dass ich die Jenseitskontakt-Demonstration von meinem Stuhl aus abhalten würde.

Zu Beginn der Demonstration hielt ich den Zuhörern meinen üblichen kurzen Vortrag darüber, wie die Kommunikation mit der Geisterwelt abläuft, für ein besseres Verständnis dieses Phänomens. Ich erklärte ihnen, was sie von dieser Demonstration zu erwarten hatten, dass es ihren Angehörigen im Jenseits gut gehe und dass sie die Zeichen der Geistwesen (Beweise dafür, dass sie in bestimmten Situationen oft bei uns sind) erkennen würden. In dieser kurzen Einführung erkläre ich meinen Zuhörern, wie die Arbeit eines Mediums funktioniert und was nach dem Tod mit uns passiert, um auch denjenigen, die keine Botschaft von einem Verstorbenen erhalten, etwas Ermutigendes mit auf den Weg zu geben. Ich möchte, dass jeder meine Demonstration mit einem Gefühl der Hoffnung und Inspiration verlässt. Manchmal reichen diese einführenden Worte schon aus, um meinen Zuhörern bei der Überwindung ihres Kummers zu helfen; und wenn sie miterleben, dass jemand anderes eine Botschaft von einem Verstorbenen erhält, ist das für sie oft eine Art Bestätigung, dass das Leben nach dem Tod weitergeht, und vermittelt ihnen das tröstliche Wissen, dass auch ihre eigenen verstorbenen Angehörigen immer noch existieren.

Da saß ich also nun mit meinem Gips und spürte, wie die Geistwesen näher kamen. Jeder, der mich kennt, hat von mir schon einmal den Ausspruch gehört: »Heute ist es mal wieder richtig voll hier!« – und das, obwohl die Zuschauer in Wirklichkeit nur mich sehen! Aber für mich fühlt es sich so an, als stünde eine volle Besetzung auf der Bühne – lauter Geistwesen, die geduldig darauf warten, bis sie an der Reihe sind. Die Botschaften kamen Schlag auf Schlag, und sie waren sehr überzeugend. Da wurde mir schnell klar, dass es gar nicht notwendig ist, ständig auf der Bühne herumzulaufen, um die Energie im Fluss zu halten. Es ist genauso wirkungsvoll, einfach nur dazusitzen und die Botschaften durchdringen zu lassen; vielleicht wird die Verbindung zur Geisterwelt dadurch sogar noch stärker. Ich begriff, dass die Energie, die ich sonst mit meinem Herumgerenne auf der Bühne verbrauchte, nun dafür genutzt wurde, Geistwesen durchkommen zu lassen, die überzeugende Beweise für ihre Identität liefern konnten.

Inzwischen tigere ich bei meiner Arbeit nicht mehr auf und ab, sondern schlendere eher langsam über die Bühne, um mein Publikum im Blick zu haben. Denn mittlerweile habe ich gelernt, richtig mit meiner Energie umzugehen, ruhig zu bleiben und diese kostbare Kraft zu nutzen, um noch klarere, sinnvollere und überzeugendere Botschaften zu empfangen. Doch um diese Lektion zu lernen und ein besseres Medium zu werden, musste ich mir erst einmal den Fuß brechen! Aus jeder Erfahrung – egal, ob man sie als negativ oder positiv empfindet – kann man etwas lernen. Und nur darauf (dass Sie etwas daraus gelernt haben) kommt es an. Das, was ich an jenem Abend über einen sparsameren Umgang mit meiner Energie erfahren habe, wende ich inzwischen auch beim Unterrichten meiner Schüler in meinen Workshops an.

Die KBRA-Formel zur Übermittlung von Botschaften aus dem Jenseits

Als spiritueller Lehrer investiere ich viel Zeit dafür, angehenden Medien zu erklären, wie wichtig es ist, Botschaften zu überbringen, die einen gewissen logischen Fluss und eine erkennbare Struktur haben. Man merkt es sofort, wenn ein Medium keine richtige Ausbildung erhalten hat: Solche Medien springen planlos von einer Information zur anderen und bringen häufig Botschaften verschiedener Geistwesen durcheinander. Es ist schwierig, ihren Ausführungen zu folgen, und den Empfängern der Botschaften fällt es auch schwer, deren Richtigkeit zu bestätigen. Die Informationen wirken verworren und ergeben keinen rechten Sinn.

Sobald ein Kontakt zur Geisterwelt steht, strömt viel Energie durch das Medium; und wenn der die Botschaft erhaltende Klient dann womöglich auch noch aufgeregt ist und nicht so schnell reagieren kann, wie das Medium spricht, kann bei diesem Prozess leicht etwas durcheinandergeraten. Deshalb glaube ich, dass man sich beim Überbringen von Botschaften aus der Geisterwelt an ein bewährtes Schema halten sollte. Das hilft nicht nur dem Empfänger der Botschaft, sondern sorgt auch dafür, dass die Energie des Mediums konstant und kontinuierlich fließen kann.

Eine der besten Methoden zur Übermittlung von Botschaften aus dem Jenseits, die ich kenne – die KBRA-Formel –, habe ich bereits bei meiner Ausbildung zum Medium erlernt. Diese besondere Art der Überbringung von Jenseitsbotschaften anhand einer genau festgelegten Struktur stammt von einem hervorragenden Medium aus Wales namens Stephen O'Brien. Ich hatte die wunderbare Gelegenheit und die Ehre, Stephen live auf der Bühne zu erleben, und zwar in England bei einer gemeinsamen Jenseitskontakt-Demonstration mit Coral Polge: Stephen übermittelte Informationen von Geistwesen, und Coral begann, die Verstorbenen zu zeichnen, mit denen er Kontakt aufnahm. Es war sehr eindrucksvoll, den beiden bei ihrer Gemeinschaftsarbeit zuzuschauen.

Doch zurück zu unserer KBRA-Formel: Obwohl viele britische Medien sich bei ihrer Arbeit an dieser Formel orientieren, verdanken wir es Stephen, dass er ihr einen Namen gegeben und sie näher erklärt hat. Inzwischen halte ich mich auch beim Unterrichten an diese Formel; und wenn Sie gerade dabei sind, Ihre medialen Fähigkeiten weiterzuentwickeln, empfehle ich Ihnen dringend, es ebenfalls damit zu versuchen. Unter anderem hat das den Vorteil, dass die Geistwesen dann wissen, wie Sie arbeiten möchten, und bei der Kommunikation mit Ihnen ihr Bestes geben können.

Diese hilfreiche Formel bringt die Botschaften der Verstorbenen in eine sinnvolle Reihenfolge. Zunächst einmal beschreibt das Medium, wer das Geistwesen ist und warum es sich bei dem Hinterbliebenen meldet. Halten Sie sich genau an diese Reihenfolge, um Ihrer Botschaft eine logische, natürliche Struktur zu verleihen! Und nun will ich Ihnen verraten, wofür das Akronym KBRA steht:

- **K = Kommunikator:** Bei diesem ersten Schritt geht es darum, die Identität des Geistwesens zu bestätigen. Zu diesem Zweck sendet das Geistwesen dem Medium bestimmte Informationen über sich: ob es männlich oder weiblich, Kind oder Erwachsener ist, in welchem Alter und auf welche Weise es verstorben ist. Oft kommen auch noch andere Informationen durch, zum Beispiel Beschreibungen seines Aussehens und seiner Beziehung zum Empfänger der Botschaft.

- **B = Beweis:** Sobald die Identität des Geistwesens feststeht, werden weitere Beweise geliefert, um die Richtigkeit der Botschaft zu bestätigen. Das können zum Beispiel Namen, Hobbys, besondere Erinnerungen, Persönlichkeitsmerkmale oder Eigenheiten des Verstorbenen sein. Oder es kommen Orte, wichtige Daten und Informationen über Haustiere durch; oft beweist das Geistwesen seine Identität aber auch dadurch, dass es dem Empfänger der Botschaft sagt, was in seinem Leben gerade passiert. Solche Beweise sind sehr wichtig, denn nur so kann die Geisterwelt eine Brücke bauen, um den Hinterbliebenen ihre Liebe zu übermitteln. All das gehört immer noch zum Prozess der Bestätigung der Identität des Verstorbenen.

- **R = Rückkehr:** Warum kehrt das Geistwesen gerade jetzt mit einer Botschaft in die irdische Welt zurück? Nun kann das Medium dem Empfänger eine von Herzen kommende Botschaft übermitteln: zum Beispiel die beruhigende Gewissheit, dass der geliebte Verstorbene sich immer noch in seiner Nähe befindet. Es kann aber auch eine Botschaft der Vergebung, Liebe und Unterstützung oder ein Ratschlag sein. Solche Botschaften können das Leben der Hinterbliebenen, die vielleicht immer noch um den Verstorbenen trauern, zutiefst berühren. Doch sie betreffen nicht nur den für sie bestimmten Empfänger; wenn sie in öffentlichem Rahmen überbracht werden, finden alle Zuhörer Trost in dem Wissen, dass ihre verstorbenen Angehörigen nach dem Tod immer noch weiterleben und in Sicherheit sind.

- **A = Abschluss:** In diesem letzten Teil des Jenseitskommunikationsprozesses geht es darum, offene Fragen zu klären und die Botschaft zu einem sinnvollen Ganzen zusammenzufügen. Vielleicht kommt das Medium jetzt noch einmal kurz auf alle oder einige der erhaltenen Informationen zurück. In dieser letzten Phase des Kontakts mit der Geisterwelt hat das Medium außerdem Gelegenheit, nochmals auf einen Identitätsbeweis zu sprechen zu kommen, den der Empfänger vorher vielleicht nicht verstanden hatte. Er sollte niemals mit mehr Nein- als Ja-Antworten nach Hause zurückkehren! Außerdem übermittelt das Medium ihm an diesem Punkt noch ein paar letzte Worte der Liebe, bevor es mit dem nächsten Reading beginnt.

Und nun möchte ich Ihnen eine wahre Geschichte erzählen, um Ihnen noch ein bisschen verständlicher zu machen, wie Medien bei der Übermittlung von Botschaften mit dieser Formel arbeiten. Ich habe in meiner Laufbahn als Medium schon viele Botschaften aus dem Jenseits überbracht; und da diese Nachrichten von Verstorbenen nicht *von* mir kommen, sondern *durch* mich hindurchfließen, verblassen sie hinterher oft wieder in meiner Erinnerung. Schließlich besteht der Sinn solcher Botschaften nicht darin, sie mir zu merken, sondern darin, sie an andere Menschen weiterzugeben. Doch manche Botschaften (und manche Geistwesen, die mir dabei begegnen) sind so außergewöhnlich, dass sie mir trotzdem lange im Gedächtnis bleiben.

Als Beispiel für die Anwendung der KBRA-Formel könnte man das Reading, dass ich Ihnen hier beschreiben möchte, in vier Abschnitte unterteilen:

Der Kommunikator

An einem wunderschönen Herbsttag in Arizona war ich als Gastmedium zu einer Tagung mit dem Thema »Leben nach dem Tod« eingeladen. Auf dieser Konferenz gab es viele Vorträge: von Medien, Trauerexperten, Schamanen, Wissenschaftlern, Gelehrten, Therapeuten, Ärzten, Krankenpflegern und Hospizhelfern. Ziel der Tagung war es, Menschen, die sich mit dem Ende des Lebens auseinandersetzen mussten, weise Erkenntnisse zu liefern und in der Öffentlichkeit ein Bewusstsein dafür zu schaffen, dass das Leben nach dem Dahinscheiden unseres physischen Körpers weitergeht und dass man das Thema Tod und Trauer auch aus einer übersinnlichen Perspektive betrachten kann.

Ich hatte an diesem Nachmittag die Aufgabe, dem Publikum die mediale Kommunikation mit Geistwesen vorzuführen. Einige der Hunderte von Zuhörern hatten noch nie zuvor gesehen, wie ein Medium arbeitet. Ich begann mit meinem üblichen kurzen Einführungsvortrag darüber, wie ich arbeite und was bei einer Jenseitskontakt-Demonstration passiert. Sofort spürte ich, wie sich der Geist eines ziemlich lebensfrohen Mannes meldete. Ich fühlte, dass das eine ganz besondere Persönlichkeit war; während meines ganzen Kontakts mit ihm konnte ich nicht aufhören zu lächeln. Das war ein Mann, der das Leben und seine Frau liebte – und von allen Menschen geliebt wurde. War er in der Nähe, konnte man gar nicht anders, als sich rundum glücklich zu fühlen.

Dann war es an der Zeit, seine Botschaft weiterzugeben: »Hallo, ihr Lieben! Hier kommt gerade ein großartiger Mensch mit sehr eindrucksvoller Persönlichkeit durch! Seine Gegenwart macht mich sehr fröhlich, und er war auch bekannt dafür, immer gute Laune zu haben. Ich habe das Gefühl, dass dieser Mann mit über 70 plötzlich an einem Herzinfarkt gestorben ist. Er möchte mit seiner Frau in Kontakt treten. Und ich höre auch immer wieder einen Namen … Es hört sich an wie Tina, Tiny, Toni oder Tino. Auf jeden Fall ist es ein kurzer Name mit einem *T* und einem *N* darin.«

Obwohl an diesem Tag viele Menschen da waren, sah ich, wie eine Frau die Hand hob. »Hallo«, begrüßte ich sie, »sagt Ihnen dieser Name etwas?«

Da fing sie an zu lachen, und alle Zuhörer drehten sich zu ihr um. »Ich heiße Lori, und mein Mann ist letztes Jahr im Alter von 77 an einem Herzinfarkt gestorben. Er war ein sehr fröhlicher Mensch, und alle liebten ihn! Er hieß Tino.«

»Wunderbar!«, erwiderte ich.

Während dieser Mann weiter zu seiner Frau Lori sprach, bekam ich den Eindruck, dass er große Autos mochte, denn vor meinem geistigen Auge sah ich ihn zufrieden und entspannt in einem großen Cadillac sitzen. »Und jetzt zeigt er uns, wie er einen riesigen Cadillac fährt! Können Sie damit etwas anfangen?«

»Oh ja, er liebte große Autos!«, antwortete Lori sofort. Ich spürte, wie ich automatisch einige Eigenarten dieses Mannes übernahm, was Lori und das Publikum sehr zu belustigen schien. Plötzlich benahm ich mich so wie er, wenn er im Auto saß und zufrieden vor sich hinlächelte. Dieser verstorbene Mann war in eine so enge Verbindung zu mir getreten, dass er mein eigenes Ich mit seinem Geist und seiner Persönlichkeit überschattete.

»Er erwähnt auch irgendetwas, das mit wohltätigen Organisationen zu tun hat. Verstehen Sie, was er damit meint?«, fragte ich die Frau.

»Keine Ahnung.«

»Okay«, sagte ich. »Belassen wir es erst mal dabei; vielleicht fällt es Ihnen später noch ein. Jetzt erwähnt er noch etwas, das ihm sehr wichtig zu sein scheint«, fuhr ich fort. »Er muss mehrmals verheiratet gewesen sein, denn er sagt mir: Als er Sie heiratete, hatte er endlich die Richtige gefunden! Sagt Ihnen das etwas?«

Da lachte Lori leise in sich hinein. »Ja, John. Ich war seine vierte Frau, und ich war *tatsächlich* die Richtige!« Zum Schluss konnte ich Lori nur noch die Liebe übermitteln, die er für sie empfand. »Wow! Er liebt Sie so sehr – auch da drüben im Jenseits! Danke für Ihre Mitarbeit, Lori.«

Der Beweis

Der Mann zeigte mir auch seine beiden Füße, was mich allerdings ein bisschen verwirrte, denn es schienen keine Zehen dran zu sein! Da die Geistwesen bei ihren Botschaften auf Erfahrungen aus meinem persönlichen Leben zurückgreifen, konnte dieses Bild zwei verschiedene Bedeutungen haben, die ich Ihnen gleich erklären werde. Es war ziemlich clever von diesem Mann, seiner Frau mithilfe meiner eigenen Erinnerungen noch mehr Beweise dafür zu liefern, dass er es wirklich war.

»Ich spüre die Liebe und Freude, die dieser Mann Ihnen und so vielen anderen Menschen gebracht hat«, erklärte ich der Frau. »Es ist wirklich ein Vergnügen, mit ihm in Verbindung zu stehen! Stimmt es, dass Tino das Wasser geliebt hat?«

»Oh ja!«, antwortete die Frau und nickte bestätigend.

»Jetzt zeigt er mir etwas, was ich nicht verstehe. Er gibt mir das Gefühl, dass an seinen beiden Füßen nicht nur die Zehen fehlten, sondern dass die Hälfte seiner Füße abgetrennt wurde. Verstehen Sie, was damit gemeint ist?«

»Oh ja. Wegen seines schweren Diabetes mussten ihm tatsächlich die vorderen Fußhälften operativ entfernt werden«, bestätigte sie.

Die Zuhörer hatten keine Ahnung davon, was ich vor meinem inneren Auge sah, als meine Energie mit der Energie des verstorbenen Tino verschmolz: Dabei empfing ich plötzlich ein Bild vom Tauchsport. Da ich selber eine Taucherausbildung absolviert habe, war mir sofort klar, dass dieser Mann eine ausgesprochene Wasserratte gewesen sein musste. Wieder nutzte er meine persönlichen Erinnerungen und meine visuelle Datenbank, um seiner Frau einen Beweis seiner Identität zu übermitteln.

Ich gebe immer alle Botschaften aus dem Jenseits genau so weiter, wie ich sie empfange, ohne sie zu sehr zu analysieren; also fuhr ich fort: »Jetzt zeigt er mir, wie gerne er in seinem Swimmingpool herumplanschte, und ich frage ihn, wie das ging, obwohl er doch nur noch halbe Füße hatte und unter diabetischen Geschwüren litt. Aber er zeigt mir eine Ausrüstung, die extra für ihn angefertigt wurde, damit er trotzdem weiter schwimmen gehen konnte. Ergibt das einen Sinn für Sie?«

Ich spürte, dass alle Zuhörer Tino genauso sympathisch fanden wie ich!

»Ja, John. Er trug beim Schwimmen immer spezielle Gummistiefel, die seine Unterschenkel und Füße komplett abdichteten.«

Die Rückkehr

»Wow! Was für ein faszinierender Mann!«, fuhr ich fort. »Er will Ihnen sagen: Obwohl er tot ist, sollen Sie Ihr Leben weiterleben und dabei viel Spaß haben! Außerdem möchte er Ihnen danke für alles sagen, was Sie für ihn getan haben, und dass es für ihn das größte Glück war, Sie kennengelernt zu haben. Er weiß, wie sehr Sie ihn vermissen, aber er möchte trotzdem, dass Sie mit Ihrem Leben weitermachen wie bisher! In vielen Jahren, wenn für Sie die Zeit gekommen ist, auf die andere Seite hinüberzugehen, wird er auf Sie warten. Er ist nicht fortgegangen, sondern ist immer noch in Ihrer Nähe und wird Sie immer lieben.«

Der Abschluss

»Jetzt bricht die Verbindung zu ihm langsam ab«, erklärte ich. »Ich hoffe, Ihnen ist klar, wie sehr dieser Mann Sie geliebt hat; wie sehr er das Leben geliebt hat und immer bereit war, eine Party mit Häppchen und Drinks an seinem Swimmingpool zu schmeißen; wie sehr er Autos geliebt hat; und dass er immer noch Golf gespielt, sein Leben in vollen Zügen genossen und weiterhin alles getan hat, was ihm Spaß machte, obwohl man ihm die halben Füße amputiert hatte. Alles klar?«

»Oh ja!«, antwortete sie.

»Erinnern Sie sich noch daran, dass Ihr Mann auch von wohltätigen Organisationen gesprochen hat und Sie das vorhin nicht richtig verstanden hatten?«

»Ja«, sagte sie.

»Ich glaube, er meinte damit eine Stiftung, mit der er irgendetwas zu tun hatte?«

»Ach ja, jetzt weiß ich, was sie meinen. Er hat geholfen, eine Stiftung zu gründen, die sich für die Erhaltung des Ökosystems des Ilopango-Sees in El Salvador einsetzt«, bestätigte sie lächelnd.

Ich erklärte ihr, was für ein Vergnügen es für mich gewesen war, mit Tino in Kontakt zu treten und ihr diese ganz besondere Botschaft von ihm zu übermitteln. »Er ist immer noch genauso lebendig wie früher hier auf der Erde«, versicherte ich ihr zum Schluss. »Ich glaube, dass er dort drüben sogar noch lebendiger ist! Er sendet Ihnen noch einmal seine Liebe. Nochmals ganz herzlichen Dank für Ihre Mitarbeit. Gott segne Sie.«

Wenn Sie die Botschaften, die Sie aus dem Jenseits empfangen, so klar gliedern, haben alle Beteiligten etwas davon: Sie selbst sparen dabei Energie, und der Empfänger kann sich die Informationen auf diese Weise viel besser einprägen, als wenn sie ihm in lauter unzusammenhängenden Fragmenten übermittelt würden. Und bei Jenseitskontakt-Demonstrationen profitiert auch das Publikum von dieser klaren Gliederung, weil es den Botschaften dann leichter folgen und auch besser verstehen kann, wie die Kommunikation mit der Geisterwelt funktioniert. Probieren Sie es ruhig einmal aus! Das ist zwar nicht die einzige Methode, mit dem Jenseits zu kommunizieren; doch wenn sie Ihnen sinnvoll erscheint, teilen Sie den Geistwesen ruhig mit, dass Sie in Zukunft auf diese Weise mit ihnen zusammenarbeiten möchten.

Ethische Grundsätze, an die ein Medium sich halten sollte

Den Seelen der Verstorbenen in der Geisterwelt und den Menschen zu dienen, die noch hier in der körperlichen Dimension leben, ist eine heilige Berufung, und man sollte auch entsprechend respektvoll damit umgehen. Professionell praktizierte Medialität sollte als ehrenhafte Arbeit im Dienst der Menschheit und der Geisterwelt betrachtet werden.

Menschen wenden sich aus vielen verschiedenen Gründen an ein Medium. Manche trauern immer noch um den Verlust eines geliebten Menschen, während andere eher nach spirituellen Ratschlägen und Anleitungen suchen. Doch egal, was Ihre Klienten sich von Ihnen erhoffen: Als professionelles Medium sollten Sie sich darüber im Klaren sein, dass man mit solchen Menschen und ihren Anliegen sehr sensibel umgehen muss. Oft kommen Menschen in der Hoffnung zu uns, dass wir alles für sie tun können. Diese Erwartung, dass wir ihnen genau die gewünschte Botschaft liefern werden, setzt uns unter enormen Druck und stellt eine sehr große Verantwortung für uns dar. Wenn wir einmal einen schlechten Tag haben und keine Verbindung zur Geisterwelt herstellen können oder wenn nicht der Geist des Verstorbenen, den sie sich gewünscht haben, sondern jemand anderes durchkommt, merkt man ihnen ihre Enttäuschung deutlich an. Doch wenn es uns gelingt, einen starken Kontakt aufzubauen und eine stimmige Botschaft zu übermitteln, ist es eine wahre Freude, zu erleben, wie getröstet sich die Hinterbliebenen dadurch fühlen, wie sie innerlich mit dem Tod des geliebten Menschen abschließen können und ein Heilungsprozess einsetzen kann. Wir müssen versuchen, den zu uns kommenden Menschen so gut zu helfen, wie wir können, und sie mit großem Mitgefühl und liebevoller Fürsorge behandeln. Jedes Medium sollte sich an höchsten ethischen Grundsätzen orientieren.

In meinen Augen ist die Fähigkeit, mit der Geisterwelt zu kommunizieren, eine Ehre und gleichzeitig ein Geschenk. Wie gesagt: Diese

Fähigkeit stammt nicht von uns. Wir sind nur das Gefäß für diese Botschaften und haben gelernt, wie die Kommunikation mit der Geisterwelt funktioniert; aber wir dürfen nie vergessen, dass diese Fähigkeit von Gott, dem Ursprung allen Seins, einer höheren Macht (oder wie auch immer Sie diese höhere Instanz nennen möchten) kommt. Deshalb müssen wir versuchen, unser eigenes Ich beiseitezuschieben. Unser Ego darf bei diesem heiligen, ehrfurchteinflößenden Vorgang keine Rolle spielen. Ich ermahne die angehenden Medien, die ich ausbilde, immer dazu, dankbar und bescheiden zu bleiben und respektvoll mit ihren übersinnlichen Fähigkeiten umzugehen. Sie sollen stets Dankbarkeit für diese Gabe im Herzen tragen. Denken Sie daran: Wir Medien versuchen, eine Brücke zwischen dieser Welt und den Wesen zu bauen, die in der Geisterwelt leben, indem wir unser Bewusstsein (und hoffentlich auch das Bewusstsein der Menschen, denen wir mit unserer Arbeit helfen) erhöhen.

Ich hoffe, dass Ihnen alle Ratschläge und Informationen, die ich in diesem letzten Teil meines Buchs gegeben habe, bei der Arbeit mit Klienten weiterhelfen (egal, ob Sie bereits praktizierendes Medium sind oder noch in der Ausbildung sind). Eines dürfen wir niemals vergessen: Wenn sich jemand hilfesuchend an uns wendet (unabhängig davon, ob er so etwas zum ersten Mal tut oder auch früher schon Medien konsultiert hat), ist er sehr verletzlich, und bei so einer Sitzung können viele schmerzliche Emotionen in ihm aufsteigen. Wenn wir mitfühlend mit solchen trauernden Hinterbliebenen umgehen, können sie eher mit dem Verlust ihres verstorbenen Angehörigen abschließen und in einen Heilungsprozess eintreten. Oft kann schon ein einziges Reading solchen Menschen das Tor zu einer neuen Welt öffnen. Es kann ihnen sogar dabei helfen, auf ihrem weiteren irdischen Weg ihre eigenen spirituellen Fähigkeiten und den Sinn ihres Lebens zu entdecken!

Welche ethische Grundsätze sollte ein Medium beachten?

Ich versuche das, was ich anderen predige, auch selbst zu beherzigen; und ich glaube fest an die Wichtigkeit, sich an strenge ethische Prinzipien zu halten. Deshalb widme ich auch immer einen Großteil meiner Workshops für angehende Medien der Aufgabe, ihnen folgende ethische Grundsätze nahezubringen:

• Ehrlichkeit ist ein absolutes Muss.
• Arbeiten Sie stets mit höchster Integrität und den besten Absichten für alle Beteiligten.
• Rufen Sie das weiße Licht des Universums herbei, damit es Sie bei Ihrer Arbeit einhüllen kann, und bitten Sie darum, dass nur Botschaften durchkommen, die dem höchsten Wohl aller Beteiligten dienen.
• Die Inhalte privater Readings sollten stets vertraulich behandelt werden.
• Medien sollten niemals die Zukunft vorhersagen. Sie müssen lernen, zwischen übersinnlichen Informationen und Botschaften aus der Geisterwelt zu unterscheiden. Wenn Sie auf übersinnlicher Ebene arbeiten, teilen Sie dem Klienten mit, dass diese Botschaften nicht aus der Geisterwelt stammen, sondern dass es sich dabei eher um intuitive Informationen handelt; und sagen Sie ihm auch, dass die Zukunft nicht in Stein gemeißelt ist. Weisen Sie ihn auf die wichtige Bedeutung des freien Willens hin!
• Suggerieren Sie den sich an Sie wendenden Klienten nicht, dass Sie der Einzige sind, der ihnen helfen kann. Machen Sie ihnen klar, dass Sie auch nur ein Mensch sind und nicht allwissend. Es ist völlig in Ordnung, anderen zu helfen, wenn Sie können; aber ein Medium sollte nicht zulassen, dass seine Klienten von ihm abhängig werden. Versuchen Sie, sorgsam und mitfühlend Ihr Bestes zu geben; doch danach bleibt es dem Empfänger der Bot-

schaft überlassen, sein Leben mit dem tröstlichen Wissen fort-
zusetzen, dass der geliebte Verstorbene in der Geisterwelt weiterexistiert und immer noch ein Teil seines Lebens ist. Manche
Hinterbliebene brauchen zusätzlich vielleicht auch noch eine
Trauerberatung bei einem hierfür ausgebildeten Therapeuten.

* Stellen Sie keine überzogenen Behauptungen auf. Kein Medium
  kann seinem Klienten garantieren, dass bei der Sitzung ein bestimmtes Geistwesen durchkommen wird!
* Sagen Sie niemals den Tod eines Menschen voraus! Ich selbst habe
  bei meinen Readings noch nie solche Informationen empfangen;
  doch einmal erhielt ich die Inspiration, einer Klientin zu raten:
  »Besuchen Sie doch mal Ihre Großmutter!« Drei Monate später
  starb die Großmutter dieser Frau tatsächlich; und wenn ich diesen
  Satz nicht gesagt hätte, dann hätte sie sie vorher nicht mehr recht-
  zeitig aufgesucht. Damals wusste ich nicht, dass diese Frau sterben würde, und erhielt auch keine Informationen dazu; ich fühlte
  mich einfach nur dazu inspiriert, der Klientin diesen Rat zu geben.
* Beschönigen Sie die Botschaften aus der Geisterwelt nicht und
  versuchen Sie auch nicht, sie mit weiteren Informationen anzureichern, die Sie gar nicht erhalten haben, nur um sie interessan-
  ter zu machen.
* Legen Sie keine eigenen Deutungen in die Botschaften hinein.
  Die persönlichen Meinungen und Überzeugungen des Mediums
  haben in den Botschaften aus der Geisterwelt nichts zu suchen!
* Denken Sie bei der Übermittlung von Informationen stets an den
  Unterschied zwischen *Eindruck* und *Ausdruck*. Es gibt verschiedene Möglichkeiten, jemandem eine Botschaft zu übermitteln.
  Wenn Sie zum Beispiel einen *Eindruck* von einem Szenario erhalten, bei dem jemand auf tragische Weise ums Leben kommt,
  sollten Sie sich sehr genau überlegen, wie Sie diese Information
  dem Klienten gegenüber *ausdrücken*. Vielleicht befindet er sich
  immer noch im Trauerprozess und ist innerlich sehr aufgewühlt.

Es ist nicht notwendig, dass er den Tod seines verstorbenen Angehörigen noch einmal durchlebt. Sensibilität und Einfühlungsvermögen sind sehr wichtige Eigenschaften für ein Medium.

- Gehen Sie niemals auf einen wildfremden Menschen zu, um unaufgefordert ein Reading mit ihm zu veranstalten! Schließlich rechnet dieser Mensch gar nicht mit so etwas. Sie sollten stets großen Respekt vor dem Glauben, den Überzeugungen und der Privatsphäre Ihrer Mitmenschen haben.
- Spielen Sie nicht Arzt! Wenn Sie sich Sorgen um die Gesundheit eines Klienten machen, ist es nicht Ihre Aufgabe, ihm eine Diagnose zu stellen (es sei denn, Sie verfügen über eine medizinische Ausbildung). Raten Sie ihm einfach nur, ärztliche Hilfe zu suchen.
- Ein Medium sollte niemals unter dem Einfluss von Drogen oder Alkohol mit der Geisterwelt kommunizieren.
- Sie sollten unterscheiden können, ob jemand ein Medium oder einen Therapeuten braucht.
- Nehmen Sie an einer Trauerfortbildung teil, um noch mehr über dieses Thema zu erfahren und den Menschen, denen Sie Botschaften aus dem Jenseits überbringen, noch besser helfen zu können. Auch wenn Sie kein Trauerberater sind, ist es trotzdem sinnvoll, über den Trauerprozess Bescheid zu wissen.

Als Medium, das sich an gute ethische und moralische Grundsätze hält, werden Sie nicht nur von den Menschen respektiert werden, die Sie zu Privatsitzungen aufsuchen oder an Ihren Jenseitskontakt-Demonstrationen teilnehmen, sondern auch hohes Ansehen in der Geisterwelt genießen. So werden Sie schnell zu einem geachteten, angesehenen und hundertprozentig integren Medium. Ich glaube fest an den Grundsatz: »Man erntet das, was man sät.«

Mit anderen Worten: Machen Sie Ihre Arbeit so gut, wie Sie können, bleiben Sie demütig, seien Sie dankbar für Ihre Fähigkeiten und geben Sie Gott oder dem Universum etwas dafür zurück, wann immer Sie können. Wenn Sie Ihre Gaben, Talente und Fähigkeiten mit anderen Menschen teilen, werden Sie nicht nur den Segen des Universums und des Himmels erhalten; vielleicht können Sie damit auch anderen helfen, ihre übersinnlichen Fähigkeiten zu entdecken.

***

Ich hoffe, dass dieses Buch Ihnen ein wenig Trost und seelische Heilung in dem Wissen gebracht hat, dass Ihre geliebten Verstorbenen im Jenseits gesund und quicklebendig sind und immer mit Ihnen in Verbindung stehen. Ich habe Ihnen ja gezeigt, dass es möglich ist, stets einen liebevollen Kontakt zu ihnen aufrechtzuerhalten. Wenn Sie dieses Buch gelesen haben, um Ihre übersinnliche Wahrnehmungsfähigkeit zu steigern oder Ihre mediale Begabung weiterzuentwickeln, dann lernen und studieren Sie bitte weiter, um in Demut und Bescheidenheit Fortschritte in Ihrer Entwicklung zu machen. Versuchen Sie, das beste Medium zu werden, das Sie sein können, und bleiben Sie dabei stets geerdet, um sowohl den Menschen hier auf der Welt als auch den Geistwesen im Jenseits dienen zu können. Denken Sie daran: Wir können viele verschiedene Geschenke von der Geisterwelt empfangen. Der eine erhält vielleicht die Gabe, seine Mitmenschen mit weisen Worten zu bereichern; einem anderen wird Wissen und Inspiration zuteil; und ein dritter Mensch wird möglicherweise mit heilenden Fähigkeiten gesegnet. Ganz gleich, welche Gaben Ihnen mit auf den Weg gegeben worden sind: Letzten Endes kommt es nur darauf an, was Sie aus diesen Fähigkeiten machen.

Eines meiner Ziele beim Schreiben dieses Buchs bestand darin, den Horizont Ihrer Wahrnehmungsfähigkeit zu erweitern und Ihnen bei der Erkenntnis der Wahrheit zu helfen: Es gibt keinen Tod; was wir als »Tod« bezeichnen, ist nur die andere Seite des Lebens – das Jenseits. Außerdem wollte ich Ihnen mit diesem Buch zeigen, was für erstaunlich sensitive Geschöpfe wir sind und dass wir bereits alles in uns tragen, was wir brauchen, um unsere spirituellen Fähigkeiten zu entwickeln und zu stärken. Lernen Sie, sich von all dem zu lösen, was Sie für Ihre Grenzen als menschliches Wesen halten! Wir bestehen alle aus derselben göttlichen Energie, die alles durchdringt – hier in der körperlichen Dimension ebenso wie in der Geisterwelt.

Versuchen Sie, in den nächsten Tagen und Wochen daran zu denken, nach der Schönheit zu suchen, die allem auf dieser Welt innewohnt. Nur allzu viele Menschen halten diese Schönheit für selbstverständlich. Immer wenn Sie etwas aus der Körperwelt betrachten – ob das nun ein Mensch, ein Tier, eine Blume, ein Baum oder einfach die Natur selbst ist –, versuchen Sie, dabei gleichzeitig auch die wunderschöne Lebenskraft – den Geist, der allem innewohnt und alles umgibt – zu sehen und zu spüren. Indem Sie Ihr spirituelles Ich und Ihre übersinnlichen oder medialen Fähigkeiten weiterentwickeln, bauen Sie Ihre eigene Brücke, die Sie dazu befähigen wird, über die Grenzen und Zwänge der physischen Welt hinauszuwachsen. Dabei werden Sie spirituelle Dimensionen und Realitäten entdecken, deren Existenz Ihnen bisher gar nicht bewusst war. Wenn Sie Ihre medialen Fähigkeiten stärken, helfen Sie damit nicht nur sich selbst, sondern auch vielen anderen Menschen. Dann ziehen Friede, Harmonie und Schönheit in Ihr Leben ein; und dadurch entsteht wiederum ein positiver Effekt, der weiter reicht, als Sie es sich vorstellen können.

Und nun machen Sie einfach weiter.
Bleiben Sie geerdet und öffnen Sie Ihr Herz,
Ihren Geist und Ihre Seele, um diese Wahrheiten
durch eigene Erfahrungen erkennen und verstehen zu können.
Ich wünsche Ihnen alles Gute und viel Glück auf Ihrer Reise!

Gott segne Sie,
John

Epilog:

DAS GESCHENK

Herbst 2014, Boston

An diesem besonderen Tag war die Luft in New England angenehm kühl und frisch, und die leuchtenden Herbstfarben der Bäume regten meine Sinne an, während meine Schuhe über raureifbedecktes Laub knirschten – ein Kaleidoskop aus Gelb-, Rot- und Orangetönen. Ich war unterwegs zu einer großen Veranstaltung im historischen Back Bay Center von Boston. Dr. Brian Weiss und ich sollten jeder einen Vortrag vor über 1000 Menschen halten, die mehr über frühere Existenzen erfahren wollten. Brian war für das Thema »frühere Inkarnationen« zuständig, und ich sollte den Zuhörern bei der Kommunikation mit verstorbenen Angehörigen helfen, hatte vorher aber noch etwas Zeit, um ein paar Dinge zu erledigen. (Sie werden es kaum glauben: Auch Menschen, die mit der Geisterwelt kommunizieren, müssen sich mit »ganz normalen« Dingen wie dem Einkauf von Lebensmitteln oder Geburtstagskarten für Freunde beschäftigen und regelmäßig etwas für ihre körperliche Fitness tun.) Tatsächlich musste ich noch eine Karte für einen Freund kaufen, dessen großer Tag kurz bevorstand. Zum Glück entdeckte ich einen nostalgischen kleinen Hallmark-Laden und ging hinein, um eine Karte für ihn zu erstehen.

Als ich durch den Gang mit den Geburtstagskarten schlenderte und versuchte, eine Karte mit dem richtigen Glückwunsch für meinen Freund zu finden, hörte ich eine *klare und deutliche Stimme* in meinem Kopf:

Kauf einen Snoopy.

Wie bitte? Sag das noch mal.

Kauf einen Snoopy.

Eigentlich gehöre ich nicht zu den Leuten, die irgendwelche komischen Plüschtiere kaufen. Trotzdem zweifelte ich nicht am Sinn dieser drei Worte. Das tue ich niemals, weil ich stets offen und aufgeschlossen für alles bin. Schon nach kurzer Zeit spürte ich, wie meine Füße auf ein bestimmtes Regal zusteuerten und meine Hände sich nach einem Plüsch-Snoopy ausstreckten. Zu diesem Zeitpunkt gingen mir mehr Fragen als Antworten im Kopf herum.

Für wen ist dieses Plüschtier?

Wann werde ich es seinem Besitzer oder seiner Besitzerin in die Hand drücken?

Ist der Empfänger ein Kind, oder stammt diese Anweisung von einem verstorbenen Kind aus der Geisterwelt?

Wie immer bei meinen Kontakten mit der Geisterwelt musste ich einfach darauf warten, was als Nächstes geschehen würde.

Als ich wieder im Kongresszentrum war, erklärte Brian dem Publikum auf sehr anschauliche Weise, was Reinkarnation bedeutet, und führte eine Gruppenrückführung durch, bei der sich die Teilnehmer an frühere Leben erinnern konnten. Dann wurde mein Vortrag angekündigt: »Meine Damen und Herren, bitte begrüßen Sie den Bestsellerautor und spirituellen Lehrer, das Medium John Holland!« Ich hörte donnernden Applaus von etwa 1100 klatschenden Händen und trat ins Scheinwerferlicht. Meine Augen fielen auf ein Publikum, das förmlich darauf brannte, irgendeine lebensverändernde Botschaft von mir zu hören.

Zu diesem Zeitpunkt wusste noch niemand (auch ich nicht), was bei dieser Veranstaltung passieren würde oder konnte. Wenn man als Medium arbeitet, weiß man nie, was als Nächstes geschieht oder welche Geistwesen sich melden werden. Das ist das Faszinierende an dieser Tätigkeit; aber gleichzeitig kann es einem manchmal auch etwas Angst einjagen. Natürlich *hoffen* wir immer, dass alles gut funktioniert; und normalerweise tut es das zum Glück ja auch.

Hatte ich den Snoopy immer noch in der Hand? Nein. Nachdem ich das Spielzeugtier gekauft hatte, gab ich es meiner Assistentin, die es hinter dem Podium versteckte, weil niemand es sehen sollte. Sie band dem berühmten Beagle eine große rote Schleife um den Hals, was ich sehr niedlich fand. Ich wollte nicht einfach das ganze Publikum fragen: »Hat jemand von Ihnen etwas mit Snoopy zu tun?« Denn dann würden wahrscheinlich viele Leute die Hand heben, weil sie irgendetwas mit diesem netten kleinen Hund assoziierten. Sicherlich wären meinen Zuhörern viele Assoziationen zu Beagles, dem Namen Charlie oder anderen Figuren aus den Snoopy-Comics eingefallen, und ich hätte dann auf all diese Kommentare eingehen müssen. Vielleicht würde mich Snoopy am Ende dieser Demonstration also wieder nach Hause begleiten. Ich musste einfach abwarten und der Führung und den Anleitungen des Geistwesens folgen, das mich dazu aufgefordert hatte, dieses Plüschtier zu kaufen; und ich hoffte, diese Information bei meiner Jenseitskontakt-Demonstration zu erhalten. Für mich hieß es jetzt also einfach abwarten – und Vertrauen haben.

Doch ich konnte nicht lange über dieses Thema nachgrübeln, denn die Geistwesen kamen immer näher.

»Ich empfange Botschaften«, erklärte ich der Menschenmenge, die nur aus lauter hoffnungsvollen Gesichtern zu bestehen schien. An diesem Nachmittag wurden mir viele Botschaften übermittelt – eine nach der anderen. Eltern meldeten sich bei ihren Kindern, Männer bei ihren Frauen (und umgekehrt), Großeltern sandten Enkeln ihre Liebe und lieferten Beweise für ihr Weiterleben nach dem Tod.

Bei dieser Demonstration wurde viel gelacht; aber es gab auch Tränen. Bisher war es ein guter Nachmittag gewesen; doch allmählich kamen mir Zweifel, ob ich für dieses besondere Geschenk, das hinter dem Podium versteckt lag, heute einen Abnehmer finden würde.

Als ich über die lang gestreckte Bühne lief, kam mir ein Gedanke. Ich sprach die rechte Hälfte meines Publikums an und richtete meinen Blick dabei auf die mittlere Sitzreihe: »Wer von Ihnen steht mit irgendjemandem in Verbindung, der für die Post der Vereinigten Staaten gearbeitet hat? Ich sehe die Lastwagen vor mir, die unsere Briefträgerinnen und Briefträger fahren.« Rasch ließ ich meinen Blick durch diesen Bereich des Vortragssaals schweifen, und eine Hand schoss in die Höhe. Nur eine einzige. Also trat ich noch näher an den Bühnenrand und ging auf eine Frau namens Tracy zu.

»Mein Großvater hat bei der Post gearbeitet. Er hat die Postlastwagen repariert«, sagte sie.

»Sie haben auch Ihre Mutter verloren«, sagte ich in sanftem, liebevollem Ton zu ihr.

»Lungenkrebs«, bestätigte sie.

»Sie sagt, dass Ihre Tochter zusammen mit ihr hergekommen ist.«

Da stiegen Tracy Tränen in die Augen. Sie berichtete mir, dass sie vor ein paar Jahren ein totes Kind zur Welt gebracht hatte. Es war ein Mädchen gewesen.

»Sie weiß, dass sie zwei Brüder hat, die nach ihr geboren wurden; aber sie möchte Ihnen mitteilen, dass sie in Sicherheit und mit ihrer Großmutter vereint ist«, sagte ich.

Tatsächlich war Tracy die Mutter der beiden Söhne, die nach dem kleinen Mädchen auf die Welt gekommen waren; und damit hätte diese Begegnung und diese Botschaft aus dem Jenseits eigentlich schon wieder zu Ende sein können. Doch das war erst der Anfang.

»Warten Sie mal«, sagte ich. »Jetzt erzählen die beiden mir, dass jemand, den Sie kennen, ebenfalls einen geliebten Menschen verloren hat; und es gab keine Zeit mehr, sich zu verabschieden. Wer aus Ihrem

Bekanntenkreis hatte keine Gelegenheit mehr, seiner Mutter Lebewohl zu sagen?«

Da zeigte Tracy auf ihren Ehemann Jeff, der schweigend neben ihr saß – einen großen Mann mit traurigem Gesicht.

»Meine Mutter ist ganz plötzlich an einem Herzinfarkt gestorben«, erklärte Jeff. »Sie konnte sich tatsächlich nicht mehr von mir verabschieden.«

Der Geist seiner verstorbenen Mutter kam durch, und ich spürte ein ungeheuer starkes Band der Liebe zwischen Mutter und Sohn. Ich sah sogar die Zahl Eins über seinem Kopf erscheinen, was nur eine von zwei Bedeutungen haben konnte: Entweder war Jeff ihr einziges Kind oder ihr Lieblingskind gewesen.

»Das einzige Kind?«, fragte ich.

»Nein«, antwortete er.

»Dann waren Sie das Lieblingskind Ihrer Mutter?«

»Ja«, lächelte Jeff und erzählte mir, dass er keine Möglichkeit mehr gehabt hatte, seine Mutter vor ihrem Tod noch zu sehen; und er wusste, dass sie das nicht gewollt hatte. Seine Mutter war ein Mensch, der alles getan hätte, um seinem Kind einen Schicksalsschlag zu erleichtern. Das wurde mir klar, als sie ankündigte, dass sie eine Botschaft für ihren Sohn habe; doch diese Nachricht würde ihm nicht von ihr, sondern von jemand anderem übermittelt werden. Und schon spürte ich die Gegenwart eines anderen Geistwesens, das neben ihr stand. Ich sah ein breites Grinsen auf dem Gesicht eines Mannes, der ganz offensichtlich Jeffs Vater war.

»Ihr Vater ist hier«, sagte ich.

»Papa ist in einem Veteranenheim an Alzheimer gestorben«, antwortete Jeff. »Der wusste doch zum Schluss gar nichts mehr …«

In diesem Augenblick hörte ich eine Stimme, die mich daran erinnerte, was hinter dem Podium versteckt lag: *Der Snoopy ist für ihn.*

Ich sandte Jeffs verstorbenem Vater ein kurzes Stoßgebet: *Danke! Ich hatte gehofft, dass du heute auftauchen würdest!*

Dann atmete ich einmal tief durch und sagte: »Normalerweise mache ich so etwas nicht; doch hin und wieder bittet mich ein Geistwesen, jemandem ein besonderes Geschenk zu überbringen. Wenn ich dieses Geschenk kaufe, weiß ich nie, für wen es bestimmt ist oder warum. Ich muss einfach auf die Geisterwelt vertrauen. Neulich hörte ich in einem Geschäft plötzlich eine innere Stimme, die mich aufforderte, dieses Geschenk hier zu besorgen.« Ich kehrte auf die Bühne zurück, schnappte mir den Snoopy, hielt ihn aber immer noch hinter meinem Rücken versteckt. »Jetzt habe ich eine komische Frage an Sie, Jeff. Aber wer weiß – vielleicht werden Sie sie ja gar nicht so komisch finden«, verkündete ich.

Jeff sah mich mit großen Augen an.

»Haben Sie irgendetwas mit Snoopy zu tun?«, fragte ich und hielt das Plüschtier hoch über meinem Kopf, sodass nicht nur er, sondern auch das Publikum es sehen konnte.

Die Antwort stand ihm im Gesicht geschrieben.

»Oh Gott! Mein Vater hat Charles Schulz gekannt«, sagte er. »Er ist jedes Jahr nach Kalifornien geflogen, um im Snoopy-Eishockeyturnier mitzuspielen. Mein Vater hat immer so viel gearbeitet und sich nie eine Pause gegönnt – nur fürs Hockeyspielen nahm er sich Zeit. Und das konnte er auch wirklich gut! Er hat nicht nur selber mitgespielt, sondern war auch als Trainer und Schiedsrichter tätig. In der Gegend, wo wir wohnten, hat er viele Highschool-Eishockeymannschaften trainiert und war auch Vorsitzender des National Ice Hockey Officials Association (NIHOA). Alle liebten meinen Vater!«

Erst jetzt erfuhr ich, dass der berühmte Schöpfer des Peanuts-Comics Eishockey so sehr geliebt hatte, dass er direkt unter seinem Büro einen Platz dafür anlegen ließ. Seit dem Jahr 1975 hatte er auf seinem Anwesen in Santa Rosa (Kalifornien) das Snoopy-Turnier – ein wichtiges Amateur-Eishockeyevent – veranstaltet. Mannschaften aus der ganzen Welt kamen, um bei diesem Turnier mitzuspielen – und wenn auch nur für einen Tag.

»Charles hatte eine eigene Mannschaft, die bei dem Turnier mitwirkte, und natürlich hieß sie *Team Snoopy*. Er bat meinen Vater immer: ›Komm doch mal rüber und spiel in meiner Mannschaft mit‹«, berichtete Jeff. »Doch mein Vater lehnte jedes Mal lächelnd ab: ›Es ist mir eine große Ehre, Charles, aber ich kann meine Arbeitskollegen doch nicht im Stich lassen, indem ich in deiner Mannschaft mitspiele.‹«

»Erstaunlich!«, rief ich. »Das ist die Botschaft, die Ihr Vater Ihnen überbringen möchte: *Jetzt habe ich kein Alzheimer mehr. Ich erinnere mich an alles ... Mein Gedächtnis ist zurückgekehrt.* Was für ein kluger Mann! Er strahlt so viel Liebe aus.«

Ich trat von der Bühne herunter und drückte Jeff behutsam sein Geschenk – den Snoopy – in die Hände. Da liefen ihm Tränen übers Gesicht, und das ganze Publikum weinte über ein kleines Plüschtier, das eine so große Bedeutung hatte.

Ich frage mich, ob den Menschen wirklich klar ist, wie genau die Geisterwelt solche Botschaften vorausplant und die richtigen Vorkehrungen dafür trifft. Darüber kann ich gar nicht genug staunen. Immerhin musste Jeffs verstorbener Vater mir genau zum richtigen Zeitpunkt die Idee eingeben, den Snoopy zu kaufen, als es ihn in diesem Papierwarengeschäft gerade gab; und ich musste das kleine Plüschtier zu meiner Jenseitskontakt-Demonstration mitbringen und hinter dem Podium verstecken, um unter 1100 Menschen den richtigen Empfänger dafür zu finden! Das ist ein weiteres Beispiel dafür, dass die Geistwesen genau sehen und spüren, was hier auf der Erde mit uns passiert. Jeffs Vater hatte gewusst, dass sein Sohn und seine Frau zu dieser Veranstaltung kommen würden, und diese Chance genutzt! Ich weiß, dass alle Botschaften aus dem Jenseits einmalig und wunderbar sind; doch immer, wenn ich dazu aufgefordert werde, ein Geschenk mitzubringen, weiß ich, dass diesmal eine besondere Nachricht durchkommen wird. Natürlich sind solche denkwürdigen Jenseitskontakte auch meinen medialen Fähigkeiten zu verdanken; doch in Wirklichkeit trägt die Geisterwelt den größten Teil dazu bei.

Und so hielt Jeff – ein erwachsener Mann – plötzlich eine wertvolle Verbindung zwischen zwei Welten in seinen Händen: einen Identitätsbeweis, der für ihn und seine Familie stets ein kostbarer Schatz sein und niemals in Vergessenheit geraten wird. Auch mir wird dieses Erlebnis für immer im Gedächtnis bleiben.

Bitte denken Sie daran, dass kein Mensch jemals wirklich stirbt.

Liebe ist die Brücke.

Bitte denken Sie daran, dass die Seelen Ihrer verstorbenen Angehörigen bei Ihnen sind. Immer.

Bitte halten Sie immer Ausschau nach Boten wie mir. Suchen Sie nach Zeichen. Spüren Sie die Liebe.

Sie wird einen Weg zu Ihnen finden …

GLOSSAR

Ätherische Ebene: die Ebene, die unserer physischen Ebene am nächsten steht. Dort beginnen die Nichtkörperwelt und das Universum.

Ätherleib: Dieser spirituelle Körper dient als Bindeglied zwischen dem physischen Körper und dem Astralleib. Er zieht *Prana* (lebenspendende Energie) in uns hinein.

Apport: ein Gegenstand aus der Geisterwelt, der in der irdischen Welt erscheint.

Astralebene: die Ebene, auf die wir nach unserem Tod gelangen (auch als *Sommerland* bekannt).

Astralleib: der spirituelle Körper, den wir nach unserem Tod bewohnen und der für manche Hellseher sichtbar ist. Er gehört zur Astralebene.

Aura: das feinstoffliche Energiefeld, das alle Lebewesen und Dinge umgibt. Die menschliche Aura, die unseren Körper umhüllt, enthält Informationen darüber, wer wir sind.

Astralschnur: die Schnur, die unsere Seele im Schlaf mit unserem physischen Körper verbindet, während die Seele die Geisterwelt besucht, um sich dort zu regenerieren.

Chakra: ein Energiezentrum in unserem Körper. Es gibt sieben Hauptchakren (und viele Nebenchakren), die wichtige Funktionen für unser physisches und spirituelles Leben erfüllen.

Chi: *siehe* Prana.

Dünner Ort: ein ruhiger, friedlicher Ort, an dem wir uns Gott, dem GEIST oder dem Himmel näher fühlen. Der Name stammt aus dem Keltischen.

Ektoplasma: spirituelle Materie; eine weiße Substanz, die bei Séancen aus dem Körper mancher Medien herauszufließen scheint. Ektoplasma kann die Gestalt eines materialisierten Geistwesens oder Teils davon annehmen.

Energiezentrum: *siehe* Chakra.

Engel: ein höheres Wesen auf der himmlischen Ebene.

Erde: die physische Existenzebene, auf der wir leben.

Fernheilung: spirituelle Energie in Verbindung mit heilenden Gedanken, die ein Heiler einem räumlich von ihm entfernten Klienten schickt.

Führer: *siehe* Geistführer.

Gedankenübertragung: ein Energieaustausch, bei dem man ohne Hilfe seiner physischen Sinne mit anderen Menschen kommunizieren kann.

GEIST: In Großbuchstaben steht dieses Wort bei mir für Gott, den göttlichen Ursprung, das Universum. Uns allen wohnt ein Funke dieses GEISTES inne.

Geist: In Kleinbuchstaben steht dieses Wort bei mir für einen Menschen, der keinen physischen Körper mehr besitzt und sich in der Geisterwelt befindet.

Geisterwelt: unsere wahre Heimat; die Dimension, in der die Seelen verstorbener Menschen, aber auch aufgestiegene Meister, Lehrer, himmlische Wesen, Geistführer und Engel leben. Andere Namen für diese Dimension sind: *Jenseits, Himmel, Paradies* und *Ewigkeit.* Die Geisterwelt umfasst sämtliche Existenzebenen.

Geistführer: Wesen aus der Geisterwelt, die uns bei unserer spirituellen Entwicklung helfen, indem sie uns inspirieren und durch wichtige Ereignisse unseres Lebens hindurchführen.

Geistkörper: der höchste Körper, der mit den höchstentwickelten Existenzebenen in Verbindung steht. Medien und Geistwesen kommunizieren durch diesen Körper miteinander.

Geistwesen: die Seelen der Verstorbenen, die mit uns hier in der physischen Dimension kommunizieren.

Gemeinsame Nahtoderfahrungen: ein Phänomen, bei dem manche Menschen den Übergang eines Sterbenden aus der physischen Welt ins Jenseits miterleben.

Hellfühlen: die übersinnliche Fähigkeit, Informationen zu empfangen, indem man sie erspürt oder ganz einfach weiß.

Hellhören: die übersinnliche Fähigkeit, Informationen zu empfangen, indem man sie subjektiv (in seinem Kopf) oder objektiv (in der Außenwelt) hört.

Hellsehen: die übersinnliche Fähigkeit, Informationen zu empfangen, indem man Zeichen und Symbole sieht.

Himmlische Ebene: die höchste, am wenigsten dichte Existenzebene, auf der Zeit und Raum keine Bedeutung mehr haben. Dort leben aufgestiegene Meister, Lehrer, himmlische Wesen, Geistführer und Engel.

Inkarniert: der Zustand einer Seele, die sich in einem physischen Körper befindet (*siehe auch* körperlos).

Intuition: die Fähigkeit, plötzlich wie aus heiterem Himmel Informationen in Form von Vorahnungen oder einer Art »Bauchgefühl« zu erhalten.

Jenseits: *siehe* Geisterwelt.

Karmische Lernaufgabe: etwas, das Sie in dieser irdischen Existenz lernen sollen – entweder aufgrund von Vereinbarungen, die Sie in der Geisterwelt getroffen haben, oder aufgrund von Ereignissen in früheren Existenzen.

Körperlos: der Zustand einer Seele, die sich nicht in einem physischen Körper befindet; ein Geistwesen (*siehe auch* inkarniert).

Leben nach dem Tod: der Zustand, in den wir nach unserem physischen Leben auf der Erde eintreten.

Lebensrückschau: ein Prozess, den die Seele durchläuft, nachdem sie den physischen Körper (durch den Tod oder im Rahmen einer Nahtoderfahrung) verlassen hat. Dabei bekommt man alle Gefühle, die man anderen Menschen im Lauf seiner Existenz verursacht hat, selbst zu spüren.

Medialer Zirkel (auch bekannt als Meditationszirkel): In solchen Zirkeln meditiert man in einer Gruppe mit anderen Medien und lernt, mit der Geisterwelt in Kontakt zu treten und eine Beziehung zu ihr aufzubauen.

Medium: jemand, der mit dem Jenseits in Kontakt tritt, Informationen von dort empfängt und weitergibt. Alle Medien besitzen übersinnliche Fähigkeiten, aber nicht alle übersinnlich begabten Menschen sind Medien.

Mentalebene: eine der höchsten, am wenigsten dichten Existenzebenen. Auf dieser Ebene wächst die Energie über das Konzept der Geschwindigkeit hinaus, und Gegenstände können ihre Gestalt beliebig verändern.

Mentalleib: der zweithöchste spirituelle Körper.

Meridiane: ein Netzwerk von Leitbahnen in unserem Körper.

Nachtodkommunikation (NTK): Zeichen und Symbole, die uns Geistwesen aus dem Jenseits senden. Solche Erlebnisse können verschiedene Formen annehmen und sind oft sehr persönlich gefärbt, aber stets liebevoll, positiv und voller Freude.

Nahtoderfahrung (NTE): eine Erfahrung, die man macht, wenn man dem Tode nah ist und die Seele kurz davorsteht, den physischen Körper zu verlassen.

Physische Ebene: die Körperwelt, in der wir leben (Erde); die dichteste aller Existenzebenen.

Physischer Körper: der Körper, den wir bewohnen, während wir auf der physischen Ebene (Erde) leben.

Prana: lebenspendende Energie; die universale Lebenskraft, die alles (auch uns Menschen) durchströmt. Diese Lebenskraft wird auch als *spirituelle Energie* bezeichnet; in der traditionellen chinesischen Medizin heißt sie *Chi*.

Seele: Synonym für *Geist*. Ihre Seele ist Ihr wahres Ich – reines Bewusstsein.

Seelenverbindung: eine Form der Telepathie oder Gedankenübertragung, bei der eine andere Seele auf der Erde oder im Jenseits auf geistiger Ebene mit Ihnen in Kontakt tritt.

Silberschnur: *siehe* Astralschnur.

Sommerland: *siehe* Astralebene.

Spirituelle Energie: *siehe* Prana.

Sterbebettvision (SBV): ein Phänomen, das manche Menschen kurz vor ihrem Tod erleben und bei dem sie von einem Geistwesen besucht werden.

Telefonstimmen (TS): Geräusche aus der Geisterwelt, die elektronisch aufgezeichnet werden und für das menschliche Ohr nicht hörbar sind.

Telepathie: die Fähigkeit, auf geistigem Weg Botschaften und Informationen zu senden und zu empfangen.

Übersinnliche Datenbank: Erinnerungen, Bilder, Symbole und Zeichen, die für Sie eine besondere, persönliche Bedeutung haben. Mithilfe dieser Datenbank können Sie Botschaften aus dem Jenseits deuten.

Übersinnliche Fähigkeiten: die Gabe, Informationen aus der Aura eines Menschen oder aus seinen persönlichen Gegenständen, die man in der Hand hält, zu empfangen und weiterzugeben. (Alle Medien besitzen übersinnliche Fähigkeiten, aber nicht alle übersinnlich begabten Menschen sind Medien.)

Ursprung allen Seins: Universum, Gott, der GEIST, der Schöpfer oder eine höhere Macht.

Vorgeburtliche Erfahrungen (VGEs): Erinnerungen an die Zeit vor der Geburt (entweder an ein früheres irdisches Leben oder an den Aufenthalt im Jenseits zwischen zwei Leben).

LITERATUREMPFEHLUNGEN & ADRESSEN

Bücher

Berkowitz, Rita; Romaine, Deborah S.: *The Complete Idiot's Guide to Communicating with Spirits*. Alpha, 2003

Rev. Chaney, Robert G.: *Mediums and the Development of Mediumship*. Psychic Books, 1946

Cooke, Grace: *The Jewel in the Lotus*. White Eagle Publishing Trust, 1973

de Swarte, Lyn: *Principles of Spiritualism*. Thorsons, 1999

Dreller, Larry: *Beginner's Guide to Mediumship*. Samuel Weiser, 1997

Dunn, Hank: *Hard Choices for Loving People*. A&A, 2009

Edward, John: *Infinite Quest*. Sterling Ethos, 2012

Ders.: *Ein letztes Mal: Mediale Botschaften aus dem Jenseits*. Goldmann, 2002

Edwards, Harry: *Life in Spirit*. The Healer Publishing, 1976

Ford, Arthur: *Es gibt ein Leben nach dem Tod: Beweise für das Weiterleben unserer Seele*. Knaur, 2005

Grimes, Roberta: *The Fun of Staying in Touch*. CreateSpace Independent Publishing, 2014

Guggenheim, Bill und Judy: *Trost aus dem Jenseits: Unerwartete Begegnungen mit Verstorbenen.* Fischer, 2007

Hay, Louise; Kessler, David: *Heile dein Herz: Wege zur Liebe und Kraft bei Trennung, Verlust und Abschied.* Allegria, 2016

Holland, John: *The Spirit Whisperer.* Hay House, 2010

Ders.: *Power of the Soul.* Hay House, 2007

Ders.: *Psychic Navigator.* Hay House, 2004

James, John W.; Friedman, Russell: *Trauer(n) heilt: Ein Ratgeber zur Unterstützung des emotionalen Heilungsprozesses bei Todesfällen, Trennungen und anderen Verlusten.* Svenska Institutet for Sorgbearbetning, 2010

Kessler, David: *Am Ende ist da nur Freude: Was Sterbenden auf dem Weg ins Jenseits begegnet.* Goldmann, 2011

Moody, Raymond: *Zusammen im Licht: Was Angehörige mit Sterbenden erleben.* Goldmann, 2011

Ders.: *Leben nach dem Tod: Die Erforschung einer unerklärlichen Erfahrung.* Rowohlt, 2013

Moorjani, Anita: *Heilung im Licht: Wie ich durch eine Nahtoderfahrung den Krebs besiegte und neu geboren wurde.* Goldmann, 2015

Morse, Melvin: *Parting Visions.* Villard, 1993

Nohavec, Janet; Giesemann, Suzanne: *Where Two Worlds Meet.* Aventine Press, 2011

Northage, Ivy: *Mediumship Made Simple.* College of Psychic Studies, 1994

Northrop, Suzane: *Second Chance.* Amazon Digital Services, 2012

O'Brien, Stephen: *The Power of Your Spirit.* Voices, 2003

Payne, Phoebe: *Mankind's Latent Powers.* Faber & Faber, 1938

Polge, Coral; Hunter, Kay: *Ich male Gesichter Verstorbener.* Silberschnur, 1986

Rando, Therese A.: *How to Go On Living When Someone You Love Dies.* Bantam, 1991

Roberts, Ursula: *Winke zu geistiger Entfaltung.* Reichl, 1982

Dies.: *Living in Two Worlds*. Regency Press, 1984

Smith, Gordon: *Intuitive Studies*. Hay House, 2012

Weiss, Brian L.: *Die zahlreichen Leben der Seele: Die Chronik einer Reinkarnationstherapie*. Goldmann, 2005

White Eagle: *Spiritual Unfoldment 1 und 2*. White Eagle Publishing Trust, 2000

Williamson, Linda: *Kontakte mit der geistigen Welt*. Ullstein, 1998

Yogi Ramacharaka: *The Life Beyond Death*. Yogi Publication Society, 1909

Hilfreiche Webseiten

Nachtodkommunikation (NTK)

Eine Webseite von Bill und Judy Guggenheim, den Autoren von *Trost aus dem Jenseits*, mit sehr vielen Informationen zum Thema. www.after-death.com

AfterLife TV mit Bob Olson

Die Webseite von Bob Olson, einem führenden Experten zum Thema Leben nach dem Tod, Medien, Nachtodkommunikation, frühere Existenzen und Nahtoderfahrungen. Mit Experteninterviews, Videos darüber, was Olson aus seinen Recherchen gelernt hat, und Videos von Menschen, die von ihren Erfahrungen mit dem Leben nach dem Tod berichten. www.afterlifetv.com

National Spiritualist Association of Churches

Webseite mit den Adressen von Kirchen der National Spiritualist Association of Churches (NSAC) in den USA. www.nsac.org

DANK

Niemand schreibt ein Buch allein. Wir heißt es in dem afrikanischen Sprichwort so schön? »Es braucht ein Dorf, um ein Kind großzuziehen!«

Zunächst einmal möchte ich Gott, dem Universum, dem GEIST und natürlich auch meinen Geistführern meinen Dank aussprechen. Die Führung und der Segen für mein Leben und meine Arbeit sind meine wertvollsten Schätze und liegen mir sehr am Herzen. Dafür werde ich mein Leben lang dankbar und glücklich sein. Mir ist es eine Ehre, den Menschen und der Geisterwelt dienen zu dürfen.

Meiner Familie möchte ich sagen: Ich liebe euch. Ohne euch wäre ich nicht der Mensch, der ich bin. Danke für all die gemeinsamen Erinnerungen. Ich glaube, dass jedes Erlebnis eine Lernerfahrung und ein Beschleuniger für Veränderungen sein kann.

Mein besonderer Dank gilt meiner Mutter, die nach meinem letzten Buch leider von uns gegangen ist. Was sie und ich am Ende ihres Lebens gemeinsam durchgestanden haben, war eine wertvolle Lernerfahrung, auf die ich um nichts in der Welt verzichten möchte! Ich liebe dich, Jen!

Dir, lieber Simon Steel, danke ich für deine Unterstützung, deine Ruhe und Gelassenheit und dafür, dass du dieses Buch redaktionell bearbeitet und strukturiert hast. Vor allem aber bin ich dir dankbar dafür, dass du mich beim Verfassen eines neuen Buchs unterstützt hast, von dem ich hoffe, dass es viele Menschen dazu inspirieren wird, sich weiterzuentwickeln und innerlich zu wachsen!

Bei dir, Laura Wooster, möchte ich mich für deine Hilfe in den letzten Jahren, deine Freundlichkeit und Unterstützung – vor allem aber für deine Geduld – bedanken.

Ich werde immer und ewig dankbar für das Glück sein, so wunderbare Menschen um mich herum zu haben. All die *besonderen* Freunde und Kollegen, die mich unterstützen, wenn ich an einem Buch arbeite, weiß ich sehr zu schätzen. Ihr wisst schon, wer gemeint ist! Ohne eure Freundschaft, Liebe und Unterstützung wüsste ich gar nicht, was ich anfangen soll. Ich werde euch für immer und ewig in meinem Herzen und meiner Seele tragen.

Auch Louise Hay möchte ich an dieser Stelle meine Liebe und Wertschätzung aussprechen. Danke dafür, dass du eine der besten Lehrerinnen warst, die je in mein Leben getreten sind. Ich bin sicher, dass du jetzt die Engel in der Geisterwelt mit deiner Weisheit inspirierst!

Allen Mitarbeitern des Hay House Verlags: Danke für die Unterstützung, die mir in so vielerlei Hinsicht von allen Verlagsabteilungen zuteilgeworden ist. Ein ganz besonderes Dankeschön gilt Nicolette Salamanca Young für ihre redaktionelle Arbeit und ihre klugen Ratschläge.

Der Redaktionsleitung von Hay House Radio danke ich dafür, dass ihr meine Radiosendung *Spirit Connections* seit 13 Jahren unterstützt und ihr *Seele* eingehaucht habt!

Dir, Ann Hentz, meiner Tarot-Göttin, möchte ich dafür danken, dass du mit mir die *Psychic Tarot Hour* moderierst. Ich freue mich immer auf jeden letzten Montag im Monat und hoffe, dass wir weiter zusammenarbeiten, um möglichst vielen Menschen so lange wie möglich zu helfen!

Ohne eine Erwähnung meines geliebten Hundes Koda wären diese Danksagungen unvollständig. Du hast mein Leben von Anfang an bereichert! Jeden Tag erinnerst du mich daran, in der Gegenwart zu leben, ich selbst zu sein, zu lachen und – was am allerwichtigsten ist – zu spielen!

Mein besonderes Dankeschön gebührt den Menschen, die mir gestattet haben, ihre persönlichen Geschichten in diesem Buch zu verwenden. Diese Berichte werden jedem Leser eine große Hilfe und Inspiration sein!

Meinen Schülern und *Ihnen*, liebe Leser, möchte ich sagen: Danke dafür, dass ihr in diesem Leben meine wichtigsten Lehrer gewesen seid.

Und allen Menschen, die ich an dieser Stelle nicht erwähnen konnte, sei gesagt: Es war ein großer Segen für mich, Sie alle kennengelernt zu haben.

ÜBER DEN AUTOR

John Holland ist als Medium, spiritueller Lehrer, Buchautor und Radiomoderator international bekannt. Bei seinen Vorträgen und Jenseitskontakt-Demonstrationen bietet er außergewöhnliche Einblicke in das faszinierende Thema der Medialität, das er auf seine ganz besondere Art erklärt: Seine Zuhörer erlernen dabei den subtilen Prozess, wie sie ihre eigene Schwingungsfrequenz erhöhen, was sie dazu befähigt, mit dem Jenseits in Kontakt zu treten und Botschaften von Geistwesen zu übermitteln. Der Autor erklärt dies immer in klaren, verständlichen Worten, voller Begeisterung und absoluter Integrität. Nach zweijährigem intensivem Studium in Großbritannien widmete John Holland sein Leben der Zusammenarbeit mit der Geisterwelt. Seit über 20 Jahren arbeitet er als Medium und ist eines der gefragtesten professionellen Medien weltweit!

John ist in mehreren TV-Formaten aufgetreten. Dazu gehört *A&E's Mediums: We See Dead People*, ein Beitrag mit faszinierenden Einblicken in Johns Arbeitsweise als »übersinnliche Zeitmaschine«. Hier wurde gezeigt, wie er mithilfe von Hellsehen, Hellfühlen und Hellhören Schwingungen und detaillierte Informationen über frühere Ereignisse empfangen kann. John hat mehrere Bestseller verfasst *(Power of the Soul, Psychic Navigator, Born Knowing, The Spirit Whisperer: Chronicles of a Medium)* sowie Kartendecks *(The Psychic Tarot Oracle Deck, The Psychic Tarot for the Heart* und *The Spirit Messages: The Daily Guidance Oracle Deck)* entworfen. Alle Decks sind auch als Apps erhältlich.

Seit über zehn Jahren moderiert John bei Hay House Radio jede Woche seine eigene Internet-Radiosendung *Spirit Connections.*

Er hat sein Leben der ständigen Weiterentwicklung seiner einzigartigen medialen Fähigkeiten gewidmet und ist dabei überaus anspruchsvoll, indem er ein Element wahrer Integrität in den Beruf des Mediums einbringt. »Wenn ich Menschen helfen kann, mit der Seele eines Verstorbenen im Jenseits in Kontakt zu treten und dadurch Trost und Frieden zu finden und vielleicht auch irgendwie mit dem Tod des geliebten Menschen abzuschließen, habe ich meine Bestimmung erfüllt.«

www.JohnHolland.com
www.facebook.com/JHollandMedium